新时代高职院校思想政治理论课教学实效性研究

张宝生◎著

线装书局

应的管理机制和运行程序，对加强和改进高校思想政治理论课教学具有重要意义；第四章是新时代高职院校思想政治理论课教学实效性的总规划，介绍了高职院校思想政治理论课教学实效性的教学理念、教学原则以及教学目标；第五章是新时代高职院校思想政治理论课教学实效性的教师队伍建设，本章将从师资队伍建设的重要性、思政课教师应具备的素质以及新时代思政课教师队伍建设基本路径三个方面进行具体阐述；第六章是新时代高职院校思想政治理论课教学实效性的新媒体资源建设，广义的网络课堂属于"1+N"模式，即以传统意义上狭义的网络课堂为基础，在此基础上发展出多种模式，主要包括以翻转课堂教学模式为基础的思想政治理论课教育模式、以微信平台为途径的思想政治理论课教育模式和以慕课资源为载体的思想政治理论课教育模式；第七章是新时代高职院校思想政治理论课教学实效性教学方法创新，本章介绍了高职院校思想政治理论课教学方法科学创新的原则、方式以及基本保证；第八章是新时代高职院校思想政治理论课教学实效性的管理与保障，本章介绍了高职院校思想政治理论课教学实效性的教学环境建设、组织与管理、教学保障以及考核与评价；第九章是新时代高职院校思想政治理论课教学实效性提升路径探索，提高高职院校思想政治理论课的实效性既是一个现实的问题，也是一个永恒的主题，关系到高职院校思想政治理论课教育教学工作的持续发展，其实现的途径关系到思想政治理论课实效性的实现及实现的程度，它既涉及大的相对宏观方面的内容，也涉及小的具体的微观方面的内容，这也是很有探讨价值的。

  本书在撰写过程中，参考、借鉴了大量著作与部分学者的理论研究成果，在此一一表示感谢。由于作者精力有限，加之行文仓促，书中难免存在疏漏与不足之处，望各位专家学者与广大读者批评指正，以使本书更加完善。

编委会

黄胜勇　蒋尊义　黄　祥

徐　缘　徐　扬　肖程蒙伊

刘　冬　李　勇　代尤佳

季宝璐　张　静　丁其兆

谭　洪　安济森　贺建民

目 录

第一章 新时代高职院校思想政治理论课教学实效性的理论基础 …………(1)
 第一节 高职院校思想政治理论课教学实效性相关概念界定 ………(1)
 第二节 高职院校思想政治理论课教学实效性的性质和特点 ………(3)
 第三节 高职院校思想政治理论课教学实效性的理论依据 …………(8)

第二章 新时代高职院校思想政治理论课教学实效性的内涵 ……………(15)
 第一节 高职院校思想政治理论课教学实效性的利益向度 …………(15)
 第二节 高职院校思想政治理论课教学实效性的人文内涵 …………(23)
 第三节 高职院校思想政治理论课教学实效性的影响因素 …………(33)
 第四节 高职院校思想政治理论课教学实效性的现状释因 …………(41)

第三章 新时代高职院校思想政治理论课教学管理的机制构建与运行 ……(52)
 第一节 高职院校思想政治理论课教学管理机制的构建原则 ………(52)
 第二节 高职院校思想政治理论课教学管理机制的结构特点 ………(55)
 第三节 高职院校思想政治理论课教学管理机制的体系框架 ………(58)
 第四节 高职院校思想政治理论课教学管理机制的运行程序 ………(62)

第四章 新时代高职院校思想政治理论课教学实效性的总规划 …………(67)
 第一节 高职院校思想政治理论课教学实效性的教学理念 …………(67)
 第二节 高职院校思想政治理论课教学实效性的教学原则 …………(78)
 第三节 高职院校思想政治理论课教学实效性的教学目标 …………(86)

第五章 新时代高职院校思想政治理论课教学实效性的教师队伍建设 ……(89)
 第一节 加强高职院校思政课教师队伍建设的重要性 ………………(89)
 第二节 新时代高职院校思政课教师应具备的能力素质 ……………(93)
 第三节 新时代高职院校思政课教师队伍建设的基本路径 …………(98)

第六章 新时代高职院校思想政治理论课教学实效性的新媒体资源建设 …(105)
 第一节 高职院校思想政治理论课教学实效性网络教育的重要性 …(105)
 第二节 高职院校思想政治理论课教学实效性网络课堂的建设经验 …(109)
 第三节 基于翻转课堂的高职院校思想政治理论课教学实效性拓展研究 …(113)
 第四节 基于微信的高职院校思想政治理论课教学实效性拓展研究 …(118)

第五节 基于"慕课"的高职院校思想政治理论课教学实效性拓展研究…(122)
第七章 新时代高职院校思想政治理论课教学实效性教学方法创新………(132)
  第一节 高职院校思想政治理论课教学方法科学创新的原则…………(132)
  第二节 高职院校思想政治理论课教学方法科学创新的方式…………(134)
  第三节 高职院校思想政治理论课教学方法科学创新的基本保证……(137)
第八章 新时代高职院校思想政治理论课教学实效性的管理与保障………(139)
  第一节 高职院校思想政治理论课教学实效性的教学环境建设………(139)
  第二节 高职院校思想政治理论课教学实效性的组织与管理…………(148)
  第三节 高职院校思想政治理论课教学实效性的教学保障体系………(156)
  第四节 高职院校思想政治理论课教学实效性的考核与评价…………(172)
第九章 新时代高职院校思想政治理论课教学实效性提升路径探索………(182)
  第一节 构建"全员育人"的思想政治理论课教育环境………………(182)
  第二节 提升思想政治理论课师资队伍胜任力建设的新格局…………(189)
  第三节 加强思想政治理论课教学实效性的教学改革力度……………(190)
  第四节 强化思想政治理论课教学实效性的教学质量督导……………(191)
参考文献……………………………………………………………………………(196)

第一章 新时代高职院校思想政治理论课教学实效性的理论基础

第一节 高职院校思想政治理论课教学实效性相关概念界定

一、教育教学实效性内涵的广义理解

从广义上来说,思想政治教育教学过程作为一种实践活动,其实效性就是对思想政治教育教学实践结果的评价,即指思想政治教育教学活动所达到的实际效果、效能和效率的总和。

所谓思想政治教育教学的效果,是指思想政治教育教学活动对学生思想与行为的影响程度和所达到的实际效果。这种影响程度和实际效果不仅体现在教育教学过程中,而且体现在学生今后的实践活动中。例如,在教育教学过程中,思想政治教育教学有比较强的吸引力和感染力,学生对思想政治教育教学所教授的内容有比较高的认同率,能够对实际问题进行科学的理论分析;学生在思想素质、政治素质、法纪素质、道德素质、心理素质等方面有了明显的提高;思想政治教育教学活动为学生形成科学正确的世界观、人生观和价值观奠定良好的基础;接受了思想政治教育教学后,学生在今后的实践活动中,以思想政治教育教学学习所得作为自身思想道德素质和政治法纪素质不断提高的基础等。

所谓思想政治教育教学的效能,是指思想政治教育教学活动在整个大学教育教学过程中所能起到的作用和发挥的影响。思想政治教育教学活动是整个大学教育教学过程中的一个要素,它同大学教育教学过程中的其他教育教学活动相互作用,如果这种相互作用呈正相关状态,即思想政治教育教学活动的实施促进了大学教育教学质量的整体提高,从而促进了学生全面素质的提高,则思想政治教育教学活动就是有效能的;反之,如果这种相互作用呈非正相关状态,则思想政治教育教学活动就是没有效能的。

所谓思想政治教育教学的效率，是指投入思想政治教育教学活动中的教育教学资源与思想政治教育教学活动所取得的实际效果之间的比率。如果同样的教育教学实践活动获得的是较低的价值，则思想政治教育教学的效率就是较低的。换言之，在分析思想政治教育教学的实效性时，要把思想政治教育教学活动所投入的教育教学资源和所获得的效果进行定量化分析，如果较小的"投入"，取得了较大的"产出"（诸如思想政治教育教学目的的实现；学生思想道德素质和政治法纪素质的提高等），则思想政治教育教学活动就是有效率的；如果以同样的"投入"，取得的是较低的"产出"，则思想政治教育教学活动就是无效率的或低效率的。

显然，从以上三方面来考察思想政治教育教学的实效性是将实效性纳入学生成长的过程中来思考、纳入整个大学教育教学的总过程中来思考，纳入高等职业教育办学的"成本-效益"分析框架中来思考。概言之，这三个方向的思考是要回答思想政治教育教学对学生的学习和成长有怎样的吸引力和影响力；对大学教育中其他的教育教学活动有怎样的促进作用；对思想政治教育教学的"投入"是否划算这三个问题，从而综合三个方面的评价，最终得出作为总和的思想政治教育教学实效性。这样的实效性可称为思想政治教育教学的"全面实效性"或"大实效性"，从今天强调实施素质教育、提高教育教学资源利用率以及提高办学效益并降低办学成本的角度看，对思想政治教育教学进行"全面实效性"或"大实效性"的理解，对全面、开放、现实地把握思想政治教育教学实效性的科学内涵具有重要的意义。当然，由于教育本身是一项长期性、战略性的"投入"，仅仅通过经济法则的"成本-效益"分析框架，是无论如何也不能得出关于教育价值的科学的计算结果，思想政治教育教学亦然。因此，对教育实效性的任何理解，如果没有战略远见，没有对人的培养的历史眼光，没有对社会需要和国家未来的考量，而仅依靠教育的经济法则分析，那么我们将永远无法求解教育的实效性，思想政治教育亦然。也就是说，对思想政治教育教学实效性的理解必须坚持教育取向与社会取向的统一。

二、教育教学实效性内涵的狭义理解

从狭义上来说，思想政治教育教学的实效性，指在思想政治教育教学活动中所体现出来的对受教育者所具有的吸引力和影响力，以及受教育者在经历了思想政治教育过程后所受到的影响程度，即对一定的思想观念、核心价值、理想信念、道德规范等的接受程度。从这个角度来理解思想政治教育教学的实效性，并没有因坚持教育取向的实效性而抛弃社会取向的实效性。思想政治教育教学的实效性不仅体现在教育教学本身的吸引力和感染力上，更体现在对人本身发展的启发性、塑造性和促进性上。后者只能在社会实践中得到评价，受教育者是在受教育后的相当长一段时间内甚至是若干年后，在社会经验和生活阅历等社会性因素的作用下，才表现出对当初所受教育教学价值的认同。从受教育者接受了思想政治教育后所达到的实际社会效果来看，思想政治教育教学实效性体现在社会取向上的价值延缓了，但思想政治教育教学活动的社会效果却毋庸置疑。从教育教学的现实情况来看，狭义角度的理解有利于正视思想政治教育教学实效性在教育取向方面存在的不足和缺点，这种理解有利于更现实地加强和改进思想政治教育教学中存在的问题。

从以上对思想政治教育教学实效性内涵的界定来看，考察思想政治教育教学的实效性，不仅要放到思想政治教育教学的目的和过程中来思考，还要放到思想政治教育教学的结果中来思考；不仅要放到思想政治教育教学范畴内来思考，更应放到整个教育教学的过程中来思考；不仅要放到受教育者知识、能力和素质水平全面提高的要求中来思考，更要放到受教育者在社会生活和现实生活的表现中来思考；不仅要考察思想政治教育教学对受教育者的即时性影响及其实效性，更应当考察思想政治教育教学对受教育者的历时性影响及其实效性。

第二节 高职院校思想政治理论课教学实效性的性质和特点

一、高职院校思想政治理论课教学实效性的性质

（一）政治性

政治教育能够指引领导大学生培养正确的政治认知，良好的政治信仰和鲜明的政治立场。所以各高职院校所开设的思想政治理论课具有非常明显的政治性。它有效地通过一系列的教育，诸如马克思主义政治理论领域的教育、社会主义理想信念领域的教育、政治领域持有的观点、政治领域持有的立场和政治方向教育、强烈的爱国主义、浓厚的集体主义等其他系统领域的政治教育，从而不断地有意识、有目的、有计划地向大学生传输各种政治文化，进而不断地提升学生的敏锐政治观察能力和分辨能力，不断地激发学生的政治兴趣与热情，有效地提高学生的政治素质。

（二）思想性

思想政治教育能够有效地培养大学生运用各种科学观点去正确地、全面地认知事物，同时也能够有效地培养学生养成良好的"三观"——世界观、人生观和价值观。各高职院校所开设的思想政治理论课程不仅有丰富多彩的教学内容，而且有完整全面的理论体系，能够有效地对学生传输辩证唯物主义和历史唯物主义方面的教育，从而有利于他们掌握马克思主义领域的世界观和方法论，也进一步培养他们分析、解决一系列具体实际问题方面的能力；各高职院校所开设的思想

政治理论课程将为人民服务作为核心内容，以集体主义为原则，对学生给予社会主义核心价值观教育，从而有效地帮助他们培养并养成高尚的理想情感操守和良好的道德品质，树立起彰显中华民族特色和宏伟的时代精神、高尚的社会主义价值标准和正确的道德规范；各高职院校所开设的思想政治理论课程对大学生给予中国特色社会主义各项理论与实践性教育，从而有利于他们高举中国特色社会主义伟大旗帜，深化他们认真贯彻落实党和国家的各项基本路线和各个基本纲领的认知。

从广义范畴上说，思想政治理论教育也属于科学文化教育，但是这两者之间又有着一些差别，思想政治理论教育并非是纯粹地对大学生进行思想教育，它最根本的目的体现在帮助大学生培养并树立正确的"三观"——世界观、人生观和价值观。

如果与政治、经济领域进行比较，思想政治理论教育又很明显地属于文化范畴。从这一方面来说，对大学生提供的思想政治理论课当然属于文化教育的范畴。可是，这一类教育并非是纯粹的科学文化知识教育，因为它要有效地将这些理论知识整理融合在一起，实现将认可的思想转化为学生的认知体系这一目标。在具体的思想政治理论教育环节中，万万不能将马克思主义领域、思想品德领域的理论知识只是看作一般性的知识来进行学习，不只是为了让每个学生简单地掌握一些抽象的、晦涩难懂的名词概念、原理，也不只是为了让学生取得好的分数。各高职院校之所以开展思想政治理论课，一个重要的原因就是帮助大学生了解并掌握马克思列宁主义相关知识。大学生读马克思主义方面的书，读过之后就束之高阁、不去消化肯定不行，所以，读书一定要有效地消化。书读得过多，却不消化，那就是死读书，很容易成为钻牛角尖者，成为本本主义者、大力否定马克思主义者。所以，如果我们只是将马克思主义理论知识单纯地用来学习，造成的后果将会是不堪设想的。在漫漫历史长河中，这样的例子不胜枚举，引起的教训也是痛彻心扉的。

因此，我们一定要明白，实施大学生思想政治理论教育有很多的目的，从根本上来说是为了使每一个大学生都可以培养、树立正确的世界观，并了解掌握科学的、规范的方法论；同时也是为了使每一个大学生都可以自发地运用这一科学的、规范的方法论去分析、解决各种具体实际问题，有效地分析社会生活中存在的一系列政治领域、经济领域、文化领域、道德领域的现象，有效地明辨识别出各种各样的社会思潮，从而可以正确地认知到漫漫社会历史发展中的众多客观规律。诸如，应该认知到改革开放在顺利实施的过程中，对人们的思想产生怎样的影响；应该认知到当前风云变幻的世界格局之下有着哪些新变化和新特点；应该认知到社会主义以及资本主义有着怎样的发展历程等其他问题。从而可以帮助大学生正确、有效、科学地处理好个人与他人之间、个人与集体之间、个人与社会之间的关系，并认清自己所在的位置，尽可能地为集体、为社会奉献出自己的一份力量，并将此作为自己的最高准则和道德理想来不断鞭策、鼓励自己。总而言之，思想政治理论课能够帮助大学生培养并树立起正确的"三观"，即世界观、人生观和价值观。这也成为思想政治理论课与其他各种类型课程之间一个十分显著的差别。

因为其他各种类型的文化课程成了整个社会主义文化教育体系的一个非常重要的组成部分，所以各种类型的课程应该立足于自身课程的种种特点，有意识地、有目标地去推动这方面工作的进展。可是，我们这是从间接范畴上去分析，它们发挥着渗透性作用，如果从直接范畴上去分析，它们并不能够发挥出这样的作用。所以，这里面存在着关于直接与间接两者之间的关系问题，我们既不能简单地将两者画等号，更不能想当然地认为两者完全可以互换。

（三）德育性

各高职院校所开设的思想政治理论课程有力地增强了对大学生的各种思想政治教育，大大地增强了他们的思想素质，同时也是对其进行各种德育教育的主要方法，担负着德育教育方面非常重要的任务。其实，它的最根本目标就是有效地指引领导和有利于学生培养并树立起正确的"三观"——世界观、人生观、价值观，从而不断地为建设中国特色社会主义事业而努力奋斗，并坚决地抵御各种错误思潮和一系列腐朽没落思想的侵蚀，比如财迷心窍的拜金主义；只知道讲究吃喝玩乐、追求舒适安逸的享乐主义；只顾自己利益完全不顾别人利益的极端个人主义等其他没落思想。所以各高职院校应该充分有效地发挥思想政治理论课程所具有的育人作用，正确地摆正其学科定位，大力地、全面地将德育教育有效地渗透到大学教育的方方面面。并将德育工作置于育人工作领域的首要位置。

思想政治理论课成了各高职院校的重要课程，骨干课程。究其原因是因为思想政治理论课可以对每个大学生施与政治教育、思想教育方面的积极影响；还有一个很重要的原因是因为思想政治理论课能够提供给大学生道德方面的教育。从某种意义上来讲，这奠定了基础性作用。我们很难想象一个道德品质低下的人，可以虚心接受各种先进的、良好的政治思想，会持续地站在正确的政治立场上朝着正确的政治方向发展。

（四）科学性

现如今，马克思主义基本原理已成为各个高职院校所开设的思想政治理论课体系中的一门核心课程。它有效地将马克思主义哲学领域、政治经济学领域和科学社会主义领域紧密地结合在一起，是对人类社会漫长历史的本质和发展规律做出的科学阐述。它更是有效地将自身的理论与各个具体实际经验紧密地连接在一起，以人与世界之间的关系作为研究对象，凭借概括自然科学和社会科学领域的各项成果来有效地揭示自然界领域、人类社会领域和思维发展领域的规律,是一套比较全面、综合、开放的科学体系。

(五) 发展性

一方面,各高职院校开设的思想政治理论课不仅要有明确的教学目标和教学内容,而且也要紧随时代的发展步伐以及现实生活的各种需要,并能够伴随着大学生的具体思想情况和各方面需求的变化而做出改变。各高职院校所开设的思想政治理论课更要有效地将各种理论与具体实际情况紧密结合在一起,严格遵循教育规律,并根据各个学生不同的思想、心理和生理的发展特点,言简意赅、简单明了地教学,用社会主义现代化各项建设和改革开放所进行的众多丰富多彩的实践活动做出举例,能够正确地、通俗易懂地回答各个学生比较关心、在意的重要理论和实践环节的问题,从而极大地提升理论课程教学的可信度和有效性。

另一方面,各高职院校在思想政治理论课课程设置上一定要科学、规范,并能够做到与时俱进。只有科学、规范地设置思想政治理论课课程,才能进一步提升、增强、深化这门课程,同时也要有效地反映社会历史的各种变迁,与社会发展目标相符。自中华人民共和国成立以来,各高职院校所开设的思想政治理论课经过了一系列的历史变革,足以说明其与社会历史变迁有着非常密切的关系。

(六) 实践性

虽然思想政治理论课大多数是在课堂上完成教学的,但是这门课程有着非常强的实践性。只有将这门课程与中国进行的各项具体实践活动结合在一起,比如新民主主义革命方面的实践,社会主义改革开放方面的实践,现代化建设方面的实践,学生才能够更加深刻地意识、领悟到思想政治理论课所包含的精神实质。各高职院校一定要采取各种措施大力地鼓励学生积极参加各项社会实践活动,从而不断地加深对思想政治理论课重要思想的理解、认知,并坚持不懈地走中国特色社会主义的道路,让学生渐渐地从各项实践活动中进一步了解社会、认识我国的基本国情。增长知识、奉献国家和社会,锻炼坚强的毅力,培养良好的品格。

二、高职院校思想政治理论课教学实效性的特点

毋庸讳言,增强实效性和针对性,是当前加强和改进高职院校思想政治教育的重要课题。高职院校思想政治教育实效性不强集中表现在三方面:一是理论与实践结合不紧密;二是还不能有效、深刻地解释社会生活中一些与主流思想理论不合拍的现象与问题;三是不能及时有效地回答、解决大学生在世界观、人生观和价值观方面的一些困惑。这实际上提出了如何评价思想政治教育教学实效性的问题。思想政治教育教学的实效性究竟体现在哪些方面?其实效性由哪些内容构成?它有什么特点?或者说,从哪些方面去评价思想政治教育教学的实效性?对

此，我们认为可以从以下不同的角度和层面来思考思想政治教育教学实效性的内容和特点。

（一）实效性的正面引导性特点

思想政治教育教学的最终目的，是使学生具备良好的政治理论素质与思想道德素质，引导学生树立中国特色的社会主义理想，形成科学正确的世界观、人生观和价值观。思想政治教育教学要全面体现党的教育方针和社会主义的办学方向。思想政治教育教学是否具有实效性，与其对学生引导的方向性密切相关。它是否具有实效性，取决于其在对现实问题的回答中是否坚持了科学性和正确性的要求，是否落实了正面引导性的要求，这种正面引导性的效果直接反映了思想政治教育教学的实效性。

（二）实效性的实践性特点

从人才培养的要求看，思想政治教育教学的实效性如何，关键取决于学生在社会生活实践中的表现；取决于他们能不能坚持用马克思主义的立场、观点和方法分析新情况、解决新问题；取决于他们是否拥护并努力实践党的路线、纲领、方针、政策。归根结底取决于学生接受思想政治教育教学后在现实生活中的表现，只有当表现符合"四有"新人的要求时，思想政治教育教学的使命才算完成。

（三）实效性的历时性和潜隐性特点

大学阶段是学生思想观念渐趋成熟的关键时期，"这个人将会是一个怎样的人，在这一阶段已基本成型"。该时期形成的思考问题的立场、观点和方法在很大程度上影响着受教育者的一生。如果大学教育中的思想政治教育教学不能对此有所助益，抑或助益不大；如果我们培养的所谓高素质人才只是在"考试中""认同"马克思主义的立场、观点和方法，而在"考试后"和今后的人生道路上并未奉行所认同的正确准则。就算不上真正的坚持。因此，思想政治教育教学的实效性是不完全的、缺乏持久性的。上海市曾经对毕业5年、工作得到社会认可的大学生做过跟踪调查，调查中问到"你在大学期间最不爱上的课是什么"时，回答是"两课"（马克思主义理论课和思想政治教育课）；当问到"走向社会后对你成长成才影响最大的课是什么"的问题时，回答也是"两课"。对这些大学生而言，尽管当时的课并不爱听，但自己走向社会后很多理论、思想，包括做人的道理，恰恰是在思想政治教育教学中获得的。这说明思想政治教育教学完全是必要的，其实效性还体现在学生今后的人生道路上，要通过对思想政治教育教学的改革来增强这种内在的、长久的影响力。这种影响力的存在，也说明思想政治教育教学的实效性具有历时性，潜隐性的特点。

（四）实效性的直观性特点

思想政治教育教学的实效性首先体现在教学过程中。高职院校思想政治教育理论课的课堂教学是思想政治教育教学的主要环节，其实效性在课堂教学中会首先反映出来。课堂教学吸引力的强弱是衡量思想政治教育教学效果高低的基本标准之一，评价课堂教学的吸引力，一看出勤率，即学生的到课情况。在无强制性要求的前提下，如果学生出勤率低，则说明其吸引力不强；二看抬头率，即学生听讲的情况。若学生在课堂上不是在认真听讲，而是在看外语、看专业书等，则说明思想政治教育教学活动还没有赢得学生的认同，缺乏吸引力，实效性不好；三看参与率。思想政治教育教学活动一定要调动学生的积极性，使"教"和"学"互动起来，教师不要只是站在讲台上"独白"，而要充分调动学生参与课堂讨论的积极性和主动性，若学生不愿意回答问题、不愿意参与交流等，则说明教学活动本身吸引力不强，教学效果是不会理想的。

（五）在教育教学考核环节上的认同性特点

任何教育教学过程都离不开对知识的传授，思想政治教育教学所传授的知识具有独特性，学生对所传授的知识是否认同是衡量思想政治教育教学实效性的标准之一。思想政治教育教学要传授马克思主义的基本理论、基本立场和基本方法等方面的知识，坚守对基本理论和基本知识的讲解是思想政治教育教学的基本前提。学生是否理解、认同、接受思想政治教育教学的内容，主要从学生的作业、课堂的讨论、考试或考查的成绩中表现出来；从学生运用理论知识来分析现实问题、从对现实问题的理论思考中反映出来。学生对理论知识的认同程度反映了思想政治教育教学的实效性，或者说，思想政治教育教学的实效性在考核环节上主要体现在学生对所学知识的理解、认同和接受的程度等方面。所以高职院校在考核环节上不单要注重试卷的得分，更应从多方面进行考量。

第三节 高职院校思想政治理论课教学实效性的理论依据

一、科学安排实践教学的内容和形式

思想政治理论课的实践教学环节并不是用来充当枯燥的课堂理论教学的调味剂，而是与课堂理论教学相辅相成的，是提高学生分析问题、解决问题能力的重要环节。因而，对于实践教学的内容，应该紧紧围绕思想政治理论课各门课程的教育教学任务和目标，从学生发展与成长的需求入手，并根据不同课程的内容与特色来考虑和设计。各高校教师应精心设计指导课程教学，根据本校、本地实际，适当选取一些与课程相关联的，并具有内在统一性的实践活动，或具有地方特色

的一些问题来作为实践教学的内容，让学生去观察、分析、研究、提出解决对策，以期学生在参与体验中学习、感悟、成长，进而实现教育教学目的。

（一）结合课程特色安排

就具体课程而言，"原理"课应以帮助学生从整体上把握马克思主义，正确认识人类社会发展的基本规律为主要内容；"概论"课应以帮助学生系统掌握中国化马克思主义基本理论，坚定在党的领导下走中国特色社会主义道路的理想信念为基本内容；"纲要"课应以了解党史国情为主要内容；"基础"课应以帮助大学生增强社会主义法制观念，提高思想道德素质，解决成长成才中遇到的实际问题为基本内容。在形式上，一般而言，"基础"课和"纲要"课在一年级开设，应根据新生特点，选报体验式、交流式、竞赛式的实践教学形式；"原理"课和"概论"课主要在二三年级开设，应选择调查式、辩论式等实践形式，以培养学生观察、思考和解决问题的能力。

（二）结合发生场所安排

思想政治理论课社会实践教学的方式方法依据发生场所可以分为课堂实践教学和社会实践教学。

首先，精心组织课堂实践教学，奠定实践育人的基础。主要方式方法有：

讨论。讨论是以社会热点问题或学生自身问题为切入点，组织学生进行讨论的方法。这种方法要求同学们在事前根据教师布置的论题或自身存在的问题查阅资料，并进行论证、分析，在讨论中提出并完善自己的观点。在讨论中，教师是组织者，要鼓励同学们大胆发言，积极思考，及时调整同学们对问题的把握方向，使大家的思考和交流不要偏离主题，尽量保持在一个层面上，以保证思想的交锋；同时，要不失时机地对一些新的思想进行鼓励，对讨论中出现的偏颇进行分析，引导同学们走出误区，学会全面科学地看待问题；教师在最后要对讨论进行总结点评，提高讨论的实效性。在讨论中，同学们逐渐体会到课堂上的积极参与也同样是一种知行统一的过程，通过讨论、回答质询、举例论证，不仅锻炼了自己的思维能力、应变能力、表达能力、交际能力和心理素质，而且还运用自己平时积累的知识来认识问题、分析问题，学会在欣赏别人、肯定他人的同时，理性地看待自己的纰漏。对教师而言，这也是检验同学们知识水平、应变能力、捕捉问题能力、概括总结能力的过程，更是不断提高教学水平的过程。通过这样的良性互动形成学生积极参与、师生彼此尊重、宽容、民主、互助互学的和谐课堂氛围。

辩论。辩论法和讨论法的最大区别在于争辩，辩题具有可辩性，能引起双方争论，是大家共同关心的热点或疑点。辩论法教学重在辩，参与辩论的学生双方都坚定必胜的信念而不退让。辩论法有利于培养同学们的竞争意识，激发学生的思维，深化对问题的理解，活跃课堂气氛，教学效果很好。

案例教学。通俗地讲，就是教师利用现代教学手段或现代化教学媒体，把所需要的教学内容传授给学生的一种课堂实践教学方式，它具有直观性、信息量大等特点。使思想政治理论课教学内容提纲挈领、言简意赅、抽象概括。

社团活动。大学生社团是大学生依据兴趣爱好自愿组成，按照一定的章程，自主开展活动的学生组织。主要形式有课外学习小组、学习竞赛活动、校园文化活动等。社团活动是对学生实施素质教育的有效方式，在加强校园文化建设、提升学生综合素质、引导学生适应社会，促进学生就业成才等方面有着重要作用。通过内容丰富，形式新颖，吸引力强的思想政治、学术科研，文娱体育等校园文化活动，使同学们在参与中受到潜移默化的影响，思想感情得到熏陶，精神生活得到充实，道德境界得到升华。

其次，大力加强社会实践教学，扩大实践育人的范围。其主要形式有：

劳动教育。劳动教育是指教育对象在参与劳动过程中树立正确的劳动观点，养成劳动习惯、珍惜劳动成果、培养热爱劳动人民的思想感情的一种教育方法。劳动观点是大学生思想素质的一个不可或缺的方面。马克思、恩格斯、列宁和毛泽东同志都非常重视教育与生产劳动相结合，认为在资本主义社会，这是改造社会的最强有力的手段之一。在社会主义现代化建设的今天，劳动教育更是思想政治教育的重要途径，是实践教育的主要方式，是使受教育者认识劳动的价值和意义，了解人类历史首先是生产劳动发展的历史，是劳动人民创造的历史，并懂得只有通过辛勤的劳动，才能把我国建设成为社会主义现代化强国的重要方法。主要形式有：第一，生产劳动。主要是组织学生利用暑假到周边农村去帮助困难户、因外出务工缺少劳动力的家庭收割庄稼等的教育形式。通过劳动，让他们深刻体会"锄禾日当午，汗滴禾下土"的艰辛；"谁知盘中餐，粒粒皆辛苦"的珍贵。经过一段时间的劳动教育，我们会发现以往校园中那种浪费粮食，大手大脚的现象大为改观。第二，教育实习。首要的是建立大学生教育实习与职业发展教育相结合的新机制。坚持"以市场为导向、以学生为中心、以服务为载体、以教育为目标"的工作方针，把职业发展教育作为学生职业生涯规划和人生指导的一个重要组成部分，贯穿于教育实习的全过程，组织各专业学生深入厂矿、学校、宾馆，亲自参加生产和管理；同时设立大学生职业发展教育机构，开设职业发展教育课程，由专业教师对大学生进行个别辅导。教育实习有利于理论联系实际，锻炼动手能力，开拓创新意识，可以为将来择业、就业奠定良好的基础。

社会服务。社会服务就是运用自身的智力、体力和所具有的技能及知识，为人们提供帮助，解决困难的活动。社会服务活动是服务者志愿参加的有组织、有目的的实践活动，是思想政治理论课社会实践教学的有效方式。服务的内容主要有生活服务、科技服务、信息服务、咨询服务等。我国城乡青少年广泛开展的学雷锋活动、志愿者"三下乡"活动就是这种社会服务活动。它对于培养大学生的服务意识和奉献精神是十分必要的。比如有些高职院校组织的以"送温暖、献爱心"为主要形式的志愿者下乡活动。他们的做法是首先组织各个实践基地大中专院校的实践小分队提前开展一系列摸底调查活动,将各个服务地区的"鳏寡孤独,老弱病残"全部造册,然后与相应的学生结成帮扶对子,定期上门服务,并保证随叫随到。

一些高职院校开展的科技下乡活动也颇具特色。高职院校大学生的一个特点是所学的学科门类齐全,知识丰富,但缺乏的是大量的用武之地。而广大农村拥有广阔的农场、田园,由于缺乏科技知识,造成生产效率低下,产品质量不高,严重影响了农村经济的发展。针对这一情况,一些高职院校及时将实践小分队按专业、门类分组,分派到各个种植养殖基地,帮助农民科学种田、科技致富,受到了农民朋友的普遍欢迎。另一些高职院校开展的信息咨询活动也属于这一系列。与此同时,还有些高职院校通过举办培训班,向农民朋友赠送科普读物等形式,用科技武装广大农民朋友,提高他们的致富能力。通过这一系列的服务活动,同学们普遍加深了对自己所承担的社会责任和肩负的历史使命的理解和体验;而服务的实际效果丰富了同学们的思想感受和情感体验;社会的认可和称道又强化了同学们的集体主义精神和奉献精神。

社会考察。社会考察是通过考察者的实地研究,在获得丰富的第一手材料的基础上,经过对资料的整理分析、得出理性认识的方法。社会考察被广泛地运用于社会的各个领域。它作为一种实践活动的方式运用于思想政治教育,其目的是为了帮受教育者深入社会实际,以提高教育对象的思想认识水平和分析解决社会问题的能力。主要方法是首先根据思想政治理论课社会实践教学的宗旨、目标和要求确定考察对象,组织受教育者一起研究和制订考察计划。其次,指导实践小分队深入实际,努力掌握第一手资料,并及时将所收集的资料进行整理分析。考察活动主要有参观革命纪念馆、革命旧址、希望小学,走访"老少边穷"地区、工厂车间等。通过考察,既提高了学生对国情、党情、民情,兄弟院所、地方和国有企业的了解度,也增进了考察团成员之间的相互了解,又可以抚今追昔,激发其强烈的爱国情怀。

思想政治理论课实践教学的目的,是通过实践,引导学生进行观察、思考和分析,进而学会用马克思主义理论研究和解决问题,在社会实践中受教育、长才干。如何达到实践教学这一目的,从理论上说,科学实验强调人们根据研究目的,通过科学仪器和设备,人为地变革、控制或模拟客观对象,获取科学事实,进而推动科学理论发展和检验科学知识的真理性。科学实验是实验者借助于实验手段作用于实验对象,通过人工创设的条件,简化、纯化、强化自然过程或重演自然过程,以便研究实验对象所具有的规律性。可见,科学实验离不开实验者、实验对象和实验手段三大要素。实施思想政治理论课实践教学,同样需要明确实践教学主体、客体和手段这三大基本要素。实践教学的主体是学生，而客体难以界定。例如，马克思列宁主义、毛泽东思想、邓小平理论、"三个代表"重要思想和科学发展观形成的实践基础非常宽泛，任何实践教学都难以再现。此外，思想政治理论课实践教学环境、过程、结果等各因素以及各环节之间关系的错综复杂，也决定了思想政治理论课实践教学的复杂性远远超过自然科学实验。因此，可以在借鉴自然科学实验形式的基础上，积极探索实践教学的新形式。

第一，验证型实践教学。实践教学，就是在教师创设的特殊环境和条件下，学生通过参与教学活动，激发学习兴趣，实现由知识向能力、素质的转化，促使学生健康心理和优良品质的形成与发展。要实现思想政治理论课的科学性与动态实践的统一，可以依据实践的社会历史性，即根据马克思列宁主义、毛泽东思想、邓小平理论、"三个代表"重要思想和科学发展观形成的实践基础，采取模拟实验形式，如通过视频展示典型案例，学生能够增加对知识的感性认识；也可以通过学生参与实践活动（如自制课件等）、讨论或辩论等形式，将感性认识上升为理性认识，最终达到"信"理论的目的。目前哲学社会科学课程所采用的案例教学就是一种实践教学。它是围绕教学目的，把实际问题引入课堂，提供高度仿真的情境，引导学生综合运用理论知识对这些案例进行思考，分析和研究，独立做出判断和决策，从而提高学生分析问题、解决问题的能力。这种实践教学形式把感知–知识内化–用（或行）有机统一起来。

案例教学主要在课内实施，一般而言，实践教学大多在课外实施，主要通过校内、校外两种方式进行。校内实践教学活动由各课程组根据各自课程的特点决定，如"思想道德修养和法律基础"课有关道德建设的实践教学形式有让学生通过多做好事，参加学生会、社团及交友等具体活动。在积极融入大学生活的同时，提高对"思想道德修养与法律基础"课的兴趣和参与校园道德环境建设的热情。

校外实践教学活动主要依据学校所在地社会、经济、历史情况展开，如围绕地方红色旅游、通过组织学生参观或直接参与整理历史资料，自觉接受爱国主义教育；利用地方教育资源优势，建立校外教育基地，组织学生参观学习，在现场接受思想政治理论教育。社会实践，即以社会为课堂，以与学生密切相关的社会现实问题为题材。以假期和课余为主要活动时间，以学生能动地参与为主要途径，有计划地为学生寻求或创设一定的情境，寓教育于实践之中。

上述实践教学形式是根据思想政治理论课教学内容，针对教学理论原理和结论设计的一种验证型实践教学。通过这种形式的实践教学，学生能够在实践感知的基础上加深对理论的理解，从而达到"信"理论的目的。

第二，探究型实践教学。理工科的另一类实验是探究型实验。思想政治理论课可以借鉴这类实验形式进行探究型实践教学。探究型实践教学侧重于对问题的探讨，对存在不同看法的问题，通过讨论、辩论等形式进行探究，达到澄清模糊认识和错误认识、提高学生明辨是非能力的目的。当代大学生生活在开放的环境中，难免会遇到这样那样的问题，教师如何根据社会热点、难点问题，设计出形式多样的实践教学，并引导学生自主参与探究型教学活动，对于学生释疑解惑能力的提高，进而达到"用"理论的目的来说，具有不可替代的重要作用。这是一个在比较中达到"信"理论的过程，也是一个知行统一、"用"理论的过程。

二、建立健全实践教学运行和保障机制

思想政治理论课实践教学要取得预期效果，应严格根据中央文件的精神，制定切实可行的政策，建立健全思想政治理论课实践教学运行和保障机制。各高职院校应成立以分管领导牵头、有关职能部门负责人和思想政治理论课教学单位参加的思想政治理论课实践教学指导小组，定期研究实践教学计划，加强思想政治理论课程间的实践教学内容的统筹规划，合理配置实践教学资源；按照学分和学生人数确定经费投入比例，并切实予以保证；在条件允许的情况下，还可根据自身学科特点、学生状况、业务关系，做好实践教学基地建设的规划，主动与地方企事业单位、城市社区、农村乡镇、爱国主义教育基地等联系，本着合作共建、双向受益、互惠互利的原则，建设一批相对固定的思想政治理论课实践教学基地；把思想政治理论课教师队伍建设纳入学校学术名师、学术带头人和学术新人工程，大力支持思想政治理论课教师接受全面培训。教育主管部门要把思想政治理论课实践教学的实施情况纳入学校党建和教育教学评估指标体系，作为对高职院校办学质量、办学水平评估考核的重要指标，切实保障实践教学的顺利开展。

三、建立科学的实践教学考核评价体系

建立一套科学的教学考核评价体系是提升思想政治理论课实践教学质量的关键。应坚持过程与结果相结合、动态评价与静态评价相结合、教师评价与学生自评相结合的原则，根据各门课程的教学要求，细化评价标准，对学生在品德修养、团队精神、综合能力、创新精神等方面的表现做出综合评价。要从以下两个方面来进行考核评价：一是在评价方式上，应避免单一死板。可采用笔试、实际应用和答辩等形式对学生进行考核，加大对知识运用能力、行为表现及创新能力考核的力度。对于实践教学，小论文、调查报告无疑是反映学生学习成效的重要形式，但是，在现实中，却很容易通过复制、切剪而获得。因此，为了全面真实地了解学生的学习效果，可采用多种形式相结合的考核模式，如面谈、演讲辩论、分组讨论、模拟操作与小论文、调查报告相结合等方式。通过分组讨论、演讲辩论等形式，将个体的经验进行交流，可以使大学生在共享经验的过程中，相互启发、集思广益，在交流沟通中不断增长智慧与能力。而且，这些方式能对学生各方面的素质和能力有更全面的了解，这样比单一的书面作业获得的评价结果肯定更客

观更真实。二是要建立双向沟通式的考核信息反馈机制。考核带给学生的不应只是一个冷冰冰的结果和一个简单的结论，其中蕴含着丰富的信息，并且，考核并不是学习的目的、学习的结束。因此，教师和学生都应该认真对待和正确分析考核结果，共同发现问题、寻找原因，制定对策，不断改进教法和学法。这就要求学校不能把考核作为一门课程的结束，而是应该在教学的过程中穿插进行考核，并把考核结果及时反馈给学生。教师根据结果对学生的学习状态、学习效果进行分析评价，及时解决学生在学习过程中出现的问题，时刻以是否实现思想政治理论课的教学目标为导向来改进教学。

具体而言，思想政治理论课实践教学应等同于理科的实验课和文科的专业实习课，应对思想政治理论课的实践教学提出明确、规范的工作要求，建立恰当的评价标准和评价方式，单独设立实践教学考核标准，使考核工作成为检验课程教学效果、检验学生能力形成与素质提高程度的有效手段。

对任课教师的评价标准主要有：①每次实践教学都要有详细的实践教学方案，方案内容应包括本次实践教学的任务、主题、要求、操作方式等。②任课教师要亲自参加，认真组织，保证每次活动都能收到应有的教学效果。③每次实践教学结束要及时加以总结，为以后开展实践教学提供借鉴。

对学生的要求：①重视实践课的学习，实践学习前要在教师指导下选定自己的调研课题，并做好准备工作。②积极主动地参加实践学习，每次实践学习结束时独立完成一份调查报告，或者提交一份对所学理论加深理解的心得体会。不论实践教学环节长短，均应安排专门的考核时间，要根据思想政治理论课中各门课程的要求，采用笔试、实际应用和答辩等形式对每一个学生进行考核，并结合平时表现综合评定成绩。要尽可能地对学生实施资格证书考核。对学生的具体考核方式有如下几种：①平时考核。对学生每次参加实践学习，分组讨论和班级、系或全院研讨交流的出勤情况做详细记载，结合学生在整个实践教学活动中的表现，综合评定实践学习成绩。并按一定比例记入该课程的总成绩。对学生是否按时提交调查报告、心得体会等做详细记载。②笔试考核。任课教师根据各门课程的实际教学大纲，结合具体的教学内容，为学生开出一系列选题。选题要突出课程教学的重点，体现课程教学的目的、要求，要注意结合学生的思想问题，社会热点问题，并允许学生自行选择调研课题，参观学习、社会调查、座谈研讨等活动结束后，组织学生总结交流，及时评阅调查报告、小论文或实践学习的心得体会。③口试考核。组织一次讨论会或演讲比赛，让学生通过所学的理论知识和实践经验谈谈自己的心得体会，目的在于交流思想，锻炼口才。

第二章 新时代高职院校思想政治理论课教学实效性的内涵

第一节 高职院校思想政治理论课教学实效性的利益向度

思想政治教育的本质在于它是一种塑造人的实践活动,通过思想政治教育,塑造人的思想政治人格,实现为阶级利益服务的目的。毫无疑问,思想政治教育对"现实的人"的塑造,既包含着对个体的人的现实观照,有利于个体利益的实现;也规定了个人需要和社会利益的相关性。因此,从思想政治教育实效性二重性取向的利益维度考察,可以阐明思想政治教育对个体利益和社会利益需要的满足性问题。这种满足性体现了思想政治教育的实效性。

一、二重性取向的利益分析

(一)"现实的人"的利益和需要

从根本上讲,思想政治教育就是一定的阶级和政党为了自身的利益对人的本质生成进行思想导向和行为调控的教育实践活动。人的本质与思想政治教育所存在的这种紧密关系使学术界形成了一种认识,即认为"人的本质"理论是思想政治教育的"逻辑起点"。这种看法为科学认识和把握人的思想形成的物质原因和社会根源,以及思想运动、变化的特点等方面奠定了一个坚实的基础。但由于对人的本质的理解存在过于强调人的社会性而轻视人的自然性的缺陷,从而窄化了对"现实的人"的全面理解,也使思想政治教育存在过分追求社会价值而相对忽视个人价值的问题,造成了对思想政治教育实效性理解不充分的后果。因此,对人的本质的全面理解是超越这个局限的前提。根据马克思主义的观点,"人的本质是人的真正的社会联系""在其现实性上人的本质不是单个人固有的抽象物,而是一切社会关系的总和"。那么,毫无疑问,马克思在这里强调了人的社会性,但这不能说马克思就否认了人的个体性。事实上,"现实的人"除了社会性外,毫无疑问地涵盖着个体性,而人的个性和人的社会性都不是从来就有的,而是历史发展的结果。根据马克思主义的唯物史观原理,这里的"人""不是处于某种虚幻的离群索居和固定不变状态中的人,而是处在现实的、可以通过经验观察到的、在一定条件下进行的发展过程中的人",是处于既有的历史条件和关系范围之内的自己"。这就要求从"现实的个人"出发去说明社会和社会的形成,而不是把社会当成现成的东西去说明个人和"人"的本质。

因此,思想政治教育的社会价值并非是直接具有的。而是要经过"现实的个人"这个中介及其转化才能体现出来。由于现实的个人本身包含了人的社会性因素,我们可以把"现实的个人"指称为"现实的人"。可见思想政治教育所体现的社会功能并不足以为思想政治教育的必然性存在提供最后的支撑。涵盖了"社会性"的"现实的人",与思想政治教育的结合才能更全面地说明思想政治教育的逻辑起点。作为思想政治教育逻辑起点的"现实的人"是指什么"人"呢?根据马克思主义的基本观点,"现实的人"应当是有需要的人和追求全面发展的人。

首先,"现实的人"应当是有需要的人,这种需要包括物质需要和社会需要。"现实的人"首先是自然的存在物,为了生活,必须从事实践活动,谋取利益。正如马克思所说:"为了生活,首先就需要吃喝住穿以及其他一些东西。因此第一个历史活动就是生产满足这些需要的资料,即生产物质生活本身,而且,这是这样的历史活动,一切历史的一种基本条件,人们单是为了能够生活就必须每日每时去完成它,现在和几千年前都是这样。"正是满足人的物质生活的需要首先支配了人的思想和行为。从这个意义来说,人的思想、行为都是在某种需要的支配下产生的。人的需求是人的发展的出发点和内驱力,真正的社会发展必须以人的发展为前提,现代社会发展最终也要以人的需要的满足与发展为落脚点。"现实的人"是生活在社会中的人。因此,马克思说,只有在社会中,自然界才表现为他自己属人的存在的基础。只有在社会中,人的自然的存在才成为人的属人的存在。从人与他人的关系看,孤立于社会之外的真正意义上的"人"是不存在的,人的发展不可能在"真空"中进行。马克思指出:"只有在集体中,个人才能获得全面发展其才能的手段,也就是说,只有在集体中才可能有个人的自由。"因此,"现实的人"无论是与自然发生关系,还是建构与他人的关系,都同他们的需要有关,无论是个体需要,还是社会需要,都必定如此。

其次,"现实的人"应当是追求全面发展的人。关于人的全面发展,马克思做了充分的论述,他说:"个人的全面性不是想象的或设想的全面性,而是他的现实关系和观念关系的全面性。"追求全面发展、自我完善是人类世世代代为之奋斗的美好愿望。无论是个体的人,还是总体的作为类的人,都在追求着自我的发展与完善,所以马克思指出:"任何人的职责、使命、任务就是全面发展自己。"思想政治教育要促进人的全面发展，激励人的积极性与创造性，就应既要重视人的社会属性、社会关系及社会价值，又要重视人的个体属性、心理属性及人的个体价值，实现社会性和个体性并重的双向建构，并把人的主体性置于空前高度。事实上，思想政治教育有没有实效性，最终是要通过它对人的发展有无帮助及帮助之大小来体现，这种帮助不仅体现在作为个体的人的发展上，更体现在作为社会的人的发展上。只有得到全面的发展，以一种全面的方式来把握自己，人才能"作为一个完整的人，占有自己的全面本质"。从这个意义上来说，促使人成为人，促进人的全面发展，使人把握自己的本质，正是思想政治教育的重要功能和价值所在。

以"现实的人"作为思想政治教育的逻辑起点，决定了思想政治教育必须从"现实的人"的存在、需要和发展来看待其本质和价值。从这个意义来说，任何堪称有效的思想政治教育，都应是符合"现实的人"的需要和利益的。增强思想政治教育的实效性，就应当增强思想政治教育对现实的人的需要和利益的满足程度。

（二）个体利益与社会利益的平衡

"人是什么？"马克思指出："动物和它的生命活动是直接统一的，动物不把自己同自己的生命活动区别开来，它就是这种生命活动。"人则使自己的生命活动本身变成自己的意志和意识的对象。他的生命活动是有意识的，"有意识的生命活动把人同动物的生命活动直接区别开来"。这段话表明，人特有的意识使人超越动物本能的生命并在本能生命基础上创造人特有的生命——类生命。类生命是自在的生命，类生命是自为的生命。动物生而具有本质，人则要经过二次生成。动物不需学习"做动物"，人则必须通过学习"做人"二次生成。思想政治教育在人的生成中起着重要的作用，比如通过社会价值的实现，促使人的社会性生成，组成群体、建设国家、发展经济、创造文化；通过个体价值的实现，塑造个体人格，使人成其为人，并进一步生成自己。如果说思想政治教育是指一定的阶级、政党、社会群体用一定的思想观念、政治观点、道德规范对其成员施加有目的、有计划、有组织的影响，使他们形成符合一定社会、一定阶级所需要的政治观念和思想品德的社会实践活动，那么，思想政治教育对人的塑造（生成），必然是按照特定阶级、政党、社会群体的利益要求和预期目标来进行的。思想政治教育对人的塑造及其塑造导向为理解思想政治教育的本质提供了锁钥。

首先，思想政治教育是对"现实的人"进行塑造的实践活动。现实的人是谋求生存、有所需要和追求发展的人。思想政治教育作为一种实践活动，是主客体之间进行信息的施加与选择接受的过程，主客体间的这种关系，客体的这种活动，构成了客体社会关系和社会实践的一部分，因而也是其本质的一部分。思想政治教育引导和调控人的内心世界，改变人的思想状况和思维方式，塑造人的文化本质。在此过程中，思想政治教育帮助人认识自我和世界，使人对自己和世界有一个较为科学的、完整的把握，从而以比较健全的思维、情感和心态面对世界，更自觉地按照人的本质的要求和世界的规律进行实践活动，以满足和提升各种合理需要，处理、开辟和拥有更为丰富的社会关系，全面地创造和发展人的本质。因此，思想政治教育参与了人的本质的生成，是使现实存在的人成为拥有丰富本质的"人"的过程。

其次，思想政治教育是塑造"现实的人"的政治社会性人格的教育实践。思想政治教育是一个诸多因素相互联系、相互作用的矛盾系统。这一矛盾系统反映了思想政治教育本质的基本矛盾是经思想政治教育者传递的统治阶级要求与教育对象现状之间的矛盾。这里的"要求"和"现状"是指政治素质，思想政治教育的实质就是统治阶级要让自己的政治文化为教育对象所接受并付诸行动，最终使教育对象成为具有统治阶级所要求的思想政治人格的人，这是思想政治教育的特殊性实践活动。

最后，思想政治教育是为统治阶级的利益服务的政治工作。有人认为，长期以来，我们的思想政治教育存在政治化的倾向，以政治教育等同于思想政治教育，从而直接影响整个思想政治教育的有效性。政治教育是思想政治教育的核心所在，也是最为集中地体现思想政治教育性质的内容。而思想政治教育的政治性的实质是阶级性。这是政治关系在思想政治教育中的体现。政治的实质在于处理阶级利益，政治通过自己的力量来实现特定阶级的利益。所以，思想政治教育必然以一定的阶级为依托，以一定阶级的思想理论为指导，调动思想政治教育资源为一定阶级的利益服务。从这个意义来说，思想政治教育工作就是要使受教育者获得对思想政治教育的政治本质所维系的阶级关系及其所处的社会历史条件的正确认识，并用这种正确认识指导人们的实践活动，从而实现为阶级利益有效服务的目的。这是思想政治教育的本质要求。

思想政治教育的本质表明，它具有两重性：一是对个体的人的塑造；二是对以社会利益表现出来的统治阶级利益的维护。这往往导致了思想政治教育的个体取向和社会取向的争论。当我们从需要和利益出发来考察思想政治教育的本质时，我们不难发现，思想政治教育事实上必须平衡好这两种取向，平衡的社会基础在于处理好个体利益与社会利益的关系。从这个意义来说，任何有效的思想政治教育，都应关注一切现实利益，只有对个人利益和社会利益的维护都有意义、并且处理好二者关系的思想政治教育，才会具有实效性。

（三）价值主体间利益关系协调

如果说思想政治教育的逻辑起点在于奠定思想政治教育的研究起点，而思想政治教育的本质探究则是为了回答思想政治教育"是什么"的问题，那么，思想政治教育的价值，即思想政治教育的效用和意义何在？从价值的范畴看，思想政治教育的意义和效用关系只能从思想政治教育的实践活动中寻找答案。作为一项实践性很强的活动，思想政治教育本身是在实践中存在和发展的，其价值也只能在实践中生成。基于此，思想政治教育的价值，是人和社会在思想政治教育的实践中建立起来的，以主体的思想政治品德形成和发展规律为尺度的一种客观的主客体关系，是思想政治教育存在及其性质是否与人的本性、目的和发展需要等相一致、相适合、相接近的关系。这种关系是思想政治教育在其教育活动和社会关系中合乎主体全面发展和人类社会进步的目的而呈现出来的一种肯定的意义关系。那么，这种关系是如何生成的呢？

毫无疑问，思想政治教育价值的生成除了与实践活动密切相关外，还与不同价值主体的需要、利益要求密切相关。"现实的人"是以人的生命存在为前提的，因此，人有维持自身生存的物质欲望和需求。人不仅有需要，而且需要是多种多样的，这是人同动物区别开来的现实基础。以至于马克思说："人以其需要的无限性和广泛性区别于其他一切动物。"关于需要的问题，在"需要论"那里得到了广泛的解释。但由于这些研究的理论前提是脱离现实和历史的抽象的人和人性，被过多关注的是人性的自然因素，其需要的主体只是个人。这就缺失了对需要的社会性关注，也难以认清"现实的人"的需要及其意义。借鉴其中的合理性因素，我们认为，需要的主体不能只归结为个人，它可以是个人，但更重要的是群体、人民、整个社会，这与思想政治教育价值的主体是统一的。人的需要是包括物质需要和精神需要在内的多种需要。正如马克思和恩格斯所指出的那样："已经得到满足的第一需要本身、满足需要的活动和已经获得的为满足需要用的工具又引起新的需要。这种新需要的产生是第一个历史活动。"

从深层根源来看，人类的任何活动总是为了一定的需要和利益，并在一定目标驱动下以一定的方式展开。思想政治教育活动也不例外。正确而有效的思想政治教育，引导着人们的精神走向，驱动着人们追求物质需要和精神需要的满足，并使这些需要相互协调。同样，作为人类的社会实践活动，思想政治教育不仅有其追求的价值目标，而且不同的思想政治教育所追求的价值目标具有差异性。围绕不同的价值目标而展开的冲突，其根源在于不同的社会群体或个体之间的利益存在着差异、矛盾和对立。从这个意义来说，思想政治教育价值的冲突实质上是一种利益冲突。"思想政治教育价值往往以其所蕴含的价值主体利益的矛盾、冲突为依据，以解决这些矛盾、冲突为动力和目标，从而获得生成的空间。"因此，我们可以说思想政治教育的价值是基于满足需要的价值主体在利益推动下形成的。从这个意义来说，探究思想政治教育的价值，离不开对"现实的人"的需要和利益的考察，离不开对人们之间利益生活、利益关系和利益活动的考察。

总之，从思想政治教育的逻辑起点、本质和价值看，要对思想政治教育的实效性一探究竟，就应始终关注人的需要和利益。从这个意义来说，只有既符合个体需要，又符合社会利益的思想政治教育，才是有效的思想政治教育。增强思想政治教育的有效性，就在于增强思想政治教育对个体利益和社会利益两个方面要求的满足性；在于增强它对不同利益主体向利益关系的协调能力和协调程度。或者说，从国家和社会的需要来看，思想政治教育是通过培育符合国家和社会需要的人来体现自身实效性的；从个体需要和人本身的发展看，思想政治教育是通过引导和促进人的发展以符合国家和社会需要的性质来体现自身实效性的。

二、利益向度及其现实路径

思想政治教育面临的现实挑战，以及思想政治教育时代课题的变化，必然在其历史任务中得到体现和反映。如果说新时期思想政治教育的根本任务是思想政治教育在社会主义现代化建设中所承担的最重要的责任，是达到思想政治教育的根本目的所需要完成的基本工作，即培养"四有"新人，那么，新时期思想政治教育的历史任务就是在特定的历史条件下对"四有"新人塑造中所体现的时代性和实践性问题的回答与解决。显然，回答与解决当代社会中的任何思想政治教育问题，都避不开两个基本的事实：一是思想政治教育的现实环境因利益关系局面的变化而发生了改变；二是思想政治教育必须教会人们正确地思考和处理利益关系问题，思考表现在人与物、人与人、人与社会之间互动关系中的利益问题。毫无疑问，"四有"新人的塑造不能在真空中进行，而只能在现实社会的实践中发生，只能在人的存在与意识的关系中呈现。即，思想政治教育培养"四有"新人的根本任务在当代社会的历史责任，就是要在今天的时代条件下，引导人们正确处理人与物、人与人（或人与社会）、人与自身内心世界的关系问题，历史地解决体现在这些关系中的利益问题。只有这样，才能找准增强思想政治教育实效性的现实路径。从利益维度看，增强思想政治教育实效性的现实路径，主要体现在思想政治教育对当代中国时代课题解答的相应担当上。

（一）发展社会主义市场经济的功能担当

在西方资本主义社会，经济活动被认为是从利己的动机出发的。无论是爱尔维修的"利益支配我们的一切判断"，还是亚当·斯密关于经济活动的个人利益出发点论证，都指出人的本性是利己的。但在资本主义发展、壮大的过程中，人们逐步认识到，就整个社会而言，完全利己是不可能达到的，要保证长久的个人利益，施以秩序、法律、道德的规范和引导是必不可少的。因此，在现代西方市场经济建设中，除了强调外在制约型的政策法律的建设，还强调自律型的思想或意识形态建设。在资本主义完善时期，对个人利益的限制得到了强调。限制个人利益所采取的办法也不外乎是制度约束和思想引导这两种。由于制度本身虽是从人的关系演化而来却不能决定社会关系的发展，所以，它可以规定人的行为却不能决定人的行为。正是因为这样，制度变迁理论的创始人诺斯批评新古典经济学家缺乏远见，认为他们看不到在限制个人行为上尽管有一整套不变的规则、检查程序和惩罚措施，但对个人行为程度的限制依然存在相当的可变性；而社会强有力的道德和伦理法则是使经济体制可行的社会稳定的要素。诺斯指出，由家庭或教育灌输的价值观念（或意识形态），导致人们限制他们的行为，以致他们不会（基于对个人利益的斤斤计较）做出类似搭便车那样的行为。从这个意义上来说，由伦理和道德力量所反映出来的意识形态，对人们的行为约束是强有力的。正是意识形态这种方式通过提供给人们一种"世界观"而使人的行为决策更为经济。沿着诺斯的逻辑走下去就会看到，借助一定的意识形态——某种道德观念或伦理体系来约束人们在市场经济中的行为既是可能的，又是必要的。

在发展社会主义市场经济的条件下，对个人谋利的限制逐步取消，个人合理利益得到承认，对个人物质利益追求给予道德的肯定，其结果之一就是让人们的逐利意识和逐利行为凸显出来。与此同时，市场经济在思想道德领域的负面影响日益呈现出来。在这样的形势下，除了制度的建设外，人的素质、能力、精神水平的提高，也显得十分重要。如果没有一代"四有"新人的塑造，没有对市场经济负面影响的正确认识和自觉抵制，任凭损公肥私、损人利己的思想和行为泛滥，那么，市场经济的健康发展是不可能的。因此，思想政治教育在社会主义市场经济中的历史任务，在于帮助人们树立正确的利益意识和利益观念，在于引导和规范人们的利益追求行为。这既是市场经济发展的历史性要求，也是人的发展的历史性内容。

（二）构建社会主义和谐社会的担当

如果说思想政治教育在市场经济的作用主要是帮助人们解决人与物之间的关系问题，那么，在构建社会主义和谐社会中，思想政治教育的作用在于帮助人们解决人与人的关系问题，尤其是人与人之间的利益关系问题。《中共中央关于构建社会主义和谐社会若干重大问题的决定》中明确指出："构建社会主义和谐社会是从中国特色社会主义事业总体布局和全面建设小康社会全局出发提出的战略任务。"从利益的立场看，这一战略任务是在我国"统筹兼顾各方面利益任务艰巨而繁重"之时提出来的，是在我国经济体制深刻变革、社会结构深刻变动、利益格局深刻调整、思想观念深刻变化的背景下提出的；构建社会主义和谐社会，要"以解决人民群众最关心、最直接、最现实的利益问题为重点"，要坚持"把最广大人民的根本利益作为党和国家一切工作的出发点和落脚点，实现好、维护好、发展好最广大人民的根本利益"作为一个重要原则。构建社会主义和谐社会这一战略任务的提出、实施的重点和原则，无不关乎利益问题。党的十九大报告强调，要着力解决人民最关心、最直接、最现实的利益问题,努力形成全体人民各尽其能、各得其所而又和谐相处的局面,为发展提供良好的社会环境。从利益的角度看,利益问题显然是和谐社会构建过程中需要处理的关键问题,而利益和谐是构建和谐社会的一个基础方面。

越来越多的人逐渐认识到,促进利益关系和谐是构建社会主义和谐社会的核心所在,社会主义和谐社会的本质应该是利益关系的和谐,构建社会主义和谐社会实质上就是构建和谐的利益关系。从这个立场来看,思想政治教育在构建和谐社会中的历史责任主要有:一是通过思想政治教育引导和帮助人们形成正确的利益观念,克服价值取向偏差导致的人民内部矛盾;二是通过思想政治教育使不同利益主体有利益表达机会,增强相互间的沟通和理解;三是思想政治教育通过沟通、说服、宣传等方式,使不同利益主体能够在不同程度上超越本位的利益,从全局的角度、从整体利益的角度考虑问题,使利益矛盾得以缓和、解决。进一步来看,思想政治教育对构建和谐社会的意义在于促进人与人之间关系的发展,这种发展是在解决人们之间的利益矛盾中得到体现和实现的。

(三)建设社会主义核心价值体系的担当

列宁说:"物质利益问题是马克思主义整个世界观的基础。"从这个立场看,任何世界观的建立都离不开对利益问题的思考。社会主义核心价值体系的建设是在我国利益关系多样化和阶层关系多样化的背景下,而对人们社会生活、价值取向、行为方式日趋多样化的现实,特别是因人们思想观念独立性、选择性、差异性和多变性日益增强而导致价值观念多元化和多样化的问题,在全社会范围内形成思想共识、共同的理想信念和道德规范。如果从因利益多样化而导致价值观念多样化这样的逻辑关联看,我们认为,社会主义核心价值体系的提出和建设就是在当前条件下思考和探索构建全社会共同价值观念、追求价值认同的重要战略举措。

从马克思主义的立场看,人的思想一旦离开利益就会使自己出丑,寻求价值认同也不能脱离利益基础。因此,可以说,社会主义核心价值体系建设作为实现价值认同的基本路径就是从利益认同到价值认同。这个过程也是意识形态进行利益整合、利益协调的过程,即围绕利益追求和实现的合理化,引导人们正确认识自身的利益,并为实现自身的根本利益而奋斗。这个整合的过程除了借用政治的、制度的力量之外,还需要强有力的思想政治工作。思想政治教育在从利益认同到价值认同的过程中承担的责任是:一是引导人们树立正确的利益观,正确处理个人利益与集体利益、局部利益与整体利益的关系;二是引导人们认清自身的利益环境、树立正确的利益目标;三是引导人们树立科学的、发展的利益观,正确处理好根本利益与暂时利益、长远利益与眼前利益的关系;四是引导人们树立奉献观，用精神利益来协调利益关系；五是引导人们正确分析和认识当前的利益矛盾，做好心理疏导。一言以蔽之：思想政治教育对于社会主义核心价值体系建设的重要责任在于引导人们树立正确的利益观，进而帮助人们树立正确的价值观。从这个意义上来说，坚持马克思主义指导思想、确立中国特色社会主义共同理想信念、塑造以爱国主义为核心的民族精神和以改革创新为核心的时代精神、奉行社会主义荣辱观，既是建设社会主义核心价值体系的内容，也是培养"四有"新人的明确的思想道德要求。因此可以说，建设社会主义核心价值体系的过程，也是培养"四有"新人的过程，这个过程的关键路径涵盖了思想政治教育与利益认同、价值认同的现实关系。

从上述关于思想政治教育基本问题的探析，到对思想政治教育面临现实挑战的把握，再到对当代中国思想政治教育时代课题和历史任务的基本阐述，思想政治教育实效性的生成有着明确的需要和利益导向。从利益视角考察思想政治教育实效性的生成问题，我们不难得出这样的结论：利益是思想政治教育实效性生成的社会关系基础，也是奠定思想政治教育实效性社会价值取向的现实基础。各利益主体需要及其利益关系的平衡和协调，是思想政治教育取得实效性的关键。其中，思想政治教育是否符合政治阶级的需要和利益要求，是思想政治教育实效性能否生成的根本所在。从本文的考察和研究中我们可以看到，思想政治教育实效性与利益的关系问题不仅是思想政治教育学科中一个带有学科性质的、富有现实意义的、涉及思想政治教育未来走向和发展趋势的一个重要选题，更是一个事关思想政治教育实效性的大问题，即对思想政治教育与利益之间关系问题的探究，是回答思想政治教育怎样体现实效性、如何具有实效性，以及怎样形成实效性的重要理论和实践问题。因此，从利益格局和利益关系的深刻变化看，增强思想政治教育的实效性，必须把握这种变化及其所引致的利益时代性因素的变化，在思想政治教育实践中全面导入和融入利益因素，深入反映利益格局和利益关系的现实变化，把握利益主体的精神需求，把思想政治教育实效性、针对性的增强，牢牢建立在对利益主体不同需要和利益要求及其变化的科学把握上。

第二节　高职院校思想政治理论课教学实效性的人文内涵

一、文化品性与文化使命中完善大学育人的文化功能

无论关于文化的界定和理解怎样众说纷纭，文化作为后天获得的经验性体验，它就是一个特定社会或特定群体所特有的一切行为、观念和态度。作为人类的本质活动的对象化成果，文化显然具有人为的性质。大学文化不仅是关于大学生活（最基本的是"教-学"生活）的一种反映，而且是社会文化生活的先进代表。如

果大学不能在文化上实现自主性的存在和变革，而是以媚俗的取向说明自己存在和发展的合理性及其以功利化的教育目的公开为自己的存在和发展辩护，那么，作为"人们的生活方式"的文化，大学文化似乎只能被动适应外界的变化，而不是主动地引导和促进社会的变革，如果那样，敢问大学精神何在？也许大学已经不能创造和形成自己的文化了，因为它被政治和行政挤压，它被社会挤压，它还被物质利益挤压，大学则不能以美好的东西和精神文化去"挤压"那些负面的影响。最后，大学没有了自己的胸腔。因此，大学要找回自己的精神，而其精神的找回还必先立足于大学文化品性和文化使命的重塑。

（一）在塑造大学的文化品性中发挥文化育人的功能

大学的品性，主要指大学的文化品性。大学的文化品性从何而来？蔡元培先生有言在先：大学者，研究高深学问者也。这种高深，并不是高不可攀、深不可测的意思，而是指大学所传授的知识、学问、思想还未在社会生活和人们的精神领域成为常识或确定性认知，需要在更高的水平上进行知识的发现，抑或生产、发明，抑或创造，这些知识、学问、思想本身需要通过深入分析和探究后方能掌握和传授。这是大学的一个重要品性。因为这个品性，高等教育其内在具有两个基本内容或任务："教学"和"科研"。教学是对知识、学问、思想进行创造性传授的过程，而科研本身就是对知识、学问、思想有所发现、有所发明、有所创造、有所发展的过程。

大学还有何文化品性？从"育人"这一基本任务看，育人包含对人的思想素质和行为才能的引导与塑造。要特别说明的是，"育人"与"培养人才"的要求是不同的。大学是造就人的地方，如果说文化的实质就是人化，那么大学的文化就是造就人的文化。这种文化不仅关注人的外在行为能力，而且更注重人的内心灵魂。如果大学的文化失去了直面人自身内心世界的品性，专注于对自然界的改造而忽略了对人自身的改造，忽略了对人的心灵、信仰、理想与信念的塑造，我们实难说出大学的文化品性。假如每所大学都忙着培育各种需要的"人才"，生产满足各种需要的"产品"，却忘记了培育作为人的社会所需要的"有理想、有道德、有文化、有纪律"的一个个"人"。那么可以说，大学的文化品性就让位于工具理性了，斯言不谬。

（二）在确立大学的文化使命中体现文化育人的功能

大学作为知识创新的主要场所，是科学知识传承与创新的重要源头；作为文化传承和创新的重要载体，大学是文化积累、交流、繁荣的重要阵地，理应成为文化选择与优化并形成民族文化气质的前沿动力。不断开辟文化的先进性方向并引领文化的发展；作为社会进步的特殊角色，大学是引导和促进社会变革的积极力量。最终是实现人民利益和实现人在某种程度上全面自由发展的重要途径。从这个意义来说，大学塑造了社会的文化标准，而不是社会的标准塑造了大学的文化品性。如果大学对社会文化标准的塑造体现在其对传统与现实、历史与未来、科学与人文、理论与经验、个人与社会之间的关系中，那么，大学的文化使命就是塑造社会的文化标准，这种标准不是外来的也不是借来的，而是在民族文化的胞胎中孕育的。

因为承担了这个艰巨使命，大学以其文化作为（而非其他作为）酝酿了实现国家目标和人民利益的基础性力量，在社会发展和社会文明程度的提高中建设了知识、思想、信念的基础设施，从而也奠定了一个国家现代崛起的基石。意大利的崛起离不开博洛尼亚的贡献，英国的崛起依赖剑桥和牛津，法国的崛起不能没有巴黎大学，美国人则是在哈佛大学的基础上形成理想信念的，德国的崛起则不能没有柏林大学。可以说，每一个伟大民族或国家的崛起都拜其一流大学崛起之功。这些一流大学对其民族、国家的首要贡献在于其确立的文化标杆、文化理念和文化模式，它们对于民族文化传统的形成、维系、承传与变革产生了不可估量的影响。

大学担当确立文化标准的使命，必然要求大学人在观察人生与社会之时不能仅仅局限于以"现实性的理想"来审视周围世界发生的现象。如果大学所培养的"高素质人才"总是以现实生活中的"标准"来度量自己的价值，构建自己的价值观，规定自己的生活意义，那么，大学提供给社会的顶多是没有胸怀的所谓社会"适应者"，而不是推进社会进步的"人"。中国的教育有着很长的历史传统，现代意义的大学却是在向西方学习的过程中产生的。虽然我们借鉴了西方大学的文化标准，但中国的大学必须植根于中国的民族文化、历史与社会中，塑造中华民族复兴与崛起的文化标准，这是当代中国大学所必须承担的文化使命。

二、夯实教育教学实效性的人文基础

青年大学生是思想政治教育的主要对象，他们不仅生活于一定文化环境中，而且其本身就是具有相当人文背景的先进人文群体。在大学生日益政治社会化的过程中，思想政治教育对青年大学生的塑造无论具有怎样的政治倾向，都难以离开一定的人文框架和历史传统。高职院校思想政治教育必须植根于民族的历史与文化传统，把思想政治教育与人文素质教育有机地结合起来，才能有效提高大学生的素质水平。在高职院校思想政治理论课程改革的背景下，基于思想政治教育教学实效性与针对性的调查研究证实，夯实高职院校思想政治教育的人文底蕴，是进一步增强大学生思想政治教育实效性的必由之路。

众所周知，我国已有世界上规模最大的大学生群体，超 2000 万的当代大学生是民族的希望、国家的未来。这一特殊群体的思想状况、道德水平和精神素养不仅直接表征着他们将成长为什么样的人，而且根本影响着社会的发展状况。历史和现实的经验一再表明，思想政治素质和道德素质的培育对大学生的成长极其重要。

（一）把握大学生思想道德素养和人文素质的现状

什么是思想道德素养？思想道德素养主要是指一个人所持有的世界观、人生观、价值观、政治倾向、理想、道德、情操等方面的素养和品质，它就像人的灵魂，是一切活动的主宰，决定着人们行动的目的和方向。大学生思想道德素养可以从两个方面来分解：一是思想素质，主要指大学生对辩证方法原理的掌握和对辩证思维方法运用的水平，这种掌握和运用体现为一个人的思维方式特点、思维的理性化程度和逻辑性水平；二是道德素质，诸如学生的诚信表现和诚实可靠度、团队精神和合作意识等方面的品性。而就学生的人文素质而言，主要指学生的文学、艺术、历史、美学、伦理学等人文科学的知识和素养。以修养和人格魅力为核心的人文素质水平，需要长期的培养和熏陶方能提高。人文素质教育就是对学生进行以人文科学为主要内容的教育，教育的直接目的在于提高学生的人文涵养和人文素质。

（二）关注大学生对思想道德素养与人文素质教育等方面的认识和评价

上述关于思想道德素养和人文素质状况的表现同学生对思想道德素养和人文素质的认识及教育接受状况有着密切的关系。因此，要全面掌握大学生的思想道德素养和人文素质，就应该掌握他们对思想道德素养和人文素质本身的认识和理解。即，我们应当把握大学生是如何看待思想道德素养和人文素质的（诸如功能和作用、影响和效果等）、如何评价自身思想道德素养和人文素质等方面的内容；同时，我们还应当把握大学生是如何理解和认识自身思想道德素养和人文素质教育的。

大学生关于思想道德素养和人文素质的认识表现在以下两方面：一是大学生对思想道德素养与人文素质基本功能和作用的认识；二是大学生对自身个体思想道德素养和人文素质的认识。这些认识从不同层面反映了大学生对思想道德素养和人文素质的认识和理解，分析这些方面的状况对我们改进和加强大学生的思想道德素养和人文素质教育具有重要的意义。

1.大学生对思想道德素养和人文素质基本功能和作用的认识

思想道德素养和人文素质是大学生素质的重要组成部分，在大学生的成长和成熟、成才和成人教育上具有不可或缺的作用。那么大学生如何看待思想道德素养和人文素质教育在自身素质培育中的功能和作用呢？

按照中心设想，思想道德素养教育的功能主要体现在其所承担的任务上：一是加强理想信念教育，进行树立正确的世界观、人生观和价值观的教育；二是爱国主义教育，进行弘扬和培育民族精神的教育；三是基本道德规范和公民道德教育；四是人文素质和科学精神教育、集体主义和团结合作精神教育。这些教育的目的是促进大学生思想道德素养、科学人文素质和健康素质的协调发展。基于这样的设想，我们调查了学生对思想道德素养教育和人文素质教育功能的认识。大多数学生对于思想道德素养和人文素质教育在有助于学生树立爱国的观念和社会主义的观念、掌握马克思主义的基本立场、观点和方法方面存在一定的偏见，从调查结果的对比分析看，大学生并不都认为科学的世界观、人生观和价值观与马克思主义的基本立场、观点和方法之间有必然的内在联系。这一点十分值得注意。

2. 大学生对自身个体思想道德素养和人文素质的认识

在大学生认识到思想道德素养和人文素质教育具有必要性，承担着多方面功能的同时，他们如何评价自身的思想道德素养和人文素质呢？大多数大学生对自己的思想道德素养和人文素质给予了肯定的评价。这也表明他们认为，对一个大学生来说，思想道德素养和人文素质在与他人的比较中是非常重要的。

我们应当肯定学校开设的思想道德素养和人文素质教育的课程对于提升学生的素质教育水平起到了不可或缺的作用，但是我们也应当承认，对这类课程的内容体系设置和教育教学形式设计还应当进行认真的考量。从目前来看，我们还没有把握思想道德素养和人文素质教育之间的内在联系，把思想道德素养和思想政治教育类的课程同学校的人文社科类课程对立起来的想法并不只是在学生中盛行，在许多教师看来，思想道德方面的课程似乎只有说教的成分，而人文素质教育的课程才是真正的素质教育。从这个角度来说，这种想法不仅贬低了思想道德素养和人文素质教育的"素质教育功能"，而且造成了素质教育教学资源的流失，同时，还把思想道德素养和人文素质教育对立起来。我们之所以把思想道德素养和人文素质教育纳入人文素质教育的范畴来进行统一调查，就是在潜意识里存有一种纠偏的主观能动性。从实际情况来看，一部分学生在问卷作答或访谈调查中的反映说明我们这种纠偏设想是正确的。一些同学感受到了我们这样设计问卷给他（她）带来了作答的困惑，还有的同学在作答时总是想着把二者区别对待的倾向表明他们还是认为思想道德素养和人文素质教育似乎在他们素质的提升中是不可相提并论的。

（三）拓展思想政治教育与人文素质教育的结合路径

从调查过程的展开（包括具体的教学实践）到调查结果的分析，我们始终在思考这样一个问题：思想道德教育和人文素质教育的关系是什么呢？从我们的古老传统来说，"育人"的教育传统在儒家思想大一统历史的演进中得到了传承和发扬。今天，从育人的角度来看，无论是思想道德教育，还是人文素质教育，归根结底都是关于人本身素质的培育。从一般意义上来说，人们的素质养成是多方面教育内容熏陶的结果，但作为个体的素质，却具有整体性。或者说，一个人所具有的素质往往不是可以随便分割的。因此，我们认为，提升思想道德素养和人文素质就是提升一个人的整体素质，促进思想道德素养和人文素质的发展就是促进一个人素质的全面发展。我们完全可以从这个立场，而且也应该从这个立场来探索进一步加强和改进大学生思想道德素养和人文素质教育的结合与整合问题。

1.在教育内容体系和教育活动过程中，把思想道德素养教育和人文素质教育二者纳入素质教育内容体系来进行统一设计

通过进一步研究发现，把二者纳入高职院校素质教育的内容体系并进行整合是具有现实性的。在关于"学校在思想道德素养和人文素质教育中最应该加强哪些方面教育"提问的回答中，我们看到，大学生认为学校最应该加强的教育内容中排在首位的是思维科学教育，其次是中国传统人文教育、历史教育、思想政治理论教育和外国文化教育，当然还有的同学提到了生活问题教育等"其他方面的教育"。审视调查结果，我们看到学生是完全可以在"同一个话题"下来谈论思维素质教育、人文素质教育、科学素质教育和思想道德素养教育的。从某种意义上来说，学生在回答问题方面不经意中暴露出来的前后矛盾的思维逻辑问题表明，加强思维科学教育的确是一个重要的自觉发现。实际上，在素质教育的范畴内，无论是什么方面的教育都离不开思维能力的训练。同样，无论什么样的思想政治理论教育都离不开一定的人文传统，不管什么样的人文教育，总包含着对人本身思想道德素养的教育。因此，在素质教育内容体系的设计中，应该强化素质教育的整体性和一体性特质，不要在现实性上制造"不足的人文"和"多余的政治"这样的问题。高等教育培养的是高素质人才，是国家未来不同领域和不同层次的战略决策者和执行者，只有在素质上全面的人，才能胜任这样的重任。

2.在专业课程教育中全面渗透思想道德素养教育和人文素质教育

思想道德素养教育和人文素质教育要贯彻在每门课程（特别是专业课程）的教学过程之中。目前大学专业课程的教学占据了学生的大部分时间，一般在70%以上，而且备受学生重视。具体落实"所有课程育人"的要求，在学生最关心、花费时间精力最多的专业课程中贯穿和渗透思想道德素养教育与人文素质教育的精神，思想道德素养教育和人文素质教育就可收到事半功倍的效果。从"教书育人"的传统来说，如果教师只会"教书"，而不会"育人"，那么教育的功能就大打折扣了。因此，不仅是人文社科类的课程具有思想道德素养教育和人文素质教育的功能，自然科学类的课程也同样有这方面的教育功能。

事实上，我们的传统人文教育现在已经被大大地弱化了，当前教育体制对人才的培养过于狭隘已经是一个不争的事实。我们开设了不少专业课程，这些课程就是要把人才培养成某方面的专家，把受教育者培养成"能工巧匠"。"能工巧匠"是必要的，但社会的发展不仅仅是需要能工巧匠的，我们更需要全面发展的人。

实践证明，即便是能工巧匠，如果没有思想道德素质和人文素质的武装，这样的能工巧匠对社会发展的作为和贡献也是令人怀疑的。无论是从高职院校思想政治教育体现在大学生社会化、全面发展和精神家园构建等方面的个体价值看，还是从体现在政治的、经济的、文化的社会价值看，专业课程教育都是无法替代的。

从当前的教育目标和内容来看，主要存在着"三过"问题：人文陶冶过弱、专业教育过窄、功利导向过重。如前述调查中反映的情况那样，大学生的"人文精神""科学素养"和"创造能力"都受到了不同程度的削弱。我们不是不要专业教育，恰恰相反，解决这种问题的现实做法就是把思想道德素养教育和人文素质教育的内容有机地纳入专业课程教育。据调查，大学生们现在还没有自觉意识到思想道德素养教育和人文素质教育是可以从必修课程和讲座等之外的教育形式和教育内容中获得的，原因是教育者并没有在专业教育中有意识地去进行这方面的引导。有些教师可能会担心，这样的引导会不会削弱专业教育呢？这样的担心在没有进行这样的尝试之前是没有必要的。思想道德素养教育和人文素质教育在专业教育中的渗透不仅不会冲击专业教育，相反，关于世界观、人生观和价值观的合理渗透对专业课的学习是有利的，在思维培育和创造力培养上，人文素质具有重要的导向功能。以自然科学家为例，事实证明，超一流的科学家身上蕴含着超一流的人文素质，他们是科学家，同时也是具有良好的人文道德修养的思想家、哲学家、艺术家。例如，在科学发展史上具有划时代地位的科学家爱因斯坦，不仅是一位建树卓越的学者，还是一位伟大的哲学家和出色的小提琴演奏家；那些为人类历史发展做出过卓越贡献的伟大科学家们，如居里夫人、爱迪生、李四光、竺可桢、华罗庚、钱学森、钱伟长等，他们对人类的贡献，不仅在科学本身，还在于他们伟大的精神力量和可贵的品格。

从专业教育与人文教育的关系来说，它们原本是一个内容体系，分科教育是近代科学技术进步和经济社会发展要求在高等教育领域的反映。因此，从某种意义上来说，并不存在专业教育和人文教育能不能统一的问题。实际上，在具体的教学实践环节中，我们深刻地感受到受教育者的认知、态度、情感和意志在学习过程中的重要作用，如果大学生没有认清学习的目的和意义，没有意识到这种学习的重要性，也没有思考过关于专业学习与自身成长之间、学习与人生之间关系的问题，我们认为，这样的专业学习对于其个人的意义和对社会的作用都是令人质疑的。这是关于专业学习价值层面的思考。就思维层面而言，专业课程的学习本身就有着独特的专业研究领域，在专业的范围内，关于这门学科的具体的观点和方法，关于这门学科的思维品格和逻辑形式，本身就是培养和锻炼大学生思维能力的良好素材，如果教育者有意识地着眼于这方面的引导，那么引导本身就是对学生进行了思想素养和人文素质的教育。

在处理强化专业教育趋势与培养全面素质人才要求之间关系的问题上，把专业教育同思想道德素养教育和人文素质教育结合起来是基本的途径。在广泛的专业教育中渗透特定的素质教育内容和精神，不仅是在教育过程中对教育资源的深度开发，而且使思想道德素养教育和人文素质教育潜移默化地渗透到专业教育中，学生不仅学习了专业知识，而且学会了在专业知识的学习中成长成才、成人成事，真可谓"寓素质教育于专业教育"也。

3.准确把握学校教育在思想道德素养教育和人文素质教育中的作用，建构新型的"教–学"关系

无数实践证明，离开社会教育和社会实践，学校教育在思想道德素养教育中的作用并非相当重要，更不是不可或缺的。学校教育在思想道德素养教育和人文素质教育中的作用不能孤立发挥，必须与社会教育相结合。

从思想道德素养教育功能的定位看，首先就是引导和帮助学生树立正确的世界观、人生观和价值观。但正确的世界观、人生观和价值观是要经过长期的社会生活实践才能形成的，是要在真、善、美与假、恶、丑的斗争中才能牢固树立起来的。把这样复杂而繁重的任务完全交给思想道德素养教育和人文素质教育去完成是不现实的。素质教育不是包医百病的灵丹妙药，必须破除在学生"三观"培养方面"成也'素质教育'、败也'素质教育'"的错误认识。实践表明，思想道德教育是对受教育者直接进行思想教育和行为规范，它的基本功能是"劝善"，其重要性是要在社会实践中才能感受得到的。

就教育本身的立场而言，面对现实社会，学校教育是不是在适应实践教育的要求方面就无所作为呢？当然不是。

首先，思想道德素养教育和人文素质教育的实效性体现在培养学生对实际问题的理论思考能力上。引导学生分析现实问题是体现思想道德素养教育实效性的表现。学生在接受思想道德素养教育和人文素质教育后，能否实事求是地分析现实问题，即能否合乎规律地分析具体的现实问题也是检验这类教育实效性的重要指标之一。引导学生分析现实问题是思想道德素养教育和人文素质教育培养学生理论思考能力的基本取向。在调查中我们了解到，教师没有注重引导学生分析研究现实问题，没有引导学生回答他们在许多重大现实问题上的思想疑虑与困惑，致使他们在面对现实问题时不能进行科学的分析，对一些现实问题的看法偏激，带有较浓的情绪化倾向。实际上，大多数教师并不是没有引导学生分析现实问题，但或者由于使用事实材料的翔实性和准确性不够，或者联系实际授课的目的性和方向性不明，或者对现实问题的分析不够深入，于是思想道德素养教育在对学生进行"现实问题"的教育上不能真正发挥培养学生理论思考能力的作用。一些教师把对学生进行现实问题的教育简单化为举几个实例的层面，等同于对几个现实问题材料的介绍，这些都大大降低了思想道德素养教育和人文素质教育在引导学生分析现实问题上所具有的实效性价值。

其次，思想道德素养教育和人文素质教育的实效性应体现在培养学生对理论知识的实践运用能力上。为了使学生把知识外化为实践活动，思想道德素养教育和人文素质教育不仅可以培养学生的能力素质，还可以培养学生对理论知识进行实践运用的能力，这种能力的培养显然超越了技术、技能的培训。思想道德素养教育和人文素质教育的实效性具有潜在的长期影响力，只是这种影响力要到学生在实践中真正运用理论知识的时候才会凸显出来。因此，我们要把学校教育和社会教育结合起来，把实践内容引入思想道德素养教育和人文素质教育中来。

从以上分析可以看出，注重现实问题的教育是重新建构素质教育的基本途径，在素质教育中，引导学生分析、思考和解决现实问题是实现学校教育同社会教育相结合的重要办法和措施。

另外，在调查中我们了解到，不利于思想道德素养教育和人文素质教育的因素主要包括：一是学生认为这些方面的教育与他们将来就业没有关系，对就业的意义不大；二是在学习方面没有兴趣，因此不明确思想道德素养教育和人文素质教育的意义，这使其教育效果大打折扣。

结果表明，就业因素是当前影响学生学习动机的重要因素，近半数的同学实际上认为，能不能对就业起到实质性的推动作用是学生选择学习内容的一个基本量度。学生的就业能力与其素质水平之间有着重要的内在关联，一个思想道德素养和人文素质不好的学生，其就业机会也是很有限的。调动学生的学习兴趣是增强思想道德素养教育和人文素质教育实效性的基本要求。

因此，我们应当以社会对人才的需要为基础，围绕着"学生需要什么"而不是"我们能够提供什么"来设计教育教学内容，构建新的"教-学"关系，即以学生为中心，把社会实践内容引入思想道德素养教育和人文素质教育的全过程中。从调查的情况来看，教育内容脱离需要和教育方式方法单一是影响思想道德素养教育和人文素质教育效果主要的不利因素。

从"教"的方面来说，必须改变传统的教育教学模式，不仅要注重对思想道德素养教育和人文素质教育内容的更新，而且必须与时俱进地更新思想道德教育和人文教育的手段和方法。在快速变化的社会中，教师也要不断提高自身的思想道德素养和人文素质。须知：身教重于言教。在学生和"学"的方面发生显著变化的情况下，教师和"教"的方面也应该发生显著的变化，这样的变化在实践基础上的统一，将使新的"教-学"关系的构建成为必然的选择。

（四）通过高素质教师队伍的建设，把专门课程教学与专题讲座结合起来

思想道德素养教育和人文素质教育涉及方方面面，学校应采取什么措施来促进思想道德素养教育和人文素质教育呢？从目前的情况来看，我们主要采取的是以下三种形式：一是专门的必修课程；二是素质选修课程；三是专门性的讲座。从调查结果来看，进行素质教育讲座是广受学生欢迎的形式，多开设一些不同内容的素质选修课程也是加强思想道德素养教育和人文素质教育的重要形式。大学生们对把思想道德素养教育和人文素质教育的内容纳入必修课程的支持力度不大，这同必修课程缺乏自主选择性是有关系的。

对调查结果的分析，给了我们一个重要的启示，就是思想道德素养教育和人文素质教育的形式是多种多样的，课程的设置和课堂教学在某种意义上是必要的，但这种课程的设置并不一定是必修课程的设置。而能不能开设以及如何开设高质量的讲座似乎是当前应当集中思考的问题。高职院校除了已经开设的一些学术论坛或人文论坛外，还可以开设思想道德教育方面的论坛或讲座。

不管进行什么形式的思想道德素养和人文素质的教育，教师素质始终是个关键的问题。建设一支高素质的专兼结合的队伍，利用这支队伍把课程教学和课外讲座结合起来是当前加强和改进思想道德素养教育和人文素质教育的现实途径。除了利用进行课堂教学的专门教师队伍外，高职院校还应充分利用其他的宝贵资源。高职院校博士生导师都是学有所成、学有所专的人才，我们应发挥博导们的积极性。如每周至少安排一场博导向本科生进行专题讲座的活动。博导们根据自己的专业特长和研究领域，结合学习、做人等方面的内容，通过自己的阅历和奋斗经历，向同学们进行以理想与价值、人生与道德、个人与集体、历史与未来、科技与人文等内容为主题的讲座。另外，对思想道德素养和人文素质的专门性课程教学，也要进行专题化的讲授模式，可以在同一课程中，由不同的教师就不同的内容采取专题化的形式，形成一个个以专题内容为特色的具有教育体系特征的系列讲座。

从基本现象看，高职院校的思想道德素养教育和人文素质教育总体上是应当肯定的，但任何时候谈论其针对性和实效性都具有当下意义。在新的条件下，思想道德素养教育和人文素质教育在内容和形式、手段和方法的变革上，在课程设置和专业设计上，还有许多经验需要总结，还有许多潜力需要挖掘，还有许多模式需要探索。总之，我们应当承担历史所赋予的责任，今天在校和即将走进大学的青年，他们是伴随着市场经济发展和我国社会生活广泛而深刻变化成长起来的一代人，是在开放条件下懂得运用网络信息交流来参与社会活动的一代人，是在20年之后将在实现现代化、中华民族复兴的伟业中承担主力军作用的一代人。"风物长宜放眼量。"对他们要全心爱护，而不是随意指责；在教育教学中要饱含深情，而不是理论说教；在对他们的希望与预期上，要殷切鼓励，而不是焦虑偏激。我们相信，为适应社会需要和社会对人才的需求，我们通过对教育内容和形式的必要变革，以学生素质培养和成才成人为中心来进行思想道德素养教育和人文素质教育的创新，必将进一步加强和改进大学生的思想道德素养教育和人文素质教育，不断提高大学生的思想政治和人文素质水平。

第三节 高职院校思想政治理论课教学实效性的影响因素

一、教育教学实效性与人才培养的一体性

在高职院校人才培养质量观的演进中，"知识（K）-能力（A）-素质（Q）"三位一体、辩证统一质量观的提出并迅速达成共识是近年来教育质量观发展的最显著成果。以高职院校为例，思想政治教育教学对学生素质的培养目标体现在其具体的课程教学实践中，其质量评价与其基本目标的实现程度是密切联系在一起的。思想政治教育教学的素质教育大致包括理论素质教育、政治素质教育、道德素质教育、法纪素质教育、心理素质教育等，这些素质教育的内容同高等教育的知识素质和能力素质培养是紧密相关的。高职院校思想政治教育教学课程的设置是围绕一定目标构建的相互融合和渗透的有机整体。从高职院校思想政治理论教育"05方案"课程设置的基本思想来看，"马克思主义基本原理概论"侧重于从理论和思维的层面培养学生运用马克思主义的立场、观点和方法，分析和解决问题的能力；"毛泽东思想和中国特色社会主义理论体系概论"不仅融会贯穿了人生观、世界观、价值观方面的教育，而且结合中国革命、建设和改革的实际，进行党的理论、路线、纲领、方针、政策教育，从理论与实践相结合的层面促进学生理论素质、政治素质和思想素质的结合与提高；"中国近现代史纲要"立足中国近现代历史的演变发展，引导学生树立正确的历史观，使学生获得关于中国近现代史发展必然性的正确理解，培养学生的爱国主义精神和民族自尊心、自信心和自豪感、使命感；而"思想道德修养与法律基础"等课程所进行的道德素质、法纪素质和其他方面素质的教育则是对学生进行以爱国主义和为人民服务为核心，以集体主义为原则，以民主法制观念的增强为目的的具体教育，最终是为了促进学生做到"知""行"统一。可见，思想政治教育教学各门课程的教学内容是环环相扣、缺一不可的。

审视思想政治教育教学课程设置的特点，我们认为，思想政治教育教学坚持了这样的基本理念：不论是哪个类别的专业教育，其目的都离不开对"人"的培养。简而言之，不管是理工类的学生，还是文史类的学生，他们的发展目标都应是成为在思想力、道德力等方面有较高水准的社会主义劳动者和高素质人才，这一点是基本的、始终不变的。依据"KAQ质量体系"要求，透过思想政治教育教学课程的系统设置可以看出，思想政治教育教学对学生思想道德素质的提高有着明显的层次性。我们认为，可以从精神层面、思维层面和能力层面来考虑其所具有的功能和作用。

（一）着力培养学生的精神素质和思想道德素质

高等教育侧重专业知识、能力教育的特点，要求在任何专业的教育中必须始终贯穿素质教育的内容。当然，高等教育中的素质教育与基础教育中的素质教育不仅有点、面上的不同，而且有层次上的差别。大学的地位和功能要求高等教育在对学生的素质培养中，必须站在历史的高度，坚持高立意。就我国当前高教实践来看，就是要以战略的眼光来主动地思考、设计思想政治教育教学的素质教育内容及其对学生的素质培养目标。应该明确高职院校教育对大学生更高的思想境界要求和人品、责任感要求，即思想政治教育教学所要实现的目标。大学的人才培养目标不能只考虑社会上某个部门、某个专业的需要，而要考虑更大的需要，即振兴中华民族的需要，推进中国特色社会主义现代化建设事业的需要、参与未来社会全面竞争的需要。这样的需要，显然要求高职院校思想政治教育要超越"能工巧匠"的培养框架。在培养适应这种需要的人才过程中，思想政治教育教学所起到的作用不仅是政治保证方面的，还是民族精神培养和民族气质塑造方面的、较高思想境界和道德水平造就方面的。从思想政治教育教学必须坚持"以人为本"的要求来看，它应使学生在现实的受教育过程中，立足于我们的文化传统，适应社会进步的潮流，形成科学正确的世界观、人生观和价值观，确立正确的是非标准，把较高的思想力、道德力内化于灵魂深处。在这里，思想政治教育教学彰显了它在造就"一个脱离了低级趣味的、有益于人民的、高尚的人"的过程中所具有的教育力。

（二）着力培养学生对现实问题的理论思考能力

目前，在高职院校思想政治教育教学中，很大比例的教学内容是思想理论的教育，这是必要的、基本的。但理论教育不是对理论内容的简单述说，而是要从思维层面训练学生对现实问题的理论思考能力。亦即思想政治教育教学的思想理论教育，应立足于我国改革开放的伟大实践，引导学生科学思考我国社会主义事业发展的逻辑及其规律。培养学生以马克思主义的立场、观点和方法分析问题的能力素质，离不开从思维层面培养学生正确认识和分析现实问题的基本思想方法，避免"按需要随意取舍真理"的现象发生。从目前看，思想政治教育教学在对现实问题分析和解释上的力度是不够的，学生对社会生活中的种种问题存在思想上的大量疑虑和困惑固然与现实问题的复杂性有关，但不可否认的是，我们对从思维层面来培养学生的理论思考能力素质方面存在着认识上和行动上的误区，甚至盲区。思想政治教育教学的素质教育应在思维层面培养学生科学、正确的理论思考能力上发挥更大的作用。

（三）着力培养学生对理论知识的实践运用能力

思想政治教育教学对学生内在精神素质的塑造和理论思考能力的培养最终都

要落实到学生的行为选择和实践活动中来。从KAQ的质量要求体系来看，能力素质的培养是学生把知识外化为实践活动，体现素质教育水平的关键。在高等教育人才培养观从重知识到重能力再到注重提高素质的历史演进过程来看，高素质能力的培养离不开对理论知识的传授，所谓大学者，研究并传授高深学问者也。不学必然无术，离开知识传授的能力素质培养是不存在的。但不能将理论知识进行实践运用的学生，其社会价值也是令人怀疑的，因此，一般而言，离开了能力素质培养的知识传授是毫无实际意义的。从能力层面来看，思想政治教育教学不仅可以培养学生的能力素质，而且培养的是学生对理论知识进行实践运用的能力，这种能力的培养显然超越了技术、技能的简单培训。在理论知识的实际运用中，受教育者所展现的不仅是自己的思维方式，而且是自己的价值选择。可以说，对理论知识实践运用能力的培养体现着高等教育独特的社会价值，思想政治教育教学要求受教育者在运用知识的过程中能体现出充分的社会价值，把个人价值和社会价值有机地统一到自己的社会实践活动中。

二、影响教育教学实效性增强的原因分析

思想政治教育教学是大学生思想政治教育工作的重要组成部分，在对大学生进行人才培养的过程中具有不可替代的作用。年来，思想政治教育教学在促进学生全面素质提高、维护高职院校稳定等方面取得了很大成绩。但思想政治教育教学存在的主要问题之一，还是实效性不强。实效性方面的主要问题体现在思想政治教育教学的地位认同和功能发挥方面。从主观方面讲，还存在对思想政治教育教学实效性的不正确、不准确的认识和理解；从客观方面讲，思想政治教育教学的实效性不强、实效性没有得到充分体现，有着教育的和社会的因素，原因是多方面的。

（一）教育教学实效性不强的表现

1.对思想政治教育教学的目标和预期效果还存在不切实际的认识

应该说，思想政治教育教学的目标同其教学的目标是统一的。但在具体的教学实践中，思想政治教育教学目标的实现变成了简单的教学任务，这必然导致对思想政治教育教学目标和预期效果理解的表象化和简单化的错误，结果是以一纸试卷成绩终结了思想政治教育教学的实效性。此乃其一；其二，是把思想政治教育教学的目标和预期效果定得太高，不符合实际。比如，把思想政治教育教学定位为引导和帮助大学生树立正确的世界观、人生观和价值观，在总体上是对的，但正确的世界观、人生观和价值观是要经过长期的社会生活实践才能形成的，是要在真、善、美与假、恶、丑的斗争中才能牢固树立起来的。把这样复杂而繁重的任务仅仅交给高职院校思想政治教育理论课去完成是不现实的。思想政治教育

教学不是包医百病的灵丹妙药，必须破除在大学生"三观"培养方面形成"成也思想政治教育""败也思想政治教育"的错误认识。可见，对思想政治教育教学目标和预期效果过低或过高的定位，都是影响正确评价思想政治教育教学实效性的重要因素。

　　2.对思想政治教育教学的功能和价值还缺乏一个明确的、统一的定位

　　长期以来，对思想政治教育功能和价值认识的不明确、不统一，直接影响了思想政治教育教学实效性的形成。在人才培养及日常工作中，对思想政治教育功能和价值的认识存在偏颇，特别是在市场经济条件下，人们功利意识的强化、利益观念的凸显、个体意识的膨胀、对短期目标的追求，都导致了对思想政治教育功能和价值认识的片面和错误。比如，在各方面工作关系的处理中，思想政治教育教学"说起来重要、做起来后靠、忙起来不要、出了问题才想到"的现象还普遍存在；对思想政治教育的意义和机制认识不清、把握不准、理解不透，甚至怀疑不止的还大有人在。在这种情况下，有相当一部分学生把对思想政治理论的学习当成负担。在这样的氛围中，思想政治教育教学的实效性是难以形成的。

　　3.思想政治教育教学对学生思想道德素质培养的实际效果还不明显

　　学生对思想政治教育教学效果的评价最能直接反映思想政治教育教学对其成长成才的意义。思想政治教育教学的总体效果是为学生所肯定的，积极面是主要的。尽管肯定了思想政治教育教学的效果，但态度是勉强的。继续并进一步增强思想政治教育教学的针对性和实效性，提高其吸引力和感染力，是提高思想政治教育教学的重要目标，也是提高其对学生素质培养教育的关键所在。

（二）教育教学实效性的形成和影响因素

　　思想政治教育教学实效性体现在教育取向和社会取向两个方面，从这个意义来说，思想政治教育教学实效性的形成也受到教育因素和社会因素的影响。无论是教育因素还是社会因素，都是多方面的，在此仅考察那些比较直接的影响因素。

　　1.教育对象的变化直接影响着思想政治教育教学实效性的形成

　　要躬行"以人为本"的教育理念，就要确立学生在"教-学"活动中的主体地位。今天在校和即将走进大学的青年，是伴随着市场经济发展和我国社会生活广泛而深刻变化成长起来的一代人，是在开放条件下懂得运用网络信息交流来参与社会活动的一代人，是在20年之后将在实现现代化、中华民族复兴伟业中承担主力军作用的一代人。"风物长宜放眼量。"对他们要全心爱护，而不是随意指责；在教育教学中要饱含深情，而不是理论说教；在对他们的希望与预期上，要殷切鼓励，而不是焦虑偏激。当前，由于我们对大学生这个教育对象的认识还不够准确和全面，因此，对思想政治教育教学实效性的追求显得有些无的放矢。

　　2.思想政治教育教学实效性受教育者素质的影响

高等教育在"享用"扩招机遇谋求发展的同时，面临着一系列的新挑战，思想政治理论教育在对学生素质培养方面的挑战尤为严峻。高职院校扩招势必加大高职院校基础设施等硬件建设的压力。由于种种原因，思想政治理论教育教学课堂规模本来就一直不小，而扩招更使其课堂规模膨胀。在二三百人的大课堂上，要做到"因材施教""寓教于乐"，调动学生的积极性和主动性，确实不是一件容易的事。试想，学生上专业课时用的是小教室，教师和学生的距离近，互相交流的机会多，课堂气氛容易调动，课堂秩序可以适时控制，课堂教学过程的效果更容易及时、全面地得到检验。思想政治理论教育教学的"大课"教学课堂显然不具备这些优点，老师和学生的"模糊度"高，学生不了解老师，老师不认识学生；课堂教学周期长（周次课间距大），连贯性差；老师和学生的课堂交流困难，课堂互动不佳；课堂效果得不到实时监测和调控。从整个调查情况和学生对课堂规模的"要求"上可以看出，思想政治理论教育教学课堂与教育教学效果之间有着极强的关联。

（三）教育教学实效性形成和体现的社会性因素

思想政治教育教学作为直接引导学生运用马克思主义立场、观点和方法来正确分析现实问题的教育内容，其根本作用在于有针对性地回答重大的时代课题、重大的现实问题，尤其是与学生有所联系的政治社会问题、社会生活问题、社会热点难点问题。由于思想政治教育教学实效性还有社会取向上的价值和意义，因此，经济社会的任何变化都可能对思想政治教育教学实效性内涵的认知及其形成产生影响。

1.我国经济社会的深刻变化影响了思想政治教育教学实效性的形成

由于我国实行改革开放和发展社会主义市场经济，我国的社会经济成分、组织形式、就业方式、利益关系和分配方式日益多样化。面对经济体制的深刻变革、社会结构的深刻变动、利益格局的深刻调整、思想观念的深刻变化，思想政治教育遇到了严峻的挑战。在这些挑战中，最根本的是思想政治教育遇到了利益关系变化的挑战。市场经济和改革开放激活了人们的利益观念和利益追求行为，在利益关系多样化和利益矛盾经常化的背景下，思想政治教育遇到了一系列的挑战。归根结底，我国的阶层关系和利益关系发生了深刻变化，这些变化导致了人们思想观念的独立性、选择性、差异性和多变性日益增强。思想观念的变化与利益关系和利益格局的调整直接对思想政治教育的地位、价值和作用产生了重大影响。这些影响表现在思想政治教育教学实效性的各方面，社会生活的变化也反映到受教育者的思想中。反观思想政治教育教学的实际情况，面对置身社会生活的广大学子，它在联系社会生活的变化进行讲解和说明上还存在不正确、不科学、不到位、不恰当的问题，甚至让学生产生脱离实际的感觉，形成学习思想政治理论的思想政治教育教学要求教师对理论知识的讲授不仅要正确，而且要生动、有趣、富有吸引力；要求教师不仅能熟练把握教材内容，而且能给学生提供尽可能丰富翔实的材料，要求课堂教学信息量大；不仅要求教师恰当地讲授，而且要求教师善于在大课课堂上调动学生的参与性和积极性。当前，思想政治教育教学教师并不是都能满足这些要求，从而影响了思想政治教育教学的实效性。

3.思想政治教育与专业教育互动不足降低了思想政治教育教学的实效性

思想政治教育教学的素质教育离不开大学教育的总体过程。思想政治教育教学的学习不同于专业课或技能课的学习，要求其起到立竿见影的效果是不科学的，是不符合教育教学规律的。如对哲学、政治经济学等课程所涉及的原理及其意义的理解是受教育者在有了相当的社会积累和理论知识储备后才会有深刻体会的。但近七成的学生不能肯定思想政治教育教学同专业教育之间是否存在着有机联系，这反映了思想政治教育教学同专业教育之间还缺乏真正的互动关系。在专业学习压力加大的情况下，学生对思想政治教育教学的学习就可能没有思想和行动上的真正保证。他们把直接针对素质培养而设计的思想政治教育教学课程看作可有可无的东西。

4.教育教学内容的滞后限制了思想政治教育教学实效性的体现

教育发展的客观规律要求思想政治理论教育内容必须随着当代社会生活的变化发展而不断发展和更新。作为教育学生观察和理解社会人生的课程，思想政治理论教育教学教材内容必须及时更新。从调查的情况来看，思想政治理论教育教学内容不能适时更新是影响学生听课兴趣的重要原因之一。在具体的教学活动中，尽管教师的教学内容与时俱进，但教材内容的"老化"势必降低学生的学习兴趣。我们知道青年学生具有追求新事物、渴望了解新知识的心理特征，但是缺乏及时引导他们这种追求的内容载体和过程形式。这就难以保证思想政治理论教育教学的内容被学生吸收，当然在学生素质教育力的增强上就失去了基础。

5.讲授模式和方法的落后弱化了思想政治教育教学实效性的体现

传统的思想政治理论教育教学方式往往只采用课堂教学宣讲的形式，一支粉笔、一块黑板、一本教材、一张嘴就可以讲上数个小时，这种"填鸭式灌输"的方法抽象而不直观、单调而不活泼，师生之间互动较差。我们从调查中看到，教学方式方面的原因始终是影响思想政治理论教育教学素质教育的前置因素。作为思想理论课范畴的思想政治理论教育，必要的理论灌输是不可或缺的，但如何灌输却是大有讲究的。问题是目前的教授模式还大多采用单向灌输的方式，缺乏应有的互动。这是难以使思想政治理论教育教学的素质教育功能发挥出来的原因，这种方式在根本上有悖于思想政治理论教育教学的素质教育性质。

6.思想政治教育教学的实效性还受到课堂教学规模的影响

全面地看。高职院校扩招极大地推动了我国高等教育改革和发展的进程。但逆反心理。这样，思想政治教育教学实效性就大受折损。

2.贫富差距的拉大降低了思想政治理论教育教学的说服力

在当前，贫富分化导致利益分化是一个不争的事实，由于实行改革开放和发展社会主义市场经济，人们的经济社会生活发生了显著的变化。人们思想观念的独立性、选择性、多变性和差异性明显增强，思想政治教育的难度增大。当利益出现明显分化，在现实社会中表现为贫富差距拉大之时，利益关系和利益活动就具有了明显分化的特点，这时，一般认为，市场取向的历史性改革启动以来，利益多样化的演变成为社会生活的普遍事实。中国的收入和财富分配差距明显拉大是20世纪90年代中后期才出现的。世界银行、国家统计局和有关专家学者公布的90年代中后期中国的基尼系数为0.35–0.48，并认为中国（自那时起）已进入了收入差距较大的国家行列。由于贫富差距的拉大、利益的分化，思想政治教育遇到了前所未有的"利益挑战"。在利益分化和阶层分化的背景下，思想政治教育对社会共识的形成和共同价值观的建构遇到了前所未有的难题。因此，思想政治理论教育的说服力被极大地减弱。

3.社会生活的功利化倾向一定程度上弱化了思想政治教育教学的实效性

在发展社会主义市场经济的过程中，人们的思想观念和价值追求越来越具有明显的功利色彩，其集中表现就是人们的个体意识和利益意识变得日趋强烈。利益的分化和阶层的分化进一步凸显了社会关系的功利化倾向。以大学生为例，经济社会的多样化发展给处于成长成才阶段的大学生带来了深刻影响。在就业压力加大的今天，大学生的职业定位明显表现出追随市场的特点，他们的专业选择及学习动机受将来就业要求所左右。从内容和特点来看，思想政治理论教育对学生短期就业的"作用"是不如专业知识课程的作用明显的，思想政治理论教育教学是引导大学生树立正确的理想信念、确立科学的世界观、人生观和价值观的重要课程，在本质上不具有功利性的色彩，它甚至被要求以一种相对超然的姿态来看待和审视社会生活的变化。由于思想政治教育教学的转型跟不上社会的转型、迟滞于社会转型，所以思想政治教育教学所应有的素质教育得不到应有的展现。

4.思想政治教育教学实效性遇到了人们生存原则变化的挑战

物质利益关系的深刻变化，使社会成员从非独立的利益主体转变为以自然人（而不再是单位人）为第一特征的独立利益主体。追求个人的物质利益并力争实现物质利益的最大化，成为每个社会成员从事所有社会活动的基本动力。与此同时，个人与组织的关系和个人进入社会的方式也多元化了，个人不再是国家单一控制下的个人和国家按照社会需要进行指挥、调配的个人。个人的生存原则由对组织和国家的依附转换为以利益交换为基础的契约原则，即由政治原则转化为利益原则。因此，思想政治教育原有的体系和内容必须改变，以适应受教育者生存原则变化的要求，否则只能降低自身的实效性。

5. 思想政治教育教学实效性遇到了人们社会地位认同的挑战

市场化取向的体制改革确立了社会成员个人利益的合法化，从而强烈地冲击了原来意义上的各种身份角色认同和社会管理模式，使社会成员评价其他社会成员社会地位的标准多元化、非一致化。在传统的计划经济体制下，社会成员评价他人采取的主要是政治原则；而市场化改革之后，由于市场经济的基本动力机制是利益机制，社会对个人利益的肯定，使物质利益成为评判社会成员社会地位高低的一个主要标准，现实利益观成为普世性的道德观念。思想政治教育面临着重建自身话语体系、重建人们认同体系的任务。这样，没有及时转型的思想政治教育，其实效性不可能得到增强。

6. 思想政治教育教学实效性遇到了价值选择迷茫的挑战

在肯定个人利益合理性和合法性的同时，原有的至高无上的社会文化权威不复存在，对经济利益最大化的追求成为社会个体和社会群体世俗生活的主要目的，社会大众表现出鲜明的"功利主义文化"的价值倾向。这种文化倾向使有着不同利益要求与核心价值观念的人群分化成不同的利益群体，原有的统一的价值观念与一致的社会身份从根本上发生了改变。价值的多元化选择和功利的至上性说明很难有一种观念成为持有不同价值观念的社会成员共同认同并遵守的价值准则；同时，任何一种价值观念的形成无不与社会成员追求个人利益最大化的价值观念相联系。面对这样显得有些"混乱"的功利的"价值世界"，思想政治教育面临重建社会成员价值观念体系的重任，原有的思想政治教育已经失去效力。

7. 思想政治教育教学实效性遇到了自身功能定位和价值导向的挑战

事实上，思想政治教育面临的任何挑战，都是对其原有功能定位和价值导向的挑战。这方面的挑战是思想政治教育教学实效性较低的核心体现。从功能定位看，当前的思想政治教育存在意识形态定位和精神困惑定位两种选择。前者将其功能定位为意识形态化的政治工具，在价值观念一致性的基础上，用以统一思想和政治动员，致力于保证社会成员的个人利益全面服从组织利益；后者将其功能定位于探索时代精神，关注个体和社会群体的精神困惑，致力于形成与时俱进的价值观念，以促进社会主义市场经济发展。双重定位必然使思想政治教育摇摆不定，解决这个问题是思想政治教育的一个挑战。从价值导向看，计划经济时代思想政治教育所奉行的国家、集体、组织利益绝对至上的价值导向，正在受到市场经济时代肯定个体利益追求的价值导向的挑战。思想政治教育价值导向上遇到的挑战，实质是利益关系处理中所遇到的挑战。平衡个体利益与社会利益的关系，找准协调二者利益的基点，是应对挑战的关键。

上述因利益观念、利益原则、利益关系、利益格局、利益机制变化所引起的挑战，对新时期的思想政治教育教学而言，是具有总体性意义的挑战。这种挑战是对包括高职院校思想政治教育教学在内的各领域、各方面思想政治教育的挑战。

这种挑战最直接的后果，就是思想政治教育教学实效性的弱化和降低。正如马克思所说的那样："利益是有远见的。""这个世界之所以充满危险，是因为世界……是许许多多利益的天下。"这些挑战构成了影响和制约原有思想政治教育实效性的社会性因素。新时期高职院校思想政治教育教学实效性的重塑，不能不回应这些挑战，从这个意义来说，回应这些挑战，是增强思想政治教育教学实效性的基本方向和基本要求。

第四节　高职院校思想政治理论课教学实效性的现状释因

一、思想政治理论课实践教学存在的主要问题

目前，虽然思想政治理论课实践教学已经受到了人们普遍的关注，但是随着思想政治理论课实践教学活动的进一步展开，一些问题依然困扰着思想政治理论课实践教学。尽管思想政治理论课是一门实践性很强的课程，但是并非所有高职院校和教师都很好地认识到了这一点，并非所有高职院校都很好地开展了实践性教学，并非所有教师都很好地组织学生开展了实践性教学活动，并非所有学生都积极主动地参与了实践性教学活动。在思想政治理论课实践教学方面，还存在一系列这样那样的突出问题。分析思想政治理论课实践教学中存在的问题并加强管理，对于提高思想政治理论课实践教学的质量显得十分重要。思想政治理论课实践教学中存在的问题大致可归纳为以下几个方面。

（一）对实践性教学重要性的认识不够深刻

目前，无论是学生、教师，还是学校和社会力量，都不同程度上存在着对思想政治理论课实践性教学认识不够深刻的现象。由于考察专业课所要求的专业技能较易操作，考察思想政治理论课所要求的道德规范较难操作；提升技能相对容易，提升品德相对困难，因此各高职院校更重视专业课的实践性教学，对于思想政治理论课实践性教学的重要性缺乏足够的认识和重视，从而导致该课实践性教学没有得到有效开展。

首先，学生对于实践性教学的认识不够。大部分的大学生对于思想政治理论课的实践教学还是不甚了解，因此，判定他们重视实践教学还为时尚早。

其次，存在教师不够重视的情况。除了部分负责社会实践的指导教师外，其他许多教师并不熟悉实践教学的情况，他们甚至会认为这不是他们的事情，不用了解。然而带领同学们参加社会实践并不只是思想政治理论课教师的任务，社会实践是一个庞大复杂的系统工程，只依靠思想政治理论课教师的力量是不够的，需要更多的教师共同参与和配合。

最后，学校以及社会力量也存在不重视社会实践的情况。开展思想政治理论课实践教学活动，是提高思想政治理论课教学针对性、实效性的有效途径。通过实践教学能够帮助和促进大学生了解中国社会的现状，与人民群众的心声产生强烈的共鸣。要真正把实践教学落实到位，光在口头上说重视是不够的，还必须从制度上规范、从经费上给予支持。然而，有的高职院校对于思想政治理论课的社会实践环节，既没有从制度上落实，也没有相应的资金配套，使得社会实践环节流于形式。另外，社会实践就是需要学生到社会中去体验生活、增长才干，这需要得到社会有关单位、部门的支持和配合，但是有的单位、企业出于各方面的考虑，不愿意接收大学生进行实践活动，这与他们在招聘时想要招聘到素质高、业务精的人才的意愿十分不相称。不可否认，德育教育在学校教育中居于首要地位，因为它是国家教育部门教学改革的根本指导思想，决定着学校的办学性质和办学方向。高职院校德育课的教学的重要性得到了一致广泛的认可。但相对于思想政治理论课这样的公共德育课而言，各大高职院校在教学中更重视各种专业课的实践性教学，建立了统一的实践教学规划与统一的领导管理体制。而对于思想政治理论课实践性教学的重要性缺乏必要的认识，认为公共课的实践性教学不是一门独立的课程，只是理论教学的适当补充，因此没有在实际的工作中予以足够的重视，从而导致教学、管理、运行机制的缺乏，无法调动学生参与思想政治理论课实践性教学的主观能动性。

某些院校没有给予高度重视。思想政治理论课实践教学实际往往受到轻视，特别是一些新兴的高职院校，开设的专业大都是市场性比较强的，包括一些校领导在内，有些人甚至认为思想政治理论课本身就可有可无，更不用说它的实践教学了。他们为了给学生安排更多一些的专业课，甚至违规地减少了思想政治理论课的理论课时，更谈不上安排实践课时了。而有些学校的领导承认该课的重要性，但也只是停留在口头上，行动上没有真正做到重视，比如该课的实践教学特别是课外实践教学大都需要在课余时间去做，这样指导教师可能就要牺牲自己的业余时间，而很少有领导会同意给这些教师计算工作量，因此也就使得教师没有了积极性，效果自然不好。而学校主要领导的思想往往会影响学校其他部门、领导及教师的想法，甚至会影响学生，这也就导致了包括思想政治理论课理论教学在内的被边缘化危险的存在。

家庭和社会对于思想政治理论课实践性教学的重要性程度也认识不够。传统的应试教育模式导致家长仍然坚持学生应以专业学习为重，不能把时间和精力浪费在"无意义"的社会实践中。社会中的许多企事业单位和机构在此问题的认识上也有一定的偏差，认为学生与本单位联系实习只是走走过场。形式上和表面上达到要求即可，因此参与的热情不高。此外，许多同学专业课学业繁重，学习压力较大，加上自身认识上的偏差，因此在参与过程中，也不够认真，总是存在着敷衍了事的情绪和行为，错失了使自身得到锻炼和成长的机会。

（二）实践教学基地不足

社会实践基地是一种培养学生综合素质、综合能力和就业竞争能力的教育形式，是高职院校完成人才培养任务的重要阵地，它充分利用学校、企业和科研单位等多种不同的教育环境和教育资源以及各自在人才培养方面的优势，把以课堂传授知识为主要形式的教育模式与生产、科研实践有机地结合在一起，较好地体现了当前中国推进素质教育的要求。实践基地在大学生的成长、成才过程中发挥着积极的作用，是高职院校人才培养不可或缺的重要场所和载体。目前，我国高职院校社会实践基地建设还存在着一定的问题，主要有两方面。第一，由于高职院校不注重"双赢"原则，只考虑社会实践基地能否满足教育的需要，学生是否得到切实的锻炼，而不考虑社会的需要，造成大学生社会实践失去了外部的支持。大学生实践活动如果不能与社会的实际需要结合起来，势必会使实践活动成为无源之水，缺少必要的动力源泉，也使得社会实践活动无法真正推动社会的发展和进步。第二，大多数高职院校没有稳定的思想政治理论课实践的教学基地，这就造成教师和学生需要花很大力气四处奔波寻找实践教学场所。这些都是制约思想政治理论课实践教学可持续发展的原因。

思想政治理论课实践教学需要校外多处典型的红色文化、现代企业等教学基地，这就需要政府、企事业单位的大力支持和帮助，包括为大学生参加思想政治理论课实践活动提供方便、创造条件。但目前社会各界对大学生思想政治理论课实践教学的支持力度不够，高职院校在开辟实践基地的时候都遇到了各种各样的困难：有些企业单位嫌麻烦、怕花钱、更怕增加负担，不愿意接待大学生的实践活动，高职院校的经费资助又有限，很多单位感觉划不来、不合算；政府部门、企业、学校、医院、社区等单位可以接收一定数量的学生进行参观学习，但或多或少会影响他们自身的正常运营和发展，难以建立长期、固定的合作关系。大学生思想政治理论课实践教学基地数量少且不稳定，一定程度上增加了大学生思想政治理论课实践教学实施的难度。

（三）实践教学经费不足

实践教学需要组织为数不少的学生走出去，在校外进行参观访问、社会调查和志愿服务等，从事这些实践教学活动都必须有一定的经费保障。关于思想政治理论课实践教学经费问题，虽然教育部曾明确要求各高职院校每年要划拨专项经费用于思想政治理论课实践教学，但目前不少高职院校由于认识上的原因，加之办学经费紧张，并没有为思想政治理论课实践教学设置专项活动经费；有的学校虽然有经费，但数量有限，根本不能满足人数众多的学生参加实践教学；有的学校在组织实践教学之前向学校主管领导和有关部门临时申请经费，在学校财政充足时，批复的经费相对充裕，学校财政紧张时，批复的经费相对较少，所以思想政治理论课实践教学的活动经费随意性很大，每年参与实践教学的人数时多时少，开展效果时好时坏，直接影响思想政治理论课实践教学的质量。

经费不足是制约大学生参加社会实践活动的又一个重要原因。众所周知。现在各高职院校几乎都存在经费紧张的问题，所以有些学校就尽量节约经费，能省则省。而有些学校动辄花几百万元建一所高档的图书馆，也不愿花几千元让学生进行一次实地的考察。有的学校甚至教师都难以有机会参与培训与学习，主要原因就是经费不足。目前由社团、党团组织、学生会发起的社会实践，其活动经费来自学校的暑期社会实践项目资金和自筹经费，这些暑期社会实践项目由于资源有限，只有少数人有机会参加。思想政治理论课实践教学的社会实践环节作为教学中的一部分，应该是人人有机会参加的。挂职锻炼、志愿者服务、参观访问、社会调查等社会实践形式都需要有一定的经费支持，要有最基本的路费、食宿费、相关经费等。目前思想政治理论课实践教学经费不足、筹措渠道不畅，是实践教学难以全面有效展开的原因之一。

（四）实践性教学流于形式

目前实践教学形式重于内容。有不少高职院校对思想政治理论课教学目标认识肤浅，实践教学环节敷衍了事，走程序、完成任务的现象在部分高职院校还比较突出。有些高职院校在教学计划中明确标明了实践教学时间、内容、要求、目标和考核办法，但在具体落实时往往没有按计划执行，要么是草草了事，要么是根本没有实质性内容，即使执行也只是为了应付一时检查，实践教学环节形同虚设。

目前许多高职院校的思想政治理论课实践教学由于没有教学大纲、没有规范的管理组织和管理体系、任课教师各自为政等原因，导致思想政治理论课实践教学很难持久、深入地开展。缺乏教学计划与理论研究，思想政治理论课的实践教学往往流于表面形式，缺少深入的理论研究与教学方法探索，缺乏实践教学的长效机制与课程实践教学的规划。基于以上这些情况，本课的实践教学研究就变得更为重要。我们应该从新的角度探讨，克服现实中的困难，在尽量节约成本的前提下力求找到合适的实践方法，提高教学效果，以使得实践教学与理论教学相得益彰。思想政治理论课实践教学属于时代发展和课程改革的要求，目前在教学上各大高职院校还没有统一的目标和操作机制，这在一定程度上导致实践教学的随意性，使教学上出现敷衍了事、走过场的行为。有些高职院校在社会实践主题的确定上体现了积极向上的精神，充满了时代气息，但是在落实上却往往没有按要求执行，只是简单地走完过场，不注重实践的效果；还出现一些打着社会实践的招牌，却只为一睹风景名胜的现象，甚至出现有的同学根本没有参加社会实践，却能写出实践调查报告等荒唐的事情。这在很大程度上影响了思想政治理论课实践教学的针对性和实效性。

在思想政治理论课的教学过程中，重理论教学，轻实践教学。通过调查发现，许多高职院校对思想政治理论课在理论教学上还能够给予一定的重视，大都能按照规定安排课时，而对于实践教学安排的课时却很少，有些学校的课程表上根本就没有体现实践教学的课时。还有一些学校，也愿意进行实践教学，然而出于安全的考虑，他们不愿也不敢带学生到校外进行实践教学，而是草率地把学生的寒暑假的社会实践调查作为实践教学的内容。而实际上这是两回事，因为前者是结果，后者才是教学的内容。而课堂上的实践教学，发展也不尽如人意，由于大多数时候是大班教学，很难找到合适的方法让所有的学生都参与进来，比如开辩论赛，也只能是很少的同学参与，其他同学只是旁观者，效果也不是很好。

随着思想政治理论课教学改革的不断深入，高职院校对于思想政治理论课实践教学重要性的认识越来越深刻，实践教学取得了长足的进步和丰富的成果，教学实效性得到了一定程度的保障。但就全国高职院校范围而言，由于层次、目标、定位的不同，实践教学的落实还存在着一定的偏差，需要我们从组织教学的目标、内容、形式、机制等方面着手进行全面的改进和提高。在实习鉴定报告写作过程中，也往往出现相互抄袭，甚至大面积雷同的情况，这也是高职院校在思想政治理论课实践性教学实施过程中的漏洞所在。

（五）社会实践的广度和深度不够

实践教学针对性不强。实践教学的原则包含贴近学生、贴近生活、贴近实际，整个教学状态不能陷入抽象和教条，可操作性必须在大学生的能力范围之内。有的高职院校就脱离了实际，始终不能解放思想，始终走不出教室和校园，根本没有发现身边的素材，没有充分利用学校所在地市的实践资源。

思想政治理论课理论性教学内容丰富，层次体系分明，包括爱国主义、人生价值、道德修养、社会公德、家庭美德、法律常识等诸多方面内容。在理论教学中，我们可以较为系统地掌握这些理论知识。但在实践教学活动中，往往缺乏对内容的深度挖掘，实践教学的内容仍显单一。教学安排上没有进行细致的统筹规划，加上受到课时和场地的限制，许多社会实践活动只是安排简单参观，没有进行深入的教育和引导。因此需要在安排主题活动时，要密切联系所学的专业理论知识，进行精心的策划和组织，使活动的前期准备、中期的参与程度、后期的总结落实都能按部就班地进行。

实践教学内容不丰富。思想政治理论课理论教学内容丰富，教师可以较为系统地讲授，但在实践教学活动中，挖掘深度不够，教学内容仍显单一。比如下一届学生仍然在讨论上一届学生讨论过的专题；下一届学生仍然在观看上一届学生观看过的电影;下一届学生仍然在重复使用上一届学生使用过的调查问卷;下一届学生仍然站在上一届学生执勤的十字路口执勤;下一届学生仍然在访问上一届学生访问过的企业。另外,不少高职院校在教学管理上没有形成统一的实践教学组织系统,没有建立相应的领导机构、执行机构、教学研究机构;规章制度不健全不完善,实践教学实施、检查、考核等环节都没有得到有力的保证。

《中共中央宣传部、教育部关于进一步加强和改进高职院校思想政治理论课的意见》中明确提出:要切实改进高职院校思想政治理论课教育教学的方式和方法。许多思想政治理论课教师积极响应,纷纷改革教学方式、方法,加强实践教学,然而思想政治理论课实践教学还有待深化。由于缺乏相应的条件和经费等原因,许多思想政治理论课教师进行实践教学时,更倾向于课堂上的实践教学。例如有很大一部分教师喜欢用演讲、辩论、讨论等课堂实践的形式进行思想政治理论课教学,而很少使用更贴近社会的社会实践形式,最多仅限于采用带领同学们参观博物馆、历史遗迹,采访某位著名人物等形式,更多形式的社会实践却不敢轻易尝试。虽然课堂上的模拟和演练也较为逼真,但是代替不了真实的社会环境,这就是所谓的百闻不如一见。另外,高职院校内的社会实践多是在主题式的机制下进行的,这种主题式的机制有其自身的优势,但是其局限性也是很明显的,主要表现为:主题式的做法使得本来面向全体大学生的社会实践变成了少数人的专利;许多的社会实践项目由于没有很好地进行规划管理,仅仅是做了表面功夫,并不能达到预期的实践目标。由此可见,目前思想政治理论课实践教学还只是处于有限度地进行中,其深度还不够。

考核模式过于单一、呆板。虽然我们的高等教育已经朝着大众化的方向发展,但是现在绝大多数的高等院校对学生思想政治理论课的考核都仍局限于期末的一次性考试。于是老师在考前划重点,学生背重点,平时根本不去考虑它,更不会把社会实践的分数列入考核范畴,这样当然不能激发学生积极参与的兴趣。即使是对学生社会实践的考核也过于呆板,老师只是在事前安排,事后查看学生的调查报告,至于实践过程则几乎不予过问,这样有许多学生就干脆从网上抄一些调查报告交上去完成任务,根本达不到预期的效果。

(六)实践教学联动机制尚未形成

思想政治理论课的社会实践联动机制尚未形成,这是制约思想政治理论课实践教学可持续发展的重要原因。从组织者来划分,目前高职院校的学生社会实践主要有以下四个类型:①由教学部门主管的教学性社会实践。主要是指纳入教学计划的实践环节,如生产实习、教学实习、毕业实践等,其按专业需要确定实践时间,由各院系负责教学的领导落实。②由团委主管的寒暑假社会实践活动。其中包括挂职锻炼、志愿者服务、参观访问、社会调查、科技文化卫生服务等,它们是大学生社会实践的重要形式。③由学生处、勤工助学中心等主管的有偿社会实践。④由学生自己联系的自发性社会实践。高职院校内的大学生社会实践多是按以上的形式组织开展，这些社会实践形式和思想政治理论课的社会实践尚未接轨，还处于一种各自为政的状态。这种两张皮的状态既不利于社会实践的规划，也不利于社会实践的展开。无论哪种形式的大学生社会实践活动，目的都是为了使大学生的素质得到全面提高，这和思想政治理论课的社会实践目标是一致的。因此，有必要整合资源，把两者统一起来，形成社会实践的长效机制，让更多的人参与到社会实践中。

（七）实践教学的管理体制不完善

管理体制对于高职院校的整体教学起着非常重要的维护作用。而对于思想政治理论课实践教学而言，其管理体制也亟待加强。首先，教学管理上没有制定统一的实践教学组织系统，在统一领导建设方面也存在着一定的问题。没有建立相应的领导机构、执行机构、教学研究机构等。其次，没有建立完善的规章制度，因此各部门及其具体人员的分工与责任不明，导致具体的实践教学计划的组织、实施、检查等环节的操作缺乏稳定性和长期性，对于教学过程的监督力度也有待加强。思想政治理论课实践教学管理体系是对思想政治理论课实践教学过程中的各要素进行配置的具有内在结构的管理体系。它要求建立一系列机制和制度，全面规范实践教学从实施到课后反思、总结的全部教学过程的各个环节；要求做好实践教学计划、教学文件，制定实践教学过程规范；通过测评机制反映教学效果，提高教师实践教学水平等。只有完善其中的每个环节，整套思想政治理论课实践教学管理体系才能更好地发挥作用。思想政治理论课实践教学与实践教学的管理是紧密相连的，两者相互促进，相互影响；实践教学管理是实施实践教学的前提、基础与保障，有效的实践教学管理体系为实践教学活动的开展提供制度保证与方法支撑；实践教学活动的开展又为实践教学的管理提供平台，两者互为前提，相互制约。

目前，思想政治理论课实践教学管理体系尚未完善，制约着实践教学的有效发展。总之，由于思想政治理论课是新开课程，并且实践教学还处在摸索阶段，许多理论和做法还不成熟，再加上有效的管理体系还没有建立，所以思想政治理论课实践教学的有效展开还存在障碍。

（八）实践教学保障制度不够健全

1.学校实践教学改革组织制度不完善

实践教学改革组织制度未纳入学校各部门机构运行制度和职责范围内，使得学生的实践活动很不协调，在某种程度上削弱了实践的作用。学生实践活动的不协调主要表现在：各部门开展实践活动不配合、不协调。校团委、学生会、各院系及思想政治理论课教学部门，都会在不同范围内组织学生参加实践活动，很难避免各部门都组织同一参观或考察活动的现象。重复组织活动，不仅浪费宝贵的资源，也降低了实践活动的效果。另外，思想政治理论课各门课程之间组织实践活动也互不沟通、不统一、不协调。每个学期的实践教学改革活动都由任课教师各自安排，任课部门没有统一规划。不同学科、不同年级的任课教师又彼此互不沟通，因此学生的实践活动也不协调。

2.实践教学课程制度不完善

实践教学课程达不到实践教学改革的规定学时，在一定程度上存在"重理论，轻实践；重课堂，轻课外"的倾向。在学时安排上，实践课比例较小，学时具体怎么实施没有统一的要求和规划，这与"高职院校要把社会实践纳入学校教育教学改革总体规划和教学大纲"，体现在专业培养计划、课程教学大纲和教师的岗位职责中的要求存在显著差距。

3.考核评估制度不完善

评估思想政治理论课实践教学改革活动的指标体系还有待改进。目前很多学校虽然已开展实践教学改革多年，但是不同学科、不同教师都在组织实践教学改革，但是实践活动的形式、内容、方法、手段各不相同，如何评价实践教学改革的质量和效果，还须明确规定统一的评估指标。比如，看视频与组织参观，听报告与社会调查等，每种活动的教学改革效果，组织的难易程度，学生接受程度，教师付出的代价等，应如何评价，教师的工作量该怎样计算，这些，目前都没有明确的评价体系。同样是看视频。"看什么""怎么看""看多少时间""要达到什么目的"，这些问题处理得不好就会产生选片不当、目的不明，甚至会出现用看电影代替授课，淡化理论教学的问题。同样是组织活动，如果没有目的和要求，没有评价指标加以衡量，实践活动就达不到应有的效果，甚至会成为一种旅游活动。

4.教师指导制度不完善

①部分教师对实践教学改革积极性较低。教师既是实践活动的参加者，又是学生实践活动的组织者和指导者，身兼两职，足以显示其在实践环节中的重要地位和作用。但是，在现实中，部分教师对实践教学改革信心不足，顾虑重重。②教师自身底气不足。有些教师是从学校到学校，对社会的实际情况了解不多，理解得也不够深刻。③教师的精力有限。课时多、学生人数多、工作量大、教学改革任务重，组织活动难度很大，教师往往是心有余而力不足。④教师组织实践活动没有经费、没有时间，也没有丰富的经验去满足学生的求知欲。在教学改革计划中虽然有实践学时，却没有安排具体的时间，需要教师自己想办法落实，思想政治理论课教师往往承担很多班级的教学改革任务，要组织学生开展实践活动，不仅需要经费支持，还需要精力的支撑，以及各部门的协调与配合。但是，由于教师得不到必要的支持，课外学时在具体的操作过程中往往流于形式。

5.经费保障制度不完善

组织实践教学改革活动的专项经费不足。任何学科实施教学改革实践环节都是要有经费来支持的，如理工科的实验室建设资金动辄几百万元甚至上千万元。思想政治理论课的实践活动也不例外，如聘请校内外专家学者给学生做报告；组织学生参观革命纪念馆、博物馆、专项主体展览等；带学生走出校门到工厂、农村、社会进行参观访问、调查研究；在校园内组织专题辩论会、演讲会、知识竞赛等活动，都需要经费的保障和支持。如今是市场经济时代，虽然很多单位或个人愿意为大学生的社会实践提供服务，但必须收取一定的费用，否则连自身的运转都成问题。部分高职院校在财务预算中，虽然有实践教学改革的经费项目，但是经费保障制度不完善，经费的具体使用办法和管理办法不明确，致使经费的监督管理混乱，使用效率较低，效果无法体现。所以，如果不进一步完善经费保障制度，思想政治理论课的实践活动很难进行，即便是进行了也难以持久地开展下去。

（九）实践教学的保障机制亟须建立

实践教学的开展离不开切实有效的保障机制。就目前的思想政治理论课实践教学而言，由于教学本身需要付出更多的精力，而学校对于实践教学工作又没有形成有效的评价及激励机制，导致部分教师参与实践教学的热情和动力不足，直接导致教学效果大打折扣，也使得学生在实践教学的参与过程中缺乏向心力和动力。此外，实践教学所涉及的经费及基地保障也是重要的建设环节。实践教学的一部分要由社会实践基地来进行，这就涉及基地建设和经费投入的问题。由于思想政治理论课教学实效性的体现有其特殊的滞后性和隐匿性，导致学校在这两方面的投入上标准不一。许多高职院校没有建立自身的德育教育基地，甚至对于联系意向中的双向合作实践基地也综合考虑许多因素，导致教育效果不佳。加上教育经费的不足，本来可以达到预期效果的实践活动也出现各种问题。实践教学改革的场所很难落实。没有实践基地，没有固定的实践场所，甚至听报告的礼堂、阶梯教室都会比较紧张。组织外出活动的责任重大。目前，很多学生都是独生子女，带学生外出不得不考虑安全和责任问题。此外还涉及自身利益，实践教学改革与岗位酬金、职称评定没有关系，教师很难有组织实践活动的积极性。以上问题中，经费保障制度、考评激励制度和教师指导制度是开展实践教学的主要障碍，是待完善的主要问题。我们必须深刻认识实践教学改革对培养有用人才，对提高思想政治理论课的实效性所发挥的重要作用，明确思想政治理论课实践教学改革的深刻含义、类型和重要性，大力推进思想政治理论课的实践教学改革，完善思想政治理论课实践教学改革实施机制。

二、思想政治理论课实践教学存在不足的原因

目前我国思想政治理论课实践教学还存在诸多问题与不足，其原因是多方面的。总的来说有以下几个方面的原因：第一，科学的管理体系尚未建立。许多高职院校的思想政治理论课实践教学管理体制没有建立，对实施实践教学没有硬性要求，对学时、学分等都缺少相应的规定。由于没有相应的制度规范，使得实践教学被认为可有可无或流于形式。第二，人力、财力投入不足。近年来，一些高职院校扩招速度较快，而相应的资金、设备、实践场地无法保证，致使思想政治理论课实践教学进一步被削弱。第三，各方面力量重视均不够。思想政治理论课实践教学是一项由领导者、组织者、实施者与参与者组成的复杂活动。无论是领导者、组织者，还是实施者与参与者，都在不同程度上对思想政治理论课实践教学存在着认识上的不足，影响和制约着实践教学的有效性。其中管理对于高职院校的整体教学起着非常重要的维系作用，特别是对于思想政治理论课实践教学来说，管理显得尤为重要。

管理（manage）一词有制定、执行、检查和改进的意思。制定就是制订计划、制定规定、规范、标准、法规等；执行就是按照计划去做，即实施；检查就是将执行的过程或结果与计划进行对比，总结经验，找出差距；改进包含通过检查总结经验，将经验转变为长效机制或新的规定以及针对检查中发现的问题进行纠正，制定纠正、预防措施，以持续改进的两层含义。狭义的管理是指为保证一个单位全部业务活动而实施的一系列计划、组织、协调和控制活动教育管理是现代教育学发展的一个分支，教育管理的内涵包括：教育管理就是提高教育效率；教育管理就是调动人员的积极性；教育管理就是达成教育目标；教育管理就是使教育系统的效能持续放大。

实践教学是一个涉及校内教学资源和校外资源，需要多方面鼎力支持的庞大、复杂的系统。目前一个能够有效管理思想政治理论课实践教学的系统尚未形成，主要表现在以下两方面：

首先，学校管理上没有明确的实践教学组织。在统一领导建设方面也存在一定的问题，没有建立统一的领导机构、执行机构、教学研究机构等。

其次，没有建立完善的管理规章制度。没有相应的规章制度，造成各部门及其人员的分工与责任不明，在实践教学时容易发生推诿的情况，对于教学过程的监督非常不利。除此之外，许多学校对于思想政治理论课实践教学的考评体系没有足够的重视，缺少有效的监督和考核。在所有制约思想政治理论课实践教学发展的主客观条件中，加强管理是最为重要的。因为经验不足可以慢慢积累，人力、财力投入不足受制于物质条件，一时改变不了，但是加强实践教学的管理却可以有效地提高思想政治理论课实践教学的实效性。

第三章　新时代高职院校思想政治理论课教学管理的机制构建与运行

第一节　高职院校思想政治理论课教学管理机制的构建原则

高校思想政治理论课教学管理机制的构建原则，就是在高等教育内外部环境变化了的条件下，高校思想政治理论课教学管理适应这种变化并进行有效管理，实现德育目标所必须遵循的基本准则。

一、人本性原则

高校思想政治理论课教学管理遵循管理学的一般原则，管理学的基本前提假设就是人性论的性质断定和评价，而激励的对象和落脚点终究也是要落实到人这个主体上，这就要求在构建高校思想政治理论课教学管理机制过程中，首先要坚持的就是人本性原则。

人本管理思想产生于20世纪30年代，是把管理对象作为最重要的资源，以对象的能力、特长、兴趣、心理状况等综合性情况来科学地安排最合适的工作，并在工作中充分考虑到对象的成长和价值。使用科学的管理方法，通过全面的人力资源开发计划和文化建设，使管理对象能够在工作中充分地发挥工作积极性、主动性和创造性，从而提高工作效率、增加工作业绩，为实现单位和组织发展目标做出最大的贡献。可以说人本管理思想是现代管理思想、管理理念的革命。

构建高校思想政治理论课教学管理机制，遵循人本性原则，主要体现在高校思想政治理论课教学管理过程中，坚持"双主体论"，即教师是教育的主体，学生是受教育的主体，教师和学生应当互相尊重对方的主体地位。在德育目标的确立上，不仅要考虑社会、高校和管理的要求，更要重视学生自身成长的需要。在德育内容的安排上，不仅要依据社会规范和教育规范，更要遵循学生的年龄特征和品德形成发展规律。在德育途径和方法的运用上，不仅要发挥教师的主体作用，更要强调学生的主体参与性。总之，在学校德育管理模式的建构上，要充分体现学生的主体性，要改变传统德育管理"以教师为中心，以教材为中心，以课堂为中心"的管理模式，要积极发挥学生的主体性。

二、整体性原则

构建高校思想政治理论课教学管理机制，必须注意德育管理机制内部各要素与外部要素之间的关系，从系统论角度出发，进行整体性构建。整体性原则是指高校思想政治理论课教学管理自身的完整性、连续性、协调性和一致性。

坚持高校思想政治理论课教学管理的整体性原则，需要注意以下五个方面。一是要把高校思想政治理论课教学管理看作一个诸多要素有机结合的统一整体，着力从整体上把握德育管理的大系统，着眼于各个部门、各类成员、各种因素以及各项工作的关联性，从总体上进行部署，然后再对整个任务进行分解，分成若干个层次、若干个因子、若干个方面。如高校思想政治理论课教学管理队伍是由党、政、工、团等部门及其下属的基层组成的一个有机整体，它们都是为了总任务、总目标的实现而设置的，但是，党、政、工、团又都有自己的工作特点和自己的职责分工，只有上述这些部门完成自己的工作任务，并互相协调起来，才能有效地提高高校思想政治理论课教学管理的效能。二是要把高校思想政治理论课教学管理看作一个动态的过程，依高校思想政治理论课教学管理系统运行的实际情况和变化趋势，实行弹性管理，以适应各种可能的变化。三是要注意各种管理手段的相互配合，高校思想政治理论课教学管理的手段是多样的，每种手段都有其特殊的不可替代的作用，它们是相互补充、相辅相成的。因此，在高校思想政治理论课教学管理中，不仅要注意针对具体情况采取适当的手段，而且要注意根据各种手段之间的内在联系加以配合使用，发挥多种手段的作用，力求取得最佳效果。四是要注意关键环节的处理，抓好课堂教学环节，发挥课堂教育功能。课堂是学校教育的主阵地，只有解决好了大学生的道德认知，才能为大学生的行为表现提供前提。五是要注意社会实践锻炼和心理管理的重要性，高校思想政治理论课教学管理是塑造大学生灵魂的系统工程，德育管理的过程既包括知识的引导和熏陶，又包括行为的训练和养成，是大学生知、情、意、行协调发展的过程。要完成这一过程，需要开展系统的德育管理工作，因此高校思想政治理论课教学管理，必须对德育管理系统有一个整体的把握，并善于对整个德育系统进行合理分配，使参与德育管理的各部门、各要素都有自己的目标和责任，以更好地完成总体目标的要求。

三、科学性原则

科学性原则要求以科学理论为指导，遵循德育管理过程的客观规律，以科学的态度来研究和处理德育管理问题，且善于运用现代化科学技术和手段，来管理德育工作。德育教育是一个包括认识和实践两个方面的活动过程，是一个认识、实践、再认识的螺旋式的上升过程，对学生的教育想一蹴而就是不现实的，反复无常是客观的。教育过程的基本规律是：教育的目的、任务和内容受制于学生的需要；教学与发展相互制约与促进；教与学相互影响与作用；教育的效果取决于教育诸要素构成的合力。这些都是德育管理工作所应遵循的规律。随着时代的发展，新出现的问题需要用创新的方法来解决。通过对学校管理对象及其过程的多种因素进行定量和定性分析，找出它们之间的内在联系，公正公平合理地评价学生的思想品德；运用信息论原理筛选设计德育管理程序，运用计算机来处理、储存资料，将使德育管理工作的科学化提高到一个新的水平。

四、差异性原则

差异性原则，是指高校思想政治理论课教学管理要根据高等教育内外部环境变化对高校德育带来的影响，从学生的思想认识和品德发展的实际出发，从大学生的年龄特征和个性差异出发进行不同方式、方法等方面的管理，使大学生的思想品德得以健康发展，以实现高校德育的目标。差异性原则是高校思想政治理论课教学管理环境复杂化和"因材施教""因材管理"的现实需要。

贯彻差异性原则，就要从管理对象的特点出发，区别对待、因"层"施教、有的放矢，采取灵活多样的教育方法。处在社会转型过程中的大学生，其思想和行为呈现出多层次的特点。由于每个学生的成长环境不同，教育背景、文化底蕴和个性特征不一样，他们的道德认知和道德行为也存在差异性。高校思想政治理论课教学管理只有全面了解和把握管理对象，才能达到预期的目的。如针对不同年级学生的德育管理可以采取不同层级的管理方式，大学一年级是大学生活的开始，这段时间高校思想政治理论课教学管理做得怎样，关涉他们在学校未来的发展。一般来说，大一学生有盲目自信感和兴奋感，随着青春期心理与第二性特征的成熟，在内心体验上不断自我强化成就感，但由于他们心理成熟滞后于生理成熟，认识能力落后于活动能力，所以要及早加强新生的纪律管理，从一开始就注重他们的集体主义教育，使他们了解学校的各项规章制度，并用这些规章制度来帮助他们养成良好的行为习惯，约束不良的行为习惯，培养思维能力和交往能力。到了高年级，学生心理比较成熟，自控力和辨别力得以提升，在这样的情况下，高校思想政治理论课教学管理应尊重学生的自主性，尊重学生的自我选择，更多地开展一些自我教育、自我管理活动。差异性原则还表现在对不同学生群体的德育管理上，比如高校贫困生是一个特殊群体，如何对他们进行德育管理，也是一个值得深入思考的问题。

五、开放性原则

开放性原则是指高校思想政治理论课教学管理这个系统，作为社会系统、教育系统和高等教育系统的一个组成部分，必须始终保持其对外部环境的开放性，注意吸收外部信息，并能够据此对本系统做出相应的调整，从而在比较鉴别中"推陈出新"。

开放性原则，要求高职院校思想政治理论课教学管理立足于中国，放眼于世界。随着经济全球化的推进，尤其是信息化程度的提高，民族之间、国家之间的联系与合作日益紧密。可以这样说，21世纪的公民生活在一个开放的、多样化的、充满矛盾和变化的世界当中，开放的环境，使大学德育要根据变化的国内形势特别是国际形势，及时修正德育目标，更新德育内容。如美国20世纪70年代在大学本科教育的课程中就开设了西方文化、第三世界研究以及国际关系、国际经济、国际贸易等课程。同样日本的大学也增加了教育国际化课程，如开设国际贸易、国际关系、地区文化、国际史等国际教育课程，使学生接受正确反映国际社会政治、文化、经济、历史等状况。我们也要大胆地吸收人类所创造的一切优秀成果，这是开放性原则的一个重要体现。

第二节 高职院校思想政治理论课教学管理机制的结构特点

目前，学界对德育管理机制进行研究的不少，但是对于高校思想政治理论课教学管理机制进行结构分析的较少，梳理和厘清高校思想政治理论课教学管理机制内部结构的组成要素以及各要素之间的内在逻辑关系，是构建高校思想政治理论课教学管理机制的理论前提。如果对基本的机制内部结构要素和各要素之间的逻辑关系没有清楚的认识，构建科学、合理、富有操作性的高校思想政治理论课教学管理机制无疑是一句空话，或者说，即便构建起来，也是不成熟、不成功的运行机制。

一、结构要素

张耀灿等教授著的《思想政治教育学前沿》一书中提到，高校德育管理机制包含八个要素：机制运行的主体、机制运行的目的、机制运行的动力、机制运行的环境、机制运行的控制、机制运行的方式、机制运行的程序、机制运行的保障。这八个要素既有交叉，又有重复。

我们认为，高校思想政治理论课教学管理机制主要有目的、方法、环境、时间和人这五个要素。

一是目的。任何行为均有目的指向，高校思想政治理论课教学管理的目的则更为鲜明、更为强烈，具有导向作用。机制运行的目的有两对：总体目的与分项目的、终极目的与阶段目的。总体目的和终极目的趋向于宏观调整和长远规划，分项目的和阶段目的着眼于具体性和操作性步骤，它们之间是隶属和被隶属关系。

二是方法。目的的外在表现形式就是目标，目标一旦确定，就是一个手段、方法和路径的问题。高校思想政治理论课教学管理运行有一些常用的方法，如目标管理法，目标管理（Management by Objectives，MBO）出自美国管理专家德鲁克，他在1954年出版的《管理的实践》一书中，首先提出了"目标管理和自我控制的主张"，认为企业的目的和任务必须转化为目标。企业如果无总目标及与总目标相一致的分目标，来指导职工的生产和管理活动，则企业规模越大，人员越多，发生内耗和浪费的可能性就越大。概括来说，目标管理即让企业的管理人员和员工亲自参与工作目标的制订，在工作中实行"自我控制"，并努力完成工作目标的一种管理制度。目标管理是指由下级与上司共同决定具体的绩效目标，并且定期检查目标进展情况的一种管理方式。

三是环境。任何一种机制运行都是在一定的环境之中进行的，高职院校思想政治理论课教学管理机制的运行环境包括一般社会环境和体制环境，一般社会环境主要包括经济环境、政治环境和文化环境；体制环境包括外在体制环境和内在体制环境。随着社会经济的快速发展和政治环境的日趋完善，学生的民主要求、参与意识和政治判断能力大大提高，对政治教育的选择明显增强。当前社会文化是丰富的、多元的、复杂的，探究学生道德成长与文化环境的本质联系，成为德育工作的新课题。体制环境也可以称为制度环境，是指一系列与政治、经济和文化有关的法律、法规和习俗，以及人们在长期交往中自发形成并被人们无意识接受的行为规范，具有相对稳定性。高校思想政治理论课教学管理运行机制受到体制环境的制约，这种制约可分为内在制约和外在制约，内在制约就是指高校思想政治理论课教学管理体制的制约，外在制约包括市场经济体制、行政管理体制、社会管理体制和文化管理体制的制约。

四是时间。高校思想政治理论课教学管理机制的运行必须在一定的时间范围内进行，其执行过程和目标实现必须有一个时间隶属和限制，须在一定时间范围内，及时完成既定目标。

五是人。这里人的要素主要指高校思想政治理论课教学管理的主体与客体。两者是相对而存在的，它们之间的界限既确定又不确定。主体在德育管理机制诸要素中起主导作用。人的要素是最活跃的要素，最富有主观能动性的要素，是一切管理活动的出发点和归宿，对它的研究是整个德育管理机制研究的要义之所在。

以上五个要素构成了高职院校思想政治理论课教学管理机制的有机整体，每一个要素都是必不可少的。他们之间相互作用、相互影响。它们各自的状态如何，每个要素与其他要素的关系如何，都直接影响着高校思想政治理论课教学管理机制运行的整体状态。

二、逻辑关系

高职院校思想政治理论课教学管理机制中的五个结构性要素并不是孤立存在的，而是富有内在逻辑性的联系，它们之间构成了互为依托、互相影响的内在逻辑关系。

（一）制定目标

包括制定目标的依据、对目标进行分类、目标与计划关系须一致等。

1.制定高职院校思想政治理论课教学管理的整体目标和战略；
2.在各单位和部门之间分配主要的目标；
3.各单位和部门管理者设定本部门的具体目标；
4.部门的所有成员参与设定自己的具体目标；
5.管理者与下级共同商定如何实现目标。

（二）实施方法

1.工作计划的原则；
2.活动实施的办法；
3.活动评比的方法。

（三）环境制约

1.内在环境与外在环境；
2.一般环境与体制环境。

（四）时间控制

1.确定总体目标工作量和阶段性目标的时间要求；
2.定期检查目标的进展情况；
3.基于绩效的奖励将促进目标的成功实现。

（五）人的要素

1.领导班子；
2.个体定位与权责划分；
3.人才队伍建设；
4.人才机制。

总体来说，这五种要素的逻辑关系见图3-1。

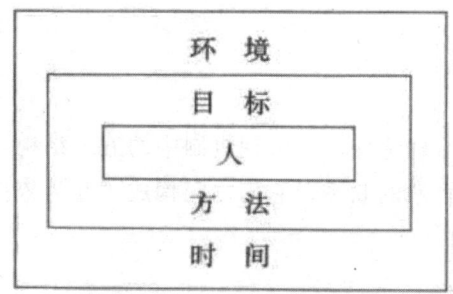

图 3-1　五种要素逻辑关系

第三节　高职院校思想政治理论课教学管理机制的体系框架

随着科学技术的进步，高职院校的规模扩大、层次增多、职能多样，构建科学的管理机制理所当然。高等教育内外部环境的变化对高职院校思想政治理论课教学管理带来的挑战表现在诸多方面，构建科学的高职院校思想政治理论课教学管理机制是迎接这些挑战的重要举措。

一、高职院校思想政治理论课教学管理机制的组织载体

高职院校思想政治理论课教学管理机制的组织载体包括领导机构、教学管理职能部门、德育管理相关部门和德育管理队伍。

高职院校思想政治理论课教学管理的领导机构包括高职院校党政领导班子和德育管理指导委员会。党政领导班子是学校德育管理的领导核心，其职能在于根据不断变化的高等教育环境，及时研究德育的指导思想、工作方针和工作任务等重大问题。《普通高等学校马克思主义学院建设标准》中明确指出，"学校党政领导班子带头学习贯彻习近平新时代中国特色社会主义思想，树牢'四个意识'，坚定'四个自信'，坚决做到'两个维护'，自觉在政治立场、政治方向、政治原则、政治道路上同以习近平同志为核心的党中央保持高度一致，坚决贯彻落实习近平总书记关于教育的重要论述特别是关于高校思想政治理论课、马克思主义学院建设的重要指示批示和党中央决策部署，深入贯彻落实学校思想政治理论课教师座谈会、全国教育大会、全国高校思想政治工作会议精神，全面推动习近平新时代中国特色社会主义思想进教材进课堂进学生头脑，用习近平新时代中国特色社会主义思想铸魂育人。落实学校党委书记第一责任人责任，校长要切实负起政治责任和领导责任，每学年分别到学院至少召开1次现场办公会，听取工作汇报，解决实际问题。党委书记、校长要带头走进课堂，每学期讲授思政课不少于2次，领导班子其他成员每学期讲授思政课不少于1次，带头推动思政课建设，带头联系思政课教师。分管思想政治理论课建设的校领导和分管教学、科研等工作的校

领导要主动研究学院工作，对学院开展经常性工作指导。校党委（常委）会议、校长办公会每学期分别至少召开1次专题会议，研究马克思主义学院建设重点工作，会议决议及时落实。推动本校马克思主义学院与其他高职院校马克思主义学院协同发展，主动争取与有关部门共建马克思主义学院。有计划地安排马克思主义学院教师参加社会实践和校外挂职。"

德育管理指导委员会由各方面人员组成，指导委员会主任由学校主管学生工作的副书记（或者副校长）来担任，其成员为各相关部处负责人。指导委员会对学生德、智、体、美的发展全面负责，定期检查学生德育情况。

高职院校思想政治理论课教学管理职能部门主要是指马克思主义学院和教务处。马克思主义学院是高职院校思想政治理论课教学管理的主要职能部门，负责思政课教学和管理；教务处主管全校教学工作，对马克思主义学院负有管理指导之责。另设有其他相关职能部门和机构：一是德育管理研究中心。德育管理是科学，需要不断的探索规律，以指导德育管理的实践，学生事务部要认真研究不断变化的社会形势、教育改革形势、大学生的特点，与时俱进，实现德育管理的最优化。二是学生纪律管理办公室。教育部根据环境和学生特点的变化，颁布关于学生纪律管理的相关规定，这些规定对大学加强学生纪律管理有着指导意义。三是军事课程教学中心。军训既是国防教育的要求，也是德育养成的需要。四是大学生发展中心（心理咨询中心）。五是共青团组织。在高等教育内外部环境变化的条件下，共青团组织在高校思想政治理论课教学管理总任务、根本目标的实现上有其独特的优势。共青团组织应当抓好大学生团员的理论学习，并把理论学习当成一项重要的政治任务来做。这要求高校共青团活动的开展，一定要注重理论性、思想性和先进性。社团活动对高职院校思想政治理论课教学管理有着重要的意义，共青团要加强对社团建设的引导，要把社团活动同增强大学生的全面素质结合起来，通过学生会组织，加大对大学生自我管理、自我教育的引导，使学生在丰富多彩的课外活动中增长知识、培养才干、陶冶情操、砥砺品格。

高职院校思想政治理论课教学管理是一个系统的工程，需要相关部门配合。一是党委宣传部。党委宣传部要根据党和国家的路线、方针、政策，及时回答新形势下的新问题，党委宣传部要大力宣传教书育人的典型，积极推进师德建设和高校德育的开展。二是党委组织部。大学生入党问题，这些年来始终是高校思想政治理论课教学管理的热点问题。许多用人单位把是否是党员作为大学生思想素质和业务素质的一个重要考核条件，这极大激发了一些大学生的入党热情，可以说大学生入党问题是德育管理工作中的一项重要内容。三是教务处。教务处根据教学要求，负责制订全校的教学工作计划，组织教学研究工作。从而使学生在教师有目标、有计划、有步骤的教学中，锻炼技能，陶冶情操，形成全面发展的个性。四是人事处。人事处要利用教师聘任、职称评定、绩效考核、职工奖惩等行政手段，加强职业道德建设，要特别重视学校员工的职业道德建设，要把职业道德如何作为聘任教师的首要条件。五是大学生就业指导中心。随着社会主义市场经济的发展，高等教育改革与发展的逐步深入，大学生的就业制度发生了根本性的变化，"双向选择""自主择业"的就业方式已经形成。大学生对自己所学的专业及以后所要从事的职业缺乏认识，这些问题有的是由客观因素造成的，有的是由主观因素决定的。学校成立"大学生就业指导中心"，来统筹大学生就业工作，一方面是按照国家相关政策为大学生办理派遣手续，为毕业生寻找就业机会；另一方面为大学生成才进行就业观、心理等方面的指导。六是保卫处。应当加强德育管理，尽可能地了解和掌握学生的思想动态和行为，积极地预防和制止学生中不法行为的发生。七是后勤产业集团。后勤产业集团服务需要体现"以人为本"的教育理念，校园建设、饮宿管理、医疗保健、学习设施等方面都映衬着后勤服务的形象。后勤管理部门必须主动分析新情况、新变化、新问题，大胆探索新思路、新对策、新机制，更好地实现"服务育人"功能。

建设一支结构合理，思想性和业务性相结合、专职与兼职相结合，政治立场坚定，业务精湛的德育管理队伍，是高等教育内外环境变化条件下实现高校思想政治理论课教学管理功能的关键。

一是政治辅导员。思想政治教育工作队伍是加强和改进大学生思想政治教育的组织保证，大学生思想政治教育工作队伍的主体是学校党政干部、共青团干部，思想政治理论课、哲学社会科学课教师，辅导员、班主任。其中，辅导员、班主任是大学生思想政治教育的骨干力量。《普通高等学校辅导员队伍建设规定》指出："辅导员是开展大学生思想政治教育的骨干力量，是高等学校学生日常思想政治教育和管理工作的组织者、实施者、指导者。辅导员应当努力成为学生成长成才的人生导师和健康生活的知心朋友。""高等学校应当按总体上师生比不低于1：200的比例设置专职辅导员岗位，按照专兼结合、以专为主的原则，足额配备到位。"至于专职德育人员与学生的比例多少为宜，这要从学校的实际出发，存在着"精"和"管用"的问题。现在高校大学生的思想活跃，行为特征更加个性化，这就对辅导员队伍提出了更高的要求。

二是思政课教师。思政课指我国现阶段在普通高校开设的马克思主义理论课和思想政治教育课。广义上的思政课教学涉及公民教育、法律教育、共同价值观教育、爱国教育、传统文化教育、道德教育、宗教教育、历史地理教育等。高校思政课是对大学生进行马克思主义理论和思想政治教育的主渠道和主阵地，思政课教师在其中扮演着不可替代的重要角色。要增强思政课的实效性，就必须充分发挥思政课教师的主体性，明确思政课教师在主体性发挥中的角色定位。思政课教师不仅要向学生传递理论知识，还承担着引导学生树立正确世界观、人生观、价值观的任务，其特殊作用是其他专业课教师很难替代的，这就要求思政课教师要着重发挥自己的主体性作用。思政课教师不仅要关注课堂上对大学生的道德认知传授,更要深入到大学生的实际生活当中,能回答大学生关心的热点、疑点和难点问题,把理论和实际结合起来,及时矫正大学生道德认知和道德行为上的偏差。

三是德育导师。德育导师一般应由具有高度事业心、品德高尚、经验丰富、学术水平较高的讲师及以上的教师担任,讲师以下参加工作时间较短的教师可以担任副导师,协助导师指导学生。一名导师指导同时入学的学生原则上应不超过5名,正在指导的学生总数为20名左右,个别师资紧缺的专业可以适当放宽。"教书育人"是教师职业的特点和内在要求,导师制要与学校教师队伍的整体建设统一起来,要动员和组织教师当好学生的导师。

四是高年级学生。目前,一些高职院校聘请少量的大学四年级学生做大学生德育兼职人员。这些高年级学生按照学校的要求,在专职大学生德育管理人员的指导下,对大学生进行日常行为的管理,是专职大学生德育管理人员的"助手",有些学校还聘请一些硕士、博士做大学生德育兼职人员。

二、高职院校思想政治理论课教学管理机制的系统构架

高职院校思想政治理论课教学管理机制的系统构架见图3-2。

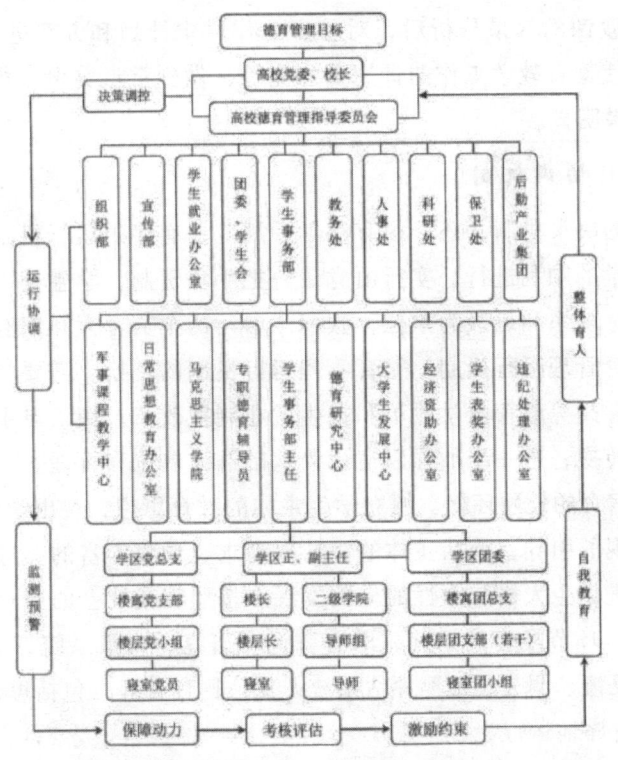

图3-2 高校思想政治理论课教学管理机制的系统构架

第四节 高职院校思想政治理论课教学管理机制的运行程序

一、高职院校思想政治理论课教学管理机制的运行机理

为连接思政课教学管理主体、客体、目的、环境和信息等多种要素，使其构成有机整体向着实现德育管理目标的方向运行，促进学校德育协调、有效、可持续地发展，就必须构建定向驱动、自动调控、长效运行的教学管理机制体系，主要包括以下内容。

（一）决策调控机制

建立科学规范的决策机制是实现高校德育目标的重要前提。根据现行高校领导体制，应建立以党委书记、校长为核心，由副书记、副校长及马克思主义学院、学生处、教务处、校团委、系部负责人及辅导员、班主任为代表组成的学校德育管理指导委员会，全面负责学校德育管理工作，研究决定德育方面的重大问题；学校行政系统主持制订学校德育工作实施方案。决策调控坚持民主集中制，广泛征求和汲取德育管理的意见和建议，同时对各种建议科学归纳，民主吸收。调控机制（实行目标管理、健全反馈体系、强化调控权威）就是通过对德育工作的预警分析和对思政课的效果分析后，对德育工作原定计划和方案进行调整、修正、补充和完善，使德育教学工作的计划更加完善，做到重点突出、措施得力、方式方法科学、效果明显。

（二）运行协调机制

有了健全的决策机制，还必须有科学、规范、有序的运行机制来保障德育工作和思政课教学的顺利进行。实行由党政一把手负责制，学生处、团委、马克思主义学院牵头，院系和班级为单位，教职工参与的全员育人和家庭、社会、学校联手育人的德育管理运行机制。德育管理运行机制的转换，需要健全体制改革的配套管理，结合高等教育教学改革和招生就业制度改革，探索自主学习条件下的学生管理机制转换，进一步加强以宿舍为基础群体单位和管理基本环节的管理机制，改善学生宿舍的软硬环境。树立学生主体的教育思想，突出学生的主体地位，强化主流价值观的引导，激活主体的深层次需求，形成丰富的、进步的、稳定的德育氛围，促进学生人格和个性的全面发展。按照现代社会的要求，形成体系完善、功能齐全、环节配套的系统，即有咨询、研究、决策系统，有实施、执行、协调系统，有反馈、调节、检测评估系统，保证德育管理（包括思政课教学管理）科学、系统、有序地运行。

根据学校自身实际，合理规划德育发展目标，建立学校、家庭、社会、网络

一体化德育管理的外部协调机制；完善全员关注和参与的内部协调机制，强化各职能部门和院系的学生管理职能，调动一切积极因素，构建互联互动的动态开放的德育管理系统；各部门、各院系、各班级制订具体的德育工作计划，使德育工作的开展进一步细化、可操作化。充分利用一切可以利用的教育手段，如校园电视台、广播、班会、板报、团刊、报告会、辩论会等，以活动为载体，常规教育与主题实践活动相辅相成，努力促进学生良好习惯的养成。德育的对象是具有主观能动性的人，我们不能只看到道德的约束性、规范性，而忽略道德的主体性、发展性，忽视人的理性和创造性，不能忽视或排除个人的理性在道德中的参与。因此，德育管理要发挥其实效性，首先要使德育系统内各要素之间、德育系统与其他系统之间建立互动的关系（包括它与智育等教育内容之间应建立相互融合、相互促进的和谐统一关系），激励学生主动、积极地进行自我教育。教师在德育管理中应明确自己的角色是辅助者和指导者，而不是指令者和领导者，而应成为在德育系统中互动的桥梁和催化剂。其次要明确学校教育、家庭教育、社会教育在育人中的功能定位和工作重点，促进三者的融合贯通，以缓解当前家庭教育和社会教育中存在的"缺位""错位"现象，努力形成三者之间的良性互动机制，真正发挥德育在学校教育中的"首位"作用。

（三）监测预警机制

监测预警机制是通过多种渠道了解学生的思想动态、社会思潮、道德风尚、情绪状态和精神面貌等情况，主要包括对党的路线、方针、政策等的态度与认识，全面了解大学生中存在的不正确或片面的思想认识、有害的社会思潮，以及这种思潮可能对主流价值体系的冲击，为教学部门及决策机构及早提出建议。以学校为主体建立预警监测网络，就是要充分利用各种信息，及时分析综合，确定重点关注对象，建立隐患自查制度、各教育主体的分工落实制度、重点预警对象定期了解制度等。健全群防机制和社会家庭联系联防制度。确立预警监测责任人员，预警监测可分校内和校外，校内监测人员主要以班主任、心理辅导教师、保卫人员、值班教师、班干部等为重点人员；校外监测人员主要是家庭人员、交往朋友、游戏厅网吧管理者、居住区域的治安管理人员等。通过畅通预警信息渠道，保证信息的及时有效，对预警过程所获取的信息进行整合处理，建立重要信息登记、通报制度及问责制度。

（四）保障动力机制

将德育管理工作纳入学校发展的总体规划，通过建立一系列制度和规章，为德育管理工作的开展提供组织领导、人员队伍、资金、场所等保障，使学校德育工作能够正常有序地进行，保证德育管理落到实处。注重科学合理地配置校内外各种德育资源，调动一切积极因素，壮大德育力量，形成德育合力，增强德育管理的有效性。保障包括组织保障、制度保障、队伍保障和物质保障。动力机制，是德育管理机制中比较复杂而又关键的子机制，是一种较活跃的带有动力源性质的机制，它包括内在动力因素和外部动力因素，动力机制和保障机制互为依托，共同推进德育管理机制的良性运转。见图3-3。

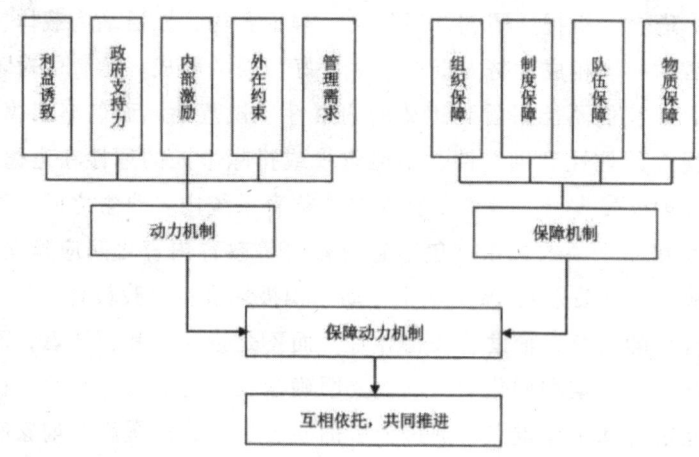

图 3-3　保障动力机制示意

（五）考核评估机制

要探索建立切实可行的、定性和定量相结合的考核机制。德育管理评价需要定性与定量相结合。定性评价强调观察、分析、归纳与描述。就应用于教育评价这一领域的现象而言，定性评价更加关注学生在"质"方面的发展，关注教育结果与教育目标之间的一致性；强调对学生的优缺点进行系统的调查，并对个体的独特性做出"质"的分析与解释，是具有实质性内容的一种评价机制。因此，定性评价可以关注更广泛的教育目标及学习结果，强调关注现场和专业判断，对学生种种表现试图做出具有教育学、心理学意义的解释与推论。因而，定性评价是更具有现代人本思想和发展性评价的理念。定量评价是采用数学的方法，收集和处理数据资料，对评价对象做出定量结果的价值判断，如运用教育测量与统计方法、模糊数学方法等，对评价对象的特性用数值进行描述和判断。

（六）激励约束机制

激励措施包括外在激励与内在激励、物质激励与精神激励、环境激励与情感激励、显性激励和隐形激励；而约束措施也就是惩罚措施。通过考评，将德育工作成绩作为对教师晋级评先、职称评定的主要依据，对优秀辅导员、班主任和优秀德育工作者进行表彰，给予物质奖励和精神奖励。对违背教师职业道德要求、有损教师职业形象的行为，给予批评教育乃至行政处分。采取激励约束机制时，要注意以下几点：要以个人对社会贡献的大小作为对其进行物质奖励的标准；要协调好物质激励与精神激励的关系，反对片面性；要把个人奖励与集体奖励有机结合起来；要把握工作对象的情感变化规律，善于利用时机，用积极、乐观、先进的情感激励和保护工作对象的积极性情感，抑制和转化消极性情感，主动激发工作对象的积极性、创造性；要坚持奖惩结合、赏罚分明的原则，相互配合，同样也可起到激励先进、鞭策后进、督促中间的作用。见图3-4。

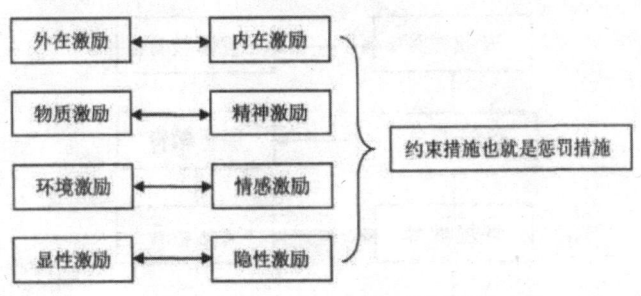

图3-4 激励约束机制示意

（七）自我教育机制

自我教育，是指自己促进自身品德发展的活动，即主体有意识地把社会的道德规范或自己主动提出的道德目标转化为道德品质的自我完善活动。高职院校德育管理工作只有激发受教育者自我内在的需要，受教育者才会接受教育。要真正做到教育工作深入大学生的内心世界，就必须将他人教育、外在教育转化为自我教育。自我教育机制遵循从知识到能力再到品格的演进路径，通过外在教育自我完善，升华为内在品格。见图3-5。

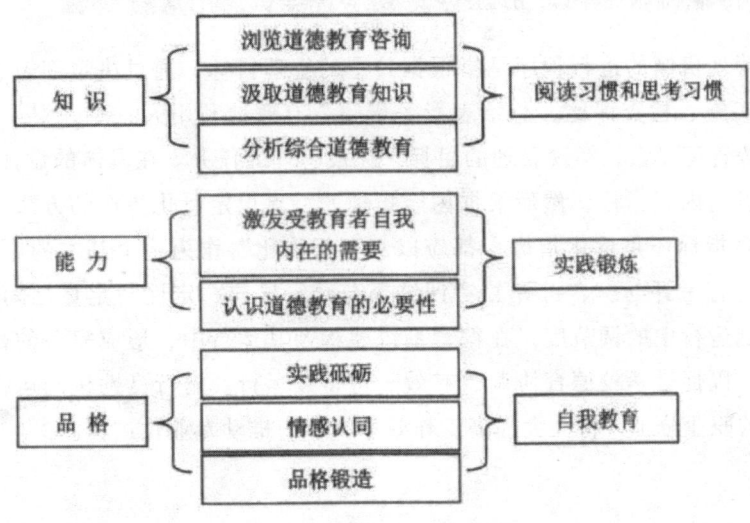

图3-5 自我教育机制示意

（八）整体育人机制

关注社会环境变化、整合高职院校德育资源，形成整体育人格局，是时代赋予高校德育工作队伍的共同责任。高职院校德育工作者不仅要完成自己的直接育人责任，还要发挥影响、辐射、带动作用，使育人作为教育的目标归宿，建构整体德育运行机制。通过教书育人实现专业教育与德育的结合；通过管理育人，做到管理与育德相一致；通过服务育人，把德育渗透到生活中；通过环境育人，发挥环境对人的陶冶作用。见图3-6。

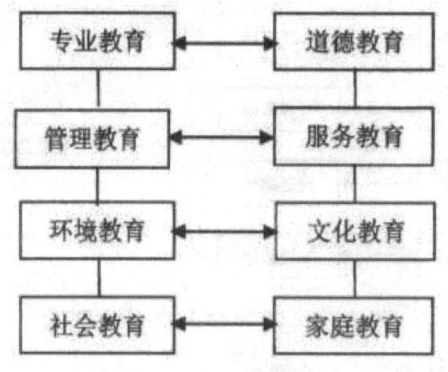

图3-6　整体育人机制示意

总体来说，在高校思想政治理论课教学管理机制运行程序中，如果进行细化划分，可以分为决策调控机制、运行协调机制、监测预警机制、保障动力机制、考核评估机制、激励约束机制、自我教育机制、整体育人机制等，这些机制相互协作、有机整合，能有力提高高校思想政治理论课教学管理工作的针对性、主动性和实效性。

二、高职院校思想政治理论课教学管理机制的运行步骤

德育管理机制的运行程序是指根据一定的管理目标，通过决策部署、计划安排、组织实施、检查评比、总结表彰等步骤，有效地利用人、事、财、物、时、空、信息等管理要素，实现管理的目标，完成管理的任务。在具体的设计步骤上，可采用先设定内容指标，然后根据内容指标的特点设定量化指标的方法。但无论是设定内容指标还是量化指标，都应以"可行为化"作为一个基本的原则要求。要处理好德育考评与综合考评、考评结果与政策导向、定性与定量之间的关系，把握好机制运行中的调节度。在德育系统建构及其运行中，形成完备的德育管理机制体系，以促进学校德育协调、有效、可持续运行。施行良性机制运行，实现更为精细的职业分工，将大大提高工作效率，有力推动专业化进程。

第四章 新时代高职院校思想政治理论课教学实效性的总规划

第一节 高职院校思想政治理论课教学实效性的教学理念

教学理念是人的认识的集中体现，同时也是人们对教学活动的看法和持有的基本态度和观念，是人们从事教学活动的信念。教学理念有理论层面、操作层面和学科层面之分。明确表达的教学理念对教学活动有着极其重要的指导意义。因此，树立正确的、与时俱进的思想政治理论课教学理念对思想政治理论课教学的成效有着巨大的推动作用。在当前新时期，思想政治理论课教学要与时俱进，树立现代化教学理念。

一、开放创新理念

大学阶段是大学生步入社会的重要准备阶段和过渡阶段，在现代社会历史条件背景下，大学不再像以往一样是一个比较封闭的校园，而是到处都体现着时代发展气息的向往自由的象牙塔。迈进大学校园，到处充满朝气、充满活力，大学成为面向社会、面向人生、面向世界、面向未来的新型园地。有容乃大，大学之"大"，正因为如此，它容纳了各种学术文化思想，思想的火花在这里碰撞，智慧的光芒在这里散发；正因如此，大学给予人们一种开阔的视野、开放的思维和充分、自由、全面、和谐发展的空间。因而，思想政治理论课教学也应该强调开放性、发散性、立体性、自由性和创造性，注重以开放的视野、发散的视角、立体的维度、自由的模式和创造性的气魄来培养人、造就人，树立开放创新的理念，坚持与人的开放式的思想活动同步、坚持同社会的开放性发展合拍，从而使大学生思想政治理论课教学更好地贴近实际、贴近生活，面向世界、面向未来，更好地为社会主义建设事业贡献自己的力量。

（一）开放创新的内涵

在计划经济时代，我国形成了一套固有的思想政治教育模式，但是随着我国对外开放程度的不断加深，社会主义市场经济的发展已经取得了一定的成果，原有的思想政治理论课教学模式已经不再适应当前社会的需求，因此，必须要对大学生思想政治理论课教学模式进行创新。从当前大学生思想政治理论课教学情况来看，在实际操作中，存在着较为严重的短期行为、孤立行为、务虚行为和信念模糊等情况，这对新的时代背景下提高大学生的思想道德素质是极为不利的。要想全面提高大学生的思想政治素质，就必须改变以往的教育模式，创新教学理念，在全球意识、服务意识、现代意识的指导下，切实提高大学生思想政治理论课教学工作的质量。

（二）开放创新理念的落实方法

根据现代思想政治理论课教学的基本原理和基本规律，不断创新思想政治理论课教学应遵循理论性与实践性相统一、时代性与实效性相统一、继承性与创新性相统一、真理性与价值性相统一、系统性与开放性相统一的原则。

创新思想政治理论课教学，包括创新内容、方法、教师队伍建设、保障机制等。

在创新思想政治理论课教学内容上，要坚持以理想信念教育为核心，加强思想政治理论课改革和建设；要坚持科学精神和人文精神并重；要重视和加强大学生网络道德和法制教育。

在创新思想政治理论课教学方式和方法上，要坚持外部灌输与引导学生自我实践体验相结合；要注重情感互动，情理结合；要把思想政治理论课教育与解决实际问题相结合；要以互联网、手机、微博等新媒体为载体，拓展思想政治理论课教学的新阵地；要充分利用时尚、情感、文化元素，增强教学的针对性与实效性。

在创新教师队伍建设上，要建设一支精干的专兼结合的思想政治理论课教学队伍；要大力加强师德建设，培养和提高教师个人的人格魅力。

除此之外，还要在保障机制上进行创新，具体表现为：

第一，创建科学的思想政治理论课教学效果的评价机制，定期进行督促、检查与评价，全面掌握思想政治理论课教学进度和具体实效。

第二，实现思想政治理论课教学与社会实践的接轨。要密切结合学生实际，因人施教、因材施教，要积极引领学生深入社会，在实践中受教育、长才干。

第三，注重培养学生的主体意识和自我教育能力。要注重教育方法的改进，加强教育过程中师生的双向交流，引导学生进行自我认识、自我评价、自我约束、自我激励以及自我完善。

第四，创新思想政治理论课教学的保障机制。保证并加大必要的大学生思想政治理论课教学的经费投入；积极为大学生思想政治理论课实践活动的开展提供必要的设施、设备和活动场所；善于运用现代技术提升大学生思想政治理论课教学的效果；不断建立健全各项规章制度。

二、全面发展理念

人的全面发展问题是一切工作的中心问题，如果这个问题解决得好，将对社会经济的发展起到很大的积极作用；如果这个问题解决得不好，将对我国社会经济的发展产生很大的阻碍作用。大学生思想政治理论课教学承载着培养社会主义合格建设者和可靠接班人的历史重任，是造福千家万户的民心工程，必须以人的全面发展作为其基本理念。

（一）全面发展的内涵

重视学生的全面发展，并且根据时代的变化及时拓展学生全面发展的内涵，是我们党的一个优良传统。党的十八大把促进人的全面发展写入中国特色社会主义道路，既是对科学社会主义核心原则的继承，也符合当前中国社会主义初级阶段的实际情况。在党中央的领导和重视下，促进当代大学生的全面发展和健康成长，是新时期顺应时代发展客观需要的重要热潮。

（二）"全面发展"的思想政治理论课教学思路

用全面发展的观点指导思想政治理论课教学工作，其主要目的是让大学生树立起全面发展的教育观，实现大学生在思想道德素质、科学文化素质、健康素质三方面的协调发展。

1.思想道德素质教育

思想道德素质是指个体通过接受一定的教育和参加社会实践活动，经过独立自主、积极理性的思考后形成一定社会或阶级所要求的思想观念和道德准则，并自主、自觉与自愿地做出相应行为的素质与能力。一般来讲，大学生思想道德素质包括思想素质、政治素质和道德素质三个方面。思想道德素质教育是大学生素质教育的灵魂，大学生是我们实现中华民族伟大复兴的希望，他们的思想道德素质状况直接关系到全面建成小康社会的目标能否顺利实现。在新的历史条件下，加强大学生的思想道德素质教育，努力提高他们的思想道德水平，对于弘扬中华民族伟大的民族精神和时代精神，在社会上形成良好的道德风尚，全面建成小康社会，加快推进社会主义现代化建设具有十分重要的意义。

（1）思想素质教育的内容

对大学生进行思想素质教育，其主要目的是提高大学生的马克思主义理论素质，让大学生掌握科学的世界观和方法论，在分析问题的过程中，善于站在马克思主义的观点上，培养学生的创新意识，满足社会的发展需求。具体而言，思想素质教育的内容主要包括以下两点。

第一，马克思主义基本理论教育。促使大学生努力学习和全面掌握马克思列宁主义基本原理、毛泽东思想、邓小平理论、"三个代表"重要思想和科学发展观，使大学生具有扎实的马克思主义基本理论功底。

第二，马克思主义世界观和方法论教育。要深入开展马克思主义哲学教育、实事求是的思想路线教育、马克思主义认识路线教育和科学方法论教育，引导大学生树立科学的马克思主义世界观和方法论，培养他们自觉地运用马克思主义唯物辩证法的观点和方法认识世界、改造世界、解决实际问题的能力。

（2）政治素质教育的内容

对大学生进行政治素质教育的目的是帮助大学生树立起正确的政治观点，提高他们的政治敏感度和判断力，在未来发展中始终坚持维护正确的思想指导，坚持社会主义发展方向，坚决拥护党的领导，坚持民主执政，为中国特色社会主义事业的发展做出自己的贡献。根据这一目标，政治素质教育的内容包括以下三点。

第一，理想信念教育。引导大学生树立建设中国特色社会主义的共同理想和共产主义远大理想，激励他们为实现这一伟大理想而奋发向上、开拓进取。

第二，爱国主义教育。让大学生了解中华民族优秀历史文化传统，弘扬和培育中华民族伟大民族精神，增强民族自尊心、自信心和自豪感，激励他们把满腔爱国热忱投入到建设具有中国特色社会主义事业中去。

第三，民主法制教育。帮助大学生树立社会主义民主法制观念，明确作为一个国家公民，所享有的权利和应尽的义务。教导他们自觉遵守国家法制法规，并勇于同一切违法乱纪的行为做斗争。

（3）道德素质教育的内容

对大学生进行道德素质教育的主要目的是提高大学生的思想道德水平，遵循道德规范，培养他们对于道德的良好认知能力，树立起为人民服务的价值观念，能够正确处理个人利益与集体利益之间的关系，始终将集体利益放在首位。

根据这一教育目标，道德素质教育的内容包括以下三点。

第一，公民基本道德规范教育。对大学生进行以"爱国守法、明礼诚信、团结友善、勤俭自强、敬业奉献"为主要内容的基本道德规范教育，使他们明确作为一个社会公民所应遵守的最起码的道德规范。

第二，社会公德、职业道德和家庭美德教育。培养大学生以"文明礼貌、助人为乐、爱护公物、保护环境、遵纪守法"为主要内容的社会公德，以"爱岗敬业、诚实守信、办事公道、服务群众、奉献社会"为主要内容的职业道德，以及以"尊老爱幼、男女平等、夫妻和睦、勤俭持家、邻里团结"为主要内容的家庭美德。

第三，社会主义和共产主义道德教育。在培养大学生公民道德的基础上，还要对他们进行社会主义人道主义教育和以为人民服务为核心、以集体主义为原则、以"五爱"为基本要求的社会主义道德教育，并在大学生先进分子当中提倡大公无私、先人后己的共产主义道德规范。

2.科学文化素质教育

科学文化素质教育包括科学素质教育和人文素质教育两个方面，这两个方面又是紧密联系、相互渗透、不可分割的。科学文化素质教育的具体内容包括很多方面，从德育的角度来讲，大学生科学文化素质教育的重点在于培养两种精神——科学精神和人文精神。这两种精神是科学文化素质教育的核心。

科学精神是人们从科学活动过程中和科学认识成果中提炼出来的价值准则和行为规范，是人们的认识精神在科学认识上的投影，是人类在漫长而艰巨的科学研究探索过程中逐渐形成而不断发展起来的一种主观的精神状态。科学精神激励着人们驱除愚昧、求实创新，不断推动社会的进步。无论是西方近代的文艺复兴，还是我国现代的五四运动，无不显示出科学精神的巨大作用和深刻影响。科学精神由于是在科学活动的过程中形成并发展起来的，因此，科学精神的内涵也随着科学活动的不断推进而不断得到充实和发展。在当代，科学精神有着新的时代内涵。科学精神的内涵很丰富，最基本的要求是求真务实、开拓创新。因此，对大学生科学精神的培养，重在培养以下几种精神。

第一，坚定不移的求真精神。科学研究是一项艰苦的工作，通向未知世界的道路绝对不是平坦大道，这条路上布满了荆棘，只有付出辛勤的汗水，矢志不渝，才会获得成功。

第二，尊重事实的务实精神。科学是老老实实的学问，来不得半点虚假和浮夸。只有尊重事实，从实际出发，以实践作为检验真理的唯一标准，才能正确认识客观世界，揭示事物的客观规律。

第三，勇于批判的怀疑精神。怀疑是一切科学创造活动的真正出发点。哥白尼从怀疑地心说而最终提出日心说，达尔文从怀疑上帝造人说而提出进化论，科学就是在不断怀疑批判前人学说的基础上获得进步和发展的。

第四，勇于开拓的创新精神。创新精神是科学得以创造和发展的精神动力和力量源泉。科学活动是从已知出发去探索未知从而发现和认识世界的，它在本质上是创造性的。提出新问题，解决新问题，得出新成果，是科学工作者的本职，也是衡量他们工作表现、价值大小的尺度。

人文精神是一个民族、一种文化的内在灵魂和生命，是贯穿在人们的思维和言行中的信仰、理想、价值取向、人格模式和审美情趣。它是特定环境里各类精神价值的综合，是时代文化精神的核心。以人为本，关注人的现实存在和终极价值是人文精神的主旨，也是人文精神得以产生的源泉。人文精神的培养和人文素质的教育在中外教育史上具有悠久的历史传统。如我国古代儒家所提倡的"君子""大丈夫"等理想人格教育，近代蔡元培先生提出的"普遍教育的宗旨在于养成健全的人格"等，都是重视人文精神培养和人文素质教育的光辉典范。人文精神是一个历史范畴，在不同的时代有不同的主题。当代大学生人文精神培养的基本内容是根据社会发展需要和目前大学生人文素质的现状来确定的，它主要包括独立人格教育、道德理念教育、人生态度教育和终极关怀教育四个方面。

第一，独立人格教育。独立人格是大学生人文精神培育的基础和前提。一个人只有首先在人格上具有独立性和自主性，不盲目地听从别人，有自己的意见和主张，才谈得上具有人文精神。畏畏缩缩、唯唯诺诺、趋炎附势，连人的尊严都丧失了，又怎么谈得上具有人文精神呢？

第二，道德理念教育。一个人不仅要成为一个独立的人，而且还要成为一个有道德的人。要教育大学生爱人如己，推己及人，设身处地为他人着想；要"先天下之忧而忧，后天下之乐而乐"，具有仁民爱物的胸怀；要热爱自然，保护环境，维护生态平衡。

第三，人生态度教育。要教育大学生具有积极乐观的人生态度，自强不息，开拓进取。人的一生不可能是一帆风顺的，逆境和顺境总是交替出现，伴随人的一生。要教育大学生身处顺境时，不得意忘形，要居安思危；身处逆境时，不怨天尤人，要坚韧不拔，百折不挠，勇往直前。

第四，终极关怀教育。人文精神是现实性和超越性的统一。它既是一种现实关怀，体现现世性的精神追求；又是一种终极关怀，体现了人对超越有限、追求无限的一种渴望。终极关怀源于人是一种有限而企盼无限的存在物，是人的精神世界对超越有限、追求无限的一种渴望，是对生命意义的一种终极关切，它具体表现为理想和信念。要引导大学生树立共产主义远大理想，在社会主义现代化建设事业中以自己有限的生命获得无限的人生意义。

在人类的精神家园中，科学精神和人文精神占据了重要的地位，二者之间是一种相互联系，互为补充的关系。从本质上而言，二者都是一样的，都是在人们对至真、至善、至美生活向往的追求中产生的。大学生思想政治理论课教学过程中必须要注重对科学精神和人文精神的共同培养，这是因为，人文精神可以支撑科学精神的培养，而科学精神又可以对人文精神的培养进行指导。如果失去了人文精神，那么科学精神也就失去了其存在的真正意义；失去了科学精神的人文精神，同样也是不完整的。因此，大学生思想政治理论课的教学必须要注重科学精神和人文精神相结合，克服只重视科学精神教育而忽视人文精神教育，或者只重视人文精神教育而忽视科学精神教育的错误倾向。

3.健康素质教育

健康是大学生成才的重要保障，这已成为人们的共识。健康包括生理健康和心理健康两个方面的内容。世界卫生组织明确指出，健康是一种身体上、精神上、心理上和社会上的完满状态，而不是没有疾病或残弱现象。因此，这里的健康素质教育主要包括两个方面，即身体健康素质教育和心理健康素质教育。

身体健康素质教育。身体素质是人的素质发展不可缺少的物质基础，是在遗传获得基础上发展起来的人体形态与生理功能上的特征，包括生理解剖特征（身高、体重、骨骼系统、神经系统等）和生理机能特征（运动素质、反应速度、负荷限度、适应能力、抵抗能力等）。身体健康素质教育也就是我们通常所讲的体育，从德育方面来讲，身体健康素质教育就是教育大学生树立"身体是革命的本钱"的观念，促使大学生积极参加体育锻炼，增强体质，做到劳逸结合。只有拥有健康强健的身体，才能开展其他一切活动，才能全力提高其他方面的素质。

心理健康素质教育。心理素质是指在认知、情感、意志过程中所表现出来的求知欲、审美力、乐群性、独立性和坚持力等。它是个人整体素质的一个极为重要的方面。良好的心理素质是大学生学会适应社会、具有良好人际关系、形成健全人格的重要保障。近年来，许多有关大学生心理健康状况的调查资料显示，当代大学生心理矛盾日渐增多，由此引发的心理问题也日渐突出。大学生心理健康问题越来越受到社会的广泛关注，加强大学生心理健康素质教育成为大学生思想政治理论课教学的一项紧迫任务。根据大学生心理健康的基本标准和目前大学生中普遍出现的心理问题和心理疾病，我们把大学生心理健康素质教育内容概括如下：

（1）积极适应性教育

进入大学，面对一个与以前截然不同的新环境，许多大学生都会产生强烈的心理冲突，出现程度不同的适应不良状，这就需要对他们进行积极的适应性教育。要培养大学生适应环境的能力，引导他们掌握排解学习、生活中的心理困扰的方法和技巧，使他们尽快地适应新生活，保持心理健康。

（2）健康情绪教育

大学时期是大学生面临的一个特殊发展时期。面对环境的变化和来自社会、家庭的压力，大学生很容易出现迷惘、焦虑、孤独、自卑、苦闷、空虚等心理障碍。这些障碍若不及时清除，会严重影响他们的健康成长和成才。因此，要让大学生了解人的情绪健康的标准及自身情绪变化的特点，学会体察和表达自己和他人的情绪情感，掌握调节情绪的方法，运用有效的调控手段，使自己经常保持良好的心境和乐观的情绪。

（3）坚强意志教育

现在的大学生大多成长环境较为优越，没有经过艰苦生活的磨炼，对生活的期望值过高，缺乏迎接困难的心理准备，不少人意志力薄弱，耐挫能力差。对此，应引导大学生充分认识意志在成才上的作用以及自身意志品质的弱点，激发大学生以坚强毅力和顽强精神去克服困难的勇气，增强大学生的心理承受能力，鼓励他们持之以恒、百折不挠地向着既定的目标前进。

(4) 健全人格教育

人格障碍是大学生心理健康中比较突出的一个问题，对大学生的健康成长构成了很大的威胁，因此，人格教育是当代大学生心理素质教育的核心和关键。要引导大学生在气质、能力、性格和理想、信念、动机、兴趣、人生观等各方面平衡协调发展，培养他们适中合理的思考问题的方式、恰当灵活的待人接物态度，使他们能与社会的步调合拍，也能与集体融为一体。

(5) 人际交往教育

人是社会的人，任何人都不可能离开他人和社会孤立地生存与发展。和谐良好的人际关系是维持和促进大学生心理健康的前提。要帮助大学生掌握人际交往的特点和规律以及人际交往艺术，使他们在群体中能与人和睦相处，学会沟通、互助和分享；善于在群体中发挥自己的才干，达到高水平的自我实现；在与人交往的过程中养成宽宏大度、尊重他人、乐于助人的良好品质。

综上所述，可以看出，所谓实现大学生的全面发展，实际上就是要提高大学生的综合素质。具体而言主要包括思想道德素质、科学文化素质和健康素质，这三个方面互相协调，共同推进了大学生的全面发展。其中，在大学生教育培养过程中，思想道德素质是大学生素质教育的灵魂，在素质教育中处于最基础的地位；科学文化素质是大学生成才的基石，在素质教育中处于关键性的位置；健康素质是成就人才的根基，大学生的思想道德素质和科学文化素质都是在此基础上培养起来的。由此可见，实现大学生的全面发展，就是要实现大学生在思想道德素质、科学文化素质和健康素质三方面的协调、可持续发展。

三、以学生为中心理念

思想政治理论课教学是教育学生、说服学生、塑造学生的工作。关注学生的自身发展、解读人存在的意义、帮助学生建构精神家园，进而促进学生全面自由的发展是思想政治理论课教学的重要任务，为此，思想政治理论课教学的价值和归宿就是以学生为中心。思想政治理论课教学也只有坚持"以学生为中心"的核心教学理念才能产生影响力和亲和力，也才能提升教学效果。

(一) 以学生为中心理念的诠释

罗杰斯是人本主义心理学派的重要代表人物之一。他在长期的心理治疗和研究的基础之上逐渐形成了"以来访者为中心"的治疗理论，并将这一理论扩展到教育领域，提出了"以学生为中心"的教学理念，即非指导性教学模式。

以学生为中心的教学理念，实质上就是尊重受教育者在学习中的主体地位。

它包括三个方面的内容：第一，教育者必须具备三种优良的品质，即真诚、接受和理解。第二，教育者必须做到"以人为本"，真正尊重受教育者。第三，必须把受教育者视为学习活动的主体，教学和教育都应以受教育者为中心，应尊重受教育者的个人经验，并创造一切条件和机会，促进受教育者的学习和变化。

罗杰斯主张"以学生为中心"，非指导性教学模式和自由学习。但是，"非指导"并不是"不指导自由学习"，也不是"放任自流"。在传统教育模式中，教育者往往是"权威者""决定者"，受教育者是"接受者""服从者"。非指导性教学模式主要是摒弃传统教育模式中教育者占主体地位的弊端，强调受教育者在学习中的主体地位，实现教育者和受教育者的角色转换，促使两者平等对话、协同参与，共同完成教学任务。

中国华中科技大学教育科学研究院刘献君教授指出，"以学生为中心"的教育理念不是指教师围着学生转，也不是指教师与学生角色、身份、地位的转换，而是指教学理念、管理理念、服务理念的转变，教学方法、评价手段的转变。教育的目的不在"教"而在"学"，即"教"只是手段不是目的，学生学习了就有教育，没有学习就没有教育。因此，最根本的是要从以"教"为中心，向以"学"为中心转变，即从"教师将知识传授给学生"向"让学生自己去发现和创造知识"转变，真正关注学生的学习、他们如何学以及学到了什么。

杜肯大学威廉姆·巴伦内教授从心理学的视角，对"以学生为中心"的教育进行了界定，认为它是将教学的重心从教师转化为学生自己要学和要做；赋予学生权利，让其更充分地参与，更好地被激发，对自己的学习更负责的一种教学模式；其效果超越对孤立事实的死记硬背，强调高层次（由记忆、理解、应用到分析、评价、创新）的思考。强调学生的主动学习，通过主动学习提高学生成绩，提高学生参与程度，更好地激励他们承担学习责任和增强自我意识；强调教师的革新，要和学生建立积极的关系，鼓舞学生积极思考和学习。他同时强调，以学生为中心的学习不是一种特定的教学方法，很多不同的教学方法都可以用于其中；在以学生为中心的学习课堂中，并不意味着学生们可以随心所欲，而应对自己的学习负责。

综上所述，"以学生为中心"实际上是实现教育从"教"到"学"、从"传统"到"学习"这一新范式的转变。在"以学生为中心"的教育理念下，学习环境和学习活动是以学习者为中心，并由学习者自己掌控，高职院校的目标是为学生自主发现和构建学问创造环境，使学生成为能够发现和解决问题的学者。教师是学习的组织者和指导者，要从整体的角度设计学习，学生是学习过程的主体，是知识的探索者和建构者，通过教师的引导，充分发挥和调动学生的学习积极性和主动性。

(二) 以学生为中心教学理念的理论基础

1.人本主义理论

人本主义理论是美国当代心理学主要流派之一，由美国心理学家马斯洛创立，现在的代表人物是罗杰斯。人本主义反对将人的心理低俗化、动物化的倾向，故被称为心理学中的第三思潮。人本主义强调爱、创造性、自我表现、自主性、责任心等心理品质和人格特征的培育，对现代教育产生了深刻的影响。人本主义教学思想关注的不仅是教学中认知的发展，更关注教学中学生情感、兴趣、动机的发展规律，注重对学生内在心理世界的了解，以顺应学生的兴趣、需要、经验以及个性差异，达到开发学生的潜能、激发其认知与情感的作用，重视创造能力、认知、动机、情感等心理因素对行为的制约作用。教师在教学中的角色发生了变化：不再是主导者、决定者和评估者，而是辅导者、合作者、促进者和帮助者。教师的职责不再是以前的授业解惑，而转变成创造良好轻松的学习氛围，提供学生学习需要的更多资源，鼓励引导学生独立思考，获得学习经验。学生的职责也不再是被动地接受知识，而具有选择权和主动认知权，对学习和考核评价负有责任。

2.建构主义理论

建构主义也称结构主义，是认知心理学派的一个分支，其基本观点是：儿童是在与周围环境相互作用的过程中，逐步建构起关于外部世界的认知，从而使自身认知结构得到发展的。建构主义认为，知识不是通过教师传授得到，而是学习者在一定的情境即社会文化背景下，借助其他人（包括教师和学习伙伴）的帮助，利用必要的学习资料，通过意义建构的方式而获得。提倡在教师指导下的、以学习者为中心的学习，既强调学习者的认知主体作用，又不忽视教师的指导作用；教师是意义建构的帮助者、促进者，而不是知识的传授者与灌输者；学生是信息加工的主体，是意义的主动建构者，而不是外部刺激的被动接受者和被灌输的对象。以学生为中心的教育理念坚持以学生为本，教学过程中以学生为主体，正是建构主义理论的具体体现。

（三）以学生为中心理念形成的必要性

1.坚持以学生为中心的教学理念是实现培养人才的教学目的的需要

思想政治理论课是对学生进行系统教学的主战场，其最终目的就是为了培养适应时代发展的高素质大学生。因此，思想政治理论课教学必须面对互联网时代的社会开放和价值多元的现实，通过课内课外、网上网下的形式给予学生正确引导使学生能够正确运用新的媒介载体，识别纷繁复杂、良莠不齐的网络信息资源，从中选择有利于自己身心发展、成长成才的信息。当今的大学生视野开阔，思想前卫，但是他们缺乏人生阅历以及经验，崇尚自我个性的张扬；与强烈的求知欲相比,他们的判断力比较弱,互联网时代下纷繁复杂的信息资源,很容易影响他们的世界观、人生观以及价值观。因此,思想政治理论课教学应以学生为出发点和归宿,突出学生的个性发展,满足学生成长成才的合理需求,并及时给予他们帮助和指导,引导他们正视道德冲突,解决道德困惑,尽一切努力用服务的意识去实现教学的目的。

2.坚持以学生为中心的教学理念是完成思想政治理论课教学任务的需要

学生是教育的出发点,也是教育的归宿。高职院校教育的根本任务是培养人才。思想政治理论课教学的根本目的就是立德树人,以促进学生的全面发展。因此,必须改变长久以来思想政治理论课教学以"传道"和灌输为主要抓手,忽视学生能力和个性培养的局面。思想政治理论课教学要贯彻和落实科学发展观、科教兴国和人才强国的战略,进一步强化大学生思想政治理论课教学的任务性,以立德为基础促进树人。坚持以学生为中心,在培养他们自觉明辨是非、自主选择和自我修养能力的同时,培养他们坚持正确的政治方向,自觉抵制各种黄、毒、反动等有害信息的浸染,健康成长,全面发展。

(四)以学生为中心教学理念的实现途径

1.在线教学

在线教学包括课堂教学活动的前期自学准备阶段和后期巩固、拓展阶段。前期自学准备阶段的在线学习是在翻转课堂之前,学生通过各种网络平台自主完成基础知识的自学活动,主要包括目标导学、微课助学、在线测学、问题反馈四个环节,依托当前已建成的面向高等教育领域的信息化平台,如在线精品视频公开课、MOOC、微课资源库等,打造适合学校与学生实际的多层次、多维度、覆盖广的网络教学平台,如建立在线开放的精品课程、手机微信课堂、博客、微博、QQ群等。后期巩固、拓展阶段的在线学习是在翻转课堂结束后,学生的在线网络学习是对教学内容的巩固、应用与延伸。整合校内外各级网络资源,如教育部和各级院校的优秀思想政治类网站、全国爱国主义教育基地网站、学术与教学资源、数字图书馆、网络论坛、知名高职院校微信及微博等,利用已建成的具有本校特色的思想政治理论课专题网站、在线课程及个人创设的各种网络教学平台,让学生进行课后的延伸阅读、在线复习与测试、互动交流和评价反思,了解思想政治理论动态,开展专题活动,观看影视作品,感受红色教育,播报与评论时事,评选身边优秀人物,展播优秀作品等。

2.课堂教学

课堂教学即翻转课堂,是思想政治理论课教师按照课表时间安排,在一体化教室等真实场所,通过多媒体等现代技术手段,与学生互动完成课堂教学活动的过程,是释疑、深入、内化、提升的教学过程,是整个教学阶段的关键部分。课堂教学活动通过小组的团队合作完成，教学的主要任务是解决学生在线学习中出现的共性问题，进行教材重点知识的理解与内化训练，教学难点的剖析，梳理教材知识体系，讨论前沿理论与热点现实问题，塑造学生的创新思维等。在解决学生在线学习中出现的共性问题时，多采用讨论、分析、归纳的教学方法；在进行教材重点知识的理解、教学难点的剖析、知识体系的梳理时，虽然主要是以教师讲授为主，但多运用多媒体等现代教育技术手段，通过文字、图片、图表、音频、动画、视频等形式，以鲜活的、生动的方式呈现给学生；在进行重点知识的内化过程中，多创设与当前学习重点内容密切相关的真实情境，通过项目任务进行训练，如主题演讲、辩论赛、模拟法庭、角色扮演、问卷调查结果反馈、社会采访与调查视频、随手拍、微视频等；在讨论前沿理论与热点现实问题时，以学生关注的访谈、明星或案例作为切入点，采用新闻播报、问题评论、小组辩论等方式。

3.实践活动

实践活动是指利用互联网开展校外实践和课堂实践活动。开展校外实践活动可以组织思想政治社团成员或部分骨干学生参观实践教学基地，也可以组织学生自愿参加志愿活动和参与社会调研等。让参观实践教学基地的学生将基地基本情况介绍、基地实景、解说、采访、感受等全过程制作成微电影放在网站上，供其他未参加活动的学生观看，从而实现参观实践教学基地活动的全员化；参加志愿服务学生既可以到现场真实参与活动，也可以开展网上服务，无论采用哪种形式，学生都可以在网络平台上展示自己参加志愿活动的全过程；参与社会调研可以通过专业在线问卷调查平台进行，如问卷等。开展课堂实践活动可以借助互联网，先让学生在课下观看在线优秀影视资源、纪录片、专题片，参观网络纪念馆，然后在课堂上进行讨论与演讲；提前在线布置课堂实践项目任务，让学生将完成的任务通过网络展示出来，让学生评选优秀作品，课堂上展示并点评优秀作品。

第二节 高职院校思想政治理论课教学实效性的教学原则

思想政治理论课教学原则来源于思想政治理论课教学的实践，贯穿于思想政治理论课教学全过程，原则不是条条框框的规定，不是教条和命令，而是具有指导意义的要求。思想政治理论课教学只有在实践中坚持这些原则，才能不断提高教学的针对性和实效性。

一、主体性原则

主体性原则指的是，在思想政治理论课教学工作中，教育者和受教育者在新时期所形成的新型主客体间的关系要切实得到体现。随着互联网技术的迅速发展与普及，青少年的各种意识得到快速发展，包括自我意识、民主意识和成长意识等，他们展现出了前所未有的精神面貌，更加善于对人际关系进行处理，注重双方的沟通与交流，善于运用新的态度和方式来处理主体间的人际关系。

新时期思想政治理论课教学中的主客体关系，是由教育者和受教育者共同组成的复杂的带有交互性的关系。即，如果此教育情境是由教育者主动创建的，则教育者便是主动施教的主体，受教育者便是被动接收信息的客体；如果此教育情境是由受教育者主动创建的，那么受教育者不仅是主动学习的主体，还是自我教育的主体，教育者只起到辅助、参与、服务的客体作用。由此可见，在思想政治理论课教学中，教育者和受教育者之间始终保持这样一种互动关系，与传统教育方式中的抽象和静止的关系状态不同，思想政治理论课教学更多的是体现了一种具体的、运动的、主客体相互交替的教学过程。大学生主体意识形态的快速发展和成熟，是这种新型的主客体教育关系出现的主要原因。因此，在思想政治理论课教学工作中，必须要始终坚持教学理念和教学原则的主体性，明确大学生主体性发展的特点，鼓励大学生主体意识行动的发挥，满足大学生的需求，促进大学生的全面发展。

在当前视域下，思想政治理论课教学工作开展过程中贯彻主体性原则时需要做到以下两点。

（一）不断加强调查研究

只有通过详细的调查研究才能对大学生和当前的思想政治理论课教学状况有充分和准确的了解，才能掌握大学生的各种需要以及他们的性格特征，从而有的放矢，根据具体情况改进和实施思想政治理论课教学。这一工作的重点在于抓住思想政治理论课教学过程中大学生思想和行为方面的主要矛盾，尽可能地满足其成长成才的知识和情感需求，对他们形成有效指导。

例如，对于刚进入大学的大一学生而言，他们对网络技术的需求是帮助提高自身的学习，提高综合素质，因此在对他们进行思想政治理论课教学时，重点是要为他们提供一个良好的校园网络文化氛围，帮助他们掌握网络学习的正确方法，培养良好的网络素养，加强自身对网络信息的选择，自觉抵御不良信息对自身的伤害，防止其沉溺于网络世界无法自拔。而对于大三、大四的学生而言，他们已经适应了校园网络文化环境，在进行网络活动的过程中已经能够对自身的行为进行控制，并且增强了参与网络公共事务的自觉性。因此，对大三、大四的学生进行思想政治理论课教学时，必须要注重他们的主体性，充分发挥他们的主体意识，对他们在网络事务方面的观念和行为进行规范，保证大学生的健康发展。在思想政治理论课教学中，要注意使用恰当的教学方法，充分发挥互联网的教育阵地作用，疏通互联网沟通机制，密切教育者与被教育者在网络和现实中的沟通与交流，建立网络和现实社会中的反馈机制，让大学生养成良好的民主实务参与观念，不断完善思想政治理论课教学机制。

（二）挖掘大学生的主体能动性

将互联网技术与思想政治理论课教学相结合时，除了要发挥教育工作者的主体作用外，也要尽可能地使大学生发挥自我教育的主体作用，全面推动思想政治理论课教学工作的实效性。

二、疏导性原则

在思想政治理论课教学工作中，需要遵守的一条重要原则是疏导性原则，这一原则体现了思想政治理论课教学中"合目的性"和"合规律性"的统一。

在大学生思想政治理论课教学中，一个突出的特点就是带有明显的目的性，这种目的性是人主观意识的客观反映，既能体现当前阶段社会发展的要求，又能体现国家和人民的需求。当前思想政治理论课教学工作还体现了目标指向性和价值取向性，要使思想政治理论课教学在多元文化环境中始终占据主导地位，代表正确的价值观，就要通过正确的手段或渠道对社会舆论进行引导，维护人民的利益。与传统的教育环境相比，互联网是一个新开辟出来的教育环境，因此将其作为思想政治理论课教学的新阵地，必定还要去面对和解决很多问题和难点。例如，如何引导和把握网络文化就是思想政治理论课教学当前面临的一个重要问题。互联网技术的发展和网民人数的急剧增加共同推动了网络文化的产生，人们可以相对自由地以匿名状态发表自己的观点，具有虚拟性、参与性等特征，这种状态的发展催生了一套独属于网络空间的话语体系。在这一网络话语体系下，怎样构建思想政治理论课教学的话语体系，怎样让大学生尽快适应网络环境中的表达方式，怎样实现教育者和受教育者之间的有效沟通，都是思想政治理论课教学工作所要面对和解决的问题。又如，互联网技术的发展在使信息传播呈现开放性、去中心化等特点的同时，也使得人的认知和思维能力突破了边界，在虚拟时空得到了新发展。但网络利弊共存，如何使人们清楚地认识网络技术对其思想行为的影响，如何趋利避害、以我为主、为我所用，如何有效辨别各类信息而不使自身的思想行为遭到蚕食；再如，网络舆情的把握和舆论危机的应对问题：怎样才能够对网络舆论的发展规律有所了解并采取适当措施对网络舆论加以控制，怎样才能有效应对网络舆论危机。以上都是思想政治理论课教学过程中必须要考虑和解决的问题，如果不未雨绸缪或及时解决各项问题，那么互联网与思想政治理论课教学的融合便不能达到最优效果。因此，互联网时代下的思想政治理论课教学工作既要对思想政治教育本身的强烈目的性加以肯定，又要对网络传播过程中的各种问题加以考虑和解决，把握其中的规律。只有将合目的性和合规律性统一起来，将主导和疏引相结合，才能踏踏实实、一步一个脚印地实现思想政治理论课教学的实效。

三、前瞻性原则

当今世界瞬息万变，在思想政治理论课教学中除了要充分了解当前网络和思想政治理论课教学的发展特点，还要以发展性的眼光对网络和思想政治理论课教学的发展进行预判。前瞻性原则便与这一要求不谋而合，思想政治理论课教学的前瞻性要求教育者根据现实状况和发展的可能性对未来的发展做出大胆、合理的判断，放飞思想，立足于现实又要超越现实。在当今社会条件下，具有前瞻性的思想显得尤为重要。互联网的发展为我们构造了一个开放性的空间，它不是为了满足某一种需求而设计的，而是一种总的基础结构，可以包容任何新的需求。正是这种开放性和无限性使得网路技术充满了诱惑，便得无数人投身于互联网技术的探索之中并乐此不疲，从而不断创造出新的网络技术。在运用网络技术时，需要信息、信息媒介、客户群参与其中，从而组成一个微观信息系统，这个系统从思想政治理论课教学的角度而言，实际上是一个新的场域，为思想政治理论教育打开了另一扇窗户。

前瞻性原则主要在思想政治理论课教学的工作策略和方法上得以体现。随着社会的发展，网络技术也呈现出不同的特征，运用互联网进行大学生思想政治理论课教学，就必须要准确掌握这些特点，然后有针对性地对大学生的网络意识和行为进行正确的引导，为他们的健康成长保驾护航。

在网络技术发展的初期，各大校园网络建设驶上了快车道，多媒体、万维网等得到了广泛应用，丰富多彩的网络信息迅速得到了大学生的青睐，网上冲浪、信息漫游也迅速出现在他们的日常生活中并消耗他们的大量时间。但是开放性的信息环境在给大学生送来最新资讯，不断开拓他们视野的同时也在意识形态上对他们造成巨大的冲击。西方资本主义观念和社会多元化思想的充斥，无疑会给大学生的价值观带来一些影响。教育者必须以前瞻性的眼光对这些问题加以考虑，在利用互联网进行思想政治理论课教学时要注重对互联网文化软环境的构建，积极推广那些形式多样、内容丰富、具有教育意义的内容，以此来吸引大学生的关注，在潜移默化中提高大学生的思想道德素质水平。当前，很多高职院校都推出了专门提高大学生思想政治观念的专题网站，如北京大学建立了"红旗在线"等，体现了在思想政治理论课教学方面对互联网平台的不断探索。

当前我国将互联网技术融入思想政治理论课教学的探索还不够成熟，不论是外在环境还是内在发展，都给思想政治理论课教学带来了诸多挑战和机遇。道路是曲折的，前途是光明的，在探索和实践的道路上无论遇到什么样的困难，都要敢于创新，以坚韧不拔、激流勇进的精神面貌迎接新的挑战和解决新的问题。同时还要顺应网络发展的潮流，瞄准机会，把握机遇。在思想政治理论课教学中，只有坚持前瞻性原则，才能高瞻远瞩、未雨绸缪，以冷静的头脑、主导性的姿态面对一切变化。

四、实践性原则

大学生思想政治理论课教学所具有的一项本质特征是具有实践性，这在新开辟的思想政治理论课教学平台——互联网上体现得尤为突出。我国在接入互联网之后，互联网技术获得了突飞猛进的发展，大量新的互联网设备的出现，无论是对人们的工作还是生活都产生了深刻的影响，对推动我国社会的发展起到了巨大的作用。在我国发展的不同阶段，网络的发展也遇到了多种多样的问题，这就使得我国在网络时代前进的过程中，必须要始终进行网络理论和实践方面的工作，不断解决出现的问题。在网络中接受教育的通常都是青年大学生，他们乐于接受新鲜事物也更容易接受新鲜事物，因此对网络的使用较为普遍，网络对大学生的影响也表现得最为深刻。当今社会，各种环境都处在动态变化之中，网络环境也不例外。要想切实提高思想政治理论课教学的效果就必须立足于当前网络发展的实际状况，以发展性的眼光进行思想政治理论课教学体系的反思和重建，更新思想政治理论课教学的内容和方式，以此创新思想政治理论课教学，不断解决大学生成长中出现的新问题。

在思想政治理论课教学中坚持实践性原则，即要求教育者不断拓宽教学途径，将理论与实践相结合，不断加强学习，把握好互联网时代开展思想政治理论课教学工作的方式方法。以下从三个方面对实践性原则加以论述。

第一，思想政治理论课教学工作者要与时俱进，既具备基础的网络技术，又真正融入网络生活。

互联网在20世纪90年代进入中国，而教师很多是"70后""60后"，接触计算机和互联网的时间较短，对网络技术的掌握可能还不深入，基本的操作可能还不娴熟，不能很好地将互联网与教学结合起来，这就要求教育者不断学习网络知识和进行实践，既能避免与大学生产生代沟，又不至于落后时代潮流，还能创新教育方法、增强教育效果。教育者要想真正融入网络生活，具备网络意识是关键。在平时的教育和生活中，要主动地与大学生进行网上交流、用心地感受网络文化、真诚地体会大学生思想行为的变化、深刻地进行反思与总结，真正做到与大学生在同一时空下交流、学习。

第二，思想政治理论课教学工作者要对网络文化有详细了解。

没有调研就没有发言权，思想政治理论课教学工作者只有通过各种渠道对这一新兴事物有深入地了解，才能认同这一文化，从而保证在网络环境中与大学生进行畅通地交流。在当前的互联网文化环境中，大学生的网络实践带有明显的亚文化色彩的网络语言，这对于传统大学生思想政治理论课教学过程中要实现教育者和被教育之间的有效沟通是极为不利的。因此，在思想政治理论课教学中，教育者必须掌握这种新的网络话语体系，才能保证在网络上实现与受教育者之间的顺利沟通，提高双方沟通的有效性。用大学生常用的语言表达方式对其进行教育，缩短心与心的距离，提高思政教育的实效性。

第三，思想政治理论课教学工作者要转变教育观念。

新时期的教育与传统教育大有不同。中国人自古以来倡导"尊师重教"，大学生对老师也大多敬而远之，然而随着时代的发展，人们更加注重平等和自由，倡导一种"亦师亦友"的关系。网络的发展给师生搭建了沟通和建立感情的桥梁，教育者应转变传统的权威型知识灌输者的角色，改变说教型的教育方式，以平等的姿态与大学生进行交流，从朋友的角度对大学生的思想和行为进行引导，从而增强教育效果。

五、方向性原则

方向性原则是指思想政治理论课教学要坚持正确的思想导向和政治导向。主要表现为：思想政治理论课教学过程中要旗帜鲜明地坚持社会主义和共产主义方向，坚持党的基本路线，高举社会主义旗帜，坚定不移地沿着社会主义的方向发展。只有坚持方向性原则，才能不偏离航向、不背离初衷，始终保持无产阶级思想政治教育的本色；只有坚持方向性原则，才能起到纲领性作用，对人们的思想和行为加以统一，充分发挥思想政治教育的作用。

方向性原则是进行思想政治理论课教学的根本要求，要毫不动摇地在思想政治理论课教学过程中坚持社会主义方向。首先，必须将马克思主义及相关理论成果作为指导。其次，提高贯彻思想政治理论课教学方向性原则的自觉性。要充分认识到自身育人的目的，即培养社会主义"四有"新人，所以，要自觉地把方向性作为重要指引，不能偏离教育目标，使培养方向和目的贯彻在每一项工作中，从细节抓起，从规范抓起。同时，大学生也应该看到坚持正确的方向性有利于个人的发展，思想观念和政治素养有时对一个人的影响也是巨大的，坚定社会主义的政治方向是开展好工作的前提。最后，贯彻方向性原则必须讲究科学性。做工作，方法很重要，要对大学生进行思想观念的教育，不能用强迫的方法，此种方法不会长期有效。所以，在进行思想政治理论课教学时，要将各种方法整合在一起，灵活运用，不能只靠强力，这样才能取得事半功倍的效果。

六、求实原则

求实原则体现了一种踏实工作的科学态度。百年大计，教育为本，作为意识形态领域的思想政治教育更是根本中的根本，广大思想政治理论课教学工作者必须踏踏实实、认认真真、全力以赴地投入教学事业，这样才能够取得良好的教学效果。求实是思想政治理论课教学的一个十分重要的特点，要做好这一点，就必须坚持实事求是的原则。在具体的思想政治理论课教学过程中，教育者必须认真观察、总结、反思，从社会现实和受教育者的实际情况入手，运用马克思主义的理论知识去认识问题和解决问题，并不断进行思考，把握问题的规律，帮助自己更好地开展育人工作。简而言之，求实原则就是遵循"理论联系实际，从实际出发，实事求是"的思想路线。

（一）理论联系实际的含义

1. 牢固掌握思想政治理论课教学的相关理论知识

理论知识是对前人经验的科学总结，只有深入学习、牢固掌握相关理论，才能够正确指导实践，促进实践的顺利进行。因此，在进行思想政治理论课教学时，对本学科的理论知识进行全面掌握是最基本的要求。

2. 以实践为落脚点

任何科学的理论知识都不是空穴来风，其来源于实践，又作用于实践，受到实践的检验，只有这样，才能富有活力和生命力，随着时代的发展不断创新进步。

理论联系实际就是要坚持实事求是的原则，要始终不渝地坚持和发扬理论和实际相结合的原则和作风。

（二）贯彻求实原则的要求

1. 积极主动地对马克思主义的相关理论进行学习

马克思主义基本原理及其中国化理论成果是人们认识世界的基础，也是几十年来革命和建设的智慧结晶。马克思主义是被实践检验了的科学理论，在当代仍然焕发着生机和活力，有着鲜明而有效的指导作用，能够帮助人们形成正确的价值观，进而大大降低犯错误的概率。因此，必须自觉进行马克思主义理论的学习。

2. 以实际作为一切工作的出发点

任何工作都不能脱离生活和现状，思想政治理论课教学工作更是如此。在开展思想政治理论课教学时，教育者和受教育者都要坚持主观与客观、主体与客体的统一；以实际为基准，制订科学的工作计划，选择恰当的工作方法，逐步深入推进思想政治理论课教学工作。

3. 循序渐进地解决问题

在思想政治理论课教学工作中坚持求实原则，就必须按照及时发现问题、弄清问题、正确解决问题三个步骤来办事。

第一，及时发现问题：用敏锐的眼光发掘实际存在的问题与矛盾，正视矛盾，不回避矛盾。发现问题是解决问题的第一步。

第二，弄清问题：发现问题后要仔细分析问题，只有这样才能更好地解决问题，要善于研究，抓住问题的实质，不为假象所蒙蔽。

第三，正确解决问题：在解决问题的过程中要坚持科学理论的指导，脚踏实地，将问题彻底解决。

七、身教与言教相结合，身教重于言教原则

（一）身教与言教相结合，身教重于言教原则的依据

身教与言教相结合，身教重于言教，这是党的思想政治理论课教学工作的优良传统，也是思想政治理论课教学工作的重要原则之一。

1.由思想政治理论课教学工作的特点决定

从事思想政治理论课教学工作，一是靠说，二是靠做，即言教和身教。所谓言教，是指教育者通过说话、演讲、文章等宣传教育手段，进行说服教育工作，对受教育者施加影响。所谓身教，就是教育者通过自身的行为、举止和实际行动，为受教育者做出表率，对受教育者起到教育作用。对于受教育者而言，教育者的丰富学识、幽默语言、雄辩口才、机智言谈等言教固然重要，但是，如果这些言教与教育者的实际行为不相吻合，甚至相反，那么，教育者的言教就会成为夸夸其谈，被人讥笑。基于此，教育者要将言教和身教紧密结合，缺一不可，时刻规范自己的言行，从方方面面为受教育者起到表率作用，从一言一行中对受教育者产生有益的影响。教育者在从事教学工作时务必做到言传身教，身教重于言教。

2.由党的思想政治理论课教学工作的优良传统决定

身教与言教相结合，身教重于言教历来是党的思想政治理论课教学工作的优良传统。无论是革命战争年代还是和平建设时期，无数共产党人冲锋在前、退却在后，吃苦在前、享受在后，对人民起到了巨大的教育作用。在学校，广大教师教书育人，为人师表，"照亮别人，燃烧自己"的政治态度、治学风格、思想品德、言行作风对大学生起着潜移默化的教育和影响作用。许多思想政治理论课教学工作者都能够做到严格要求自己，教育别人做到的自己首先做到，教育别人不做的，自己首先不做，很好地起到了率先垂范、榜样示范作用。思想政治理论课教学重视坚持身教与言教相结合，身教重于言教的原则，不仅是开展思政教育工作的重要条件，更是对几十年来思想政治教育工作优秀经验的继承和发扬。

3.思想政治理论课教学工作自身的要求

思想政治理论课教学不是一件普通的差事，而是群众性、民主性、实践性很强的工作。"打铁先得自身硬""喊破嗓子不如做出样子"，思想政治理论课教学工作的威信主要源于思想政治理论课教学工作者的以身作则，率先垂范，这样才能有力地影响和教育大学生，并促使他们进行自我教育、自我提高，相互教育、共同提高。无数事实证明，身教是无声的却是很有效的。身教与言教相结合，身教重于言教，既是思想政治理论课教学工作具有战斗力、吸引力和说服力的保证，

又是思想政治理论课教学工作者应当具备的基本品质。

（二）贯彻身教与言教相结合，身教重于言教原则的要求

贯彻身教与言教相结合，身教重于言教的原则，思想政治理论课教学工作者就要身体力行，做到学为人师、行为示范，时刻谨记自己的教师身份，端正自己的言行，以自己的模范行为为大学生做出榜样。因此，思想政治理论课教学工作者必须要有扎实的知识功底、良好的品德修养、突出的工作能力。"自己有一桶水，才能给人一碗水"，自己懂马克思、列宁主义，信马克思、列宁主义才能宣传马克思、列宁主义，使人信服地接受马克思、列宁主义理论；自己是一个有理想、有道德、有文化、有纪律的人，才能将大学生塑造成为社会主义"四有"新人。无声的行动远远比漂亮的口号更加有用。作为人类灵魂的工程师，思想政治理论课教学工作者更要以身作则，用自己的人格魅力征服大学生，使他们自觉主动地学习，提高思想觉悟，规范自己的言行，最终达到思想政治理论课教学的目的。

第三节 高职院校思想政治理论课教学实效性的教学目标

大学生思想政治理论课的教学目标是开展思想政治理论课、对大学生进行思想政治教育所要达到的预期结果，规定了思想政治理论课教学的内容及其发展方向，在相当程度上体现着国家、社会的期望和要求，反映着教育者、受教育者的重要性和教学效果的有效性。所以，教学目标在思想政治理论课教学中具有重要的地位，它不是单一存在的，而是一个目标系统。要加强改进思想政治理论课教学，必须以正确的思想目标为导向。

一、思想政治理论课教学目标的含义

目标是指在客观环境存在和主观预测的基础上，人们行为活动的预期结果，是一种期望。思想政治理论课教学目标就是指从受教育者所要形成的思想政治的角度，来说明思想政治理论课教学的作用和预期价值，即要把教育对象塑造成什么样子，其思想品德要达到什么境界。所以，大学生思想政治理论课教学目标是整个高职院校教学目标的重要组成部分，是教学目标在思想政治方面的具体体现，是对大学生思想政治理论课教学结果的具体要求，也是对思想政治理论课教学质与量的具体规定。它是整个思想政治理论课教学活动的前提，决定着思想政治理论课教学的内容与各个步骤的方向度和用力度，制约着整个过程的进行。

目标是纲领。思想政治理论课教学目标的提出，是整个思想政治理论课教学活动的起点；而目标的实现，又是教学活动的终点。思想政治理论课教学过程就是在其目标价值枢纽作用的指引下进行的，是以实现目标为导向来组织、协调主

客体全部行为的过程。思想政治理论课教学主客体的全部活动都服从和服务于思想政治理论课教学目标。只有确立了教学目标，才会去设计、选择、组织合适的活动。目标处于思想政治理论课教学活动的第一步，它领导着今后的每一个步骤。为了实现预期目标，我们会寻找最佳的途径，精心设计教学内容，积极探索各种方法。目标是活动的前提，目标不同，教学活动的规模和具体活动也会不同。所以，正确、合理的思想政治理论课教学目标贯穿于整个教育活动，是顺利实现思想政治理论课教学效果的中心环节。

二、思想政治理论课教学目标体系

思想政治理论课教学目标一般是由国家或国家的教育部门，根据社会发展的历史任务和受教育者健康成长的需求提出的，反映了在一定时期社会对公民的思想、政治、品德、行为等方面具体的要求。思想政治理论课教学目标又是一个具有复杂性、多样性、层次性，涵盖很宽的内容体系。为了具体的实施，需要在系统论指导下对其进行分解，在总目标下分成不同的类型和层次，这些目标是总目标系统中的子系统，是构成总目标的基本要素。它们各有侧重，但又互相联系，构成了一个互相贯通、互相渗透、互为制约的统一体。

（一）政治素质目标

主要是指提高受教育者的政治意识与政治觉悟，包括对国家、民族、阶级、社会制度、政权和与国家有关的重大政治问题的立场、情感、态度。高职院校要增强大学生的政治敏锐性和政治判断力，使他们具有坚定正确的政治方向，热爱祖国、拥护党和国家的路线、方针以及政策，努力为国家的目标而奋斗。坚持改革开放、坚持四项基本原则、维护党和人民的利益，对待问题能够正确地做出判断，具有一定的辨识度和抵制能力。促进社会和谐发展，为全面建设小康社会而奋斗。

（二）思想素质目标

思想素质的培养目标是使受教育者能够建立科学的世界观和正确的人生观和价值观。科学的世界观也是马克思主义世界观，是无产阶级对世界的根本看法，在实践的过程中，充分地反映了世界本来的发展面貌以及规律，指导人们更好地改造世界，实现人类美好的理想。高职院校要通过科学的世界观教育使大学生能够正确地运用马克思主义的立场、观点、方法去分析、解决问题，树立科学的世界观，适应社会的发展，具有实事求是、追求新知、独立思考、勇于创新等思想品质。

（三）道德素质目标

道德素质的培养是为了使受教育者能够具有较高的道德认知能力，包括对社会的伦理道德和个人的伦理道德的认知，培养受教育者的健康道德情感和持续的道德践履能力，增强道德的选择和批判能力，形成为人民服务的核心思想。尤其是关于社会公德教育，这是长期在人们的生活中所形成的、最起码、最简单的道德准则。要通过社会人道主义教育和社会公德教育，使学生能够热爱、尊重以及信任、帮助他人，友好和平的相处，遵守公共秩序，尊重师长，以及尊重他人，形成良好的文明行为习惯，培养高尚的道德情操。

（四）法纪素质目标

提高受教育者的法制意识和遵纪守法的自觉性，包括民主与法制教育、自觉纪律教育。社会主义民主和法制是密不可分的，只有用健全的法制调节人们的行为，才能保证民主，保护人民的合法权利。人们生活、学习以及工作的前提是遵守纪律。高职院校要通过教育与训练，使大学生养成热爱民主和遵守法制的基本观念，懂得二者的辩证关系。明确遵纪守法的重要性，正确处理民主与法制、自由与纪律的关系，形成遵纪守法的习惯和品质。

（五）心理素质目标

培养受教育者的心理素质。心理素质是由先天生成和后天养成的，在实践过程中不断形成的，比较稳定的特征、倾向和品质，是一个人的自我意识的形成中所具备的认知能力、性格、情感等的综合反映。高职院校要通过有目的、有计划的心理教育活动，使学生能够建立起健康的心理状态，提高自身的心理调节技能，排解心理障碍，使之具有鲜明的个性、良好的性格以及健全的人格品质。

上述五方面的目标群都有其自身特定的内容，是一个不可分割、有着内在联系的整体。每个目标群都有着认知目标、情感目标、行为目标等几个方面的内容。思想政治理论课教学的实施过程，就是在知、情、行的行为中逐步实现既定的目标。

第五章 新时代高职院校思想政治理论课教学实效性的教师队伍建设

第一节 加强高职院校思政课教师队伍建设的重要性

高职院校思想政治理论课是对大学生进行马克思主义理论教育和思想政治教育的主渠道和主课堂，是落实立德树人根本任务的关键课程，其作用不可替代。"办好思想政治理论课关键在教师，关键在发挥教师的积极性、主动性、创造性。"习近平总书记在学校思想政治理论课教师座谈会上对思政课教师提出了新的要求和希望，思政课教师队伍建设任重道远。在新时期党和国家高度重视高校思政理论课的背景下，加强师资队伍建设，提高思政课教师队伍的能力与水平，提高课堂教学的实效性，显得尤为关键与迫切。

一、办好高职院校思政课的重大意义

（一）办好思政课是当前国内国际形势的需要

当今世界正处于百年未有之大变局，而我国也正处于社会转型与过渡的关键时期。近年来，国内经济下行压力大，改革向"深水区"不断推进，国际上新问题、新挑战层出不穷，全球性经济危机与社会危机叠加发生，国际政治经济秩序面临重大调整。国际力量对比旧的平衡被打破，新的力量平衡还在构建过程中，大国关系走向出现了不确定性。在这样的国内国际形势下，统一社会思想，增进内部团结，凝聚社会合力，显得尤为重要。

新时代新形势下，高职院校作为青年人的聚集地，折射的是社会缩影，引领的是社会风尚。它既是社会多元化思想交织碰撞的前沿阵地，更是意识形态领域的必争之地。因此，牢牢掌握高校思想政治工作主动权，扎实办好思政课，充分发挥其主渠道主阵地的作用，守好意识形态"责任田"，高校责无旁贷。

(二) 办好思政课是党和国家的政治需要

习近平总书记在北京大学师生座谈会上提出,"古今中外,关于教育办学的理念和思想流派繁多,但在教育必须培养社会发展所需要的人这一点上是有共识的"。每个国家都是按照自己的政治要求来培养人,培养社会发展、知识积累、文化传承、国家存续、制度运行所需要的人。新时代,思政课不仅是知识传授的载体和途径,还是思想、价值引领的主渠道,是落实立德树人根本任务的关键课程,直接影响着青年学生的理想信念、人生追求和发展进程,事关中国特色社会主义人才培养和事业成败。发展中国特色社会主义教育就是要理直气壮地办好思政课,必须旗帜鲜明,毫不含糊。这有利于全面贯彻党的教育方针,有利于培养出一代又一代拥护中国共产党领导和立志为中国特色社会主义事业奋斗终生的有用人才,有利于推进教育现代化、建设教育强国、办好人民满意的教育,努力培养担当民族复兴大任的时代新人,培养德智体美劳全面发展的社会主义建设者和接班人。

(三) 办好思政课是青年成长成才的需要

习近平总书记强调,青年兴则国家兴,青年强则国家强。一个是民族危亡的关键时刻,一个是民族复兴的伟大时代,青年人都被委以历史重任,义不容辞地担负起了关乎国家与民族兴亡的历史使命。青年阶段是人生的"拔节孕穗期",更需要精心引导和栽培。思政课是思想政治教育工作的主渠道和基本环节。上好思政课不仅能提高学生思想觉悟,还能为学生树立正确的世界观、人生观、价值观和形成正确的政治思想态度奠定基础。

要培养有情怀的青年人,需讲好思政课。当前,我们党和国家仍在发展进步中,在和平年代,青年人不仅要有诗意情怀,更要有家国情怀、民族情怀,在学习中了解历史、尊重历史,在实践中关注社会、关注时代。因此,需要我们讲好思政课,引导学生增强"四个自信",厚植爱国主义情怀,把爱国情、强国志、报国行自觉融入坚持和发展中国特色社会主义事业、建设社会主义现代化强国、实现中华民族伟大复兴的奋斗之中。

要培养德才兼备的新一代,需讲好思政课。"培养什么人,是教育的首要问题。"立德树人是中国特色社会主义教育的根本任务。青年人的价值取向决定着未来全社会的价值取向。社会主义建设者与接班人的标准是德才兼备,以德为先,以品德为基础,本领在学以致用时,才能用到正确方向上。因此,需要我们讲好思政课,帮助青年人扣好人生的第一粒扣子,教育青年人用习近平新时代中国特色社会主义思想武装头脑,树立科学的理想与信念,勤学、修德、明辨、笃实,以社会主义核心价值观为基本价值遵循,并身体力行努力在实现中国梦的伟大实践中创造自己的精彩人生。

二、加强高职院校思政课教师队伍建设的重大意义

教师是立教之本，兴教之源。党的十八大以来，以习近平同志为核心的党中央高度重视思政课师资队伍建设。2016年，习近平总书记在全国高校思想政治工作会议上指出："教师是人类灵魂的工程师，承担着神圣使命。传道者自己首先要明道、信道。教师不能只做传授书本知识的教书匠，而要成为塑造学生品格、品行、品味的大先生。"2018年，习近平总书记在北京大学师生座谈会上强调："评价教师队伍素质的第一标准应该是师德师风。"2019年，在学校思想政治理论课教师座谈会上，习近平总书记着眼培养社会主义建设者和接班人，高度评价思政课教师队伍在铸魂育人、立德树人方面的重大作用，深情嘱托广大思政课教师要给学生心灵埋下真善美的种子、引导学生扣好人生第一粒扣子，对加强思政课教师队伍建设提出了明确要求。习近平总书记的一系列重要论述，立意高远，催人奋进，为高校思政课教师队伍建设指明了航道。"欲修其身者，先正其心；欲正其心者，先诚其意。"思政教学做的是铸魂育人的工作，思政课教师的使命和任务就是铸魂育人。思政课教师是学生健康成长的指导者和引路人，思政课教师要给学生种下真善美的种子，引导学生扣好人生第一粒扣子，引导学生立鸿鹄志，做奋斗者，这就是铸魂育人的重大使命。

思政课教师应当树牢"四个意识"，坚定"四个自信"，做到"两个维护"，始终在政治立场、政治方向、政治原则、政治道路上同以习近平同志为核心的党中央保持高度一致，并模范践行高等学校教师师德规范。做到信仰坚定、学识渊博、理论功底深厚，努力做到政治要强、情怀要深、思维要新、视野要广、自律要严、人格要正，自觉用习近平新时代中国特色社会主义思想武装头脑，做学习和实践马克思主义的典范，作为学为人的表率。思政课教师应当深化教育教学改革创新，按照政治性和学理性相统一、价值性和知识性相统一、建设性和批判性相统一、理论性和实践性相统一、统一性和多样性相统一、主导性和主体性相统一、灌输性和启发性相统一、显性教育和隐性教育相统一的要求，增强思政课的思想性、理论性、亲和力和针对性，全面提高思政课质量和水平。

思政课教师应当用好国家统编教材，以讲好用好教材为基础，认真参加教材使用培训和集体备课，深入研究教材内容，吃准吃透教材基本精神，全面把握教材重点、难点，认真做好教材转化工作，编写好教案，切实推动教材体系向教学体系转化。思政课教师应当加强教学研究，坚持以思政课教学为核心的科研导向，紧紧围绕马克思主义理论学科内涵开展科研，深入研究思政课教学方法和教学重点难点问题，深入研究坚持和发展中国特色社会主义的重大理论和实践问题。思政课教师是高校组织开展思想政治教育的主体力量，其水平直接决定了思想政治教育的质量。

（一）加强思政课师资队伍建设是新形势下提升高职院校思想政治工作质量的重要保障

　　思想政治工作是我们党做好各项工作并不断赢得胜利的制胜法宝。无论是在浴血奋战的战争年代，还是在改革开放不断发展的和平年代，善做巧做思想政治工作始终是我们党的优良传统。思想政治工作是高校各项工作的生命线，在当前新形势下，高职院校里不同思想文化观点交流交锋交融，特别是随着互联网、自媒体等新的信息传播渠道的迅速发展，高职院校思想政治工作面临诸多挑战与难题。如何引导学生自觉树立正确的理想信念，培养学生理性、科学、客观、全面的思维品质，辩证看待历史演进和国家发展进程中的成就与不足，是思政课教师亟须研究的时代课题。2017年教育部发布《高校思想政治工作质量提升工程实施纲要》，提到要建大建强工作队伍，把思想政治表现和育人功能发挥作为首要目标，引导广大教师不忘立德树人初心，牢记人才培养使命。要加强专门力量建设，加大培养培训力度。作为高职院校思政工作队伍中的核心力量，思政课教师是高校思想政治工作质量提升的关键因素，对于开创新时代高校思想政治工作新局面尤为重要。因此，加强思政课师资队伍建设，强化队伍的使命担当意识，全面提升队伍的素质与能力，是提升高职院校思想政治工作质量的重要保障。

（二）加强思政课师资队伍建设是落实立德树人根本任务的必然要求

　　高职院校立身之本在于立德树人。立德树人是育人和育才相统一的过程，其根本在于铸魂，固本在于教育，基础在于实践。引导青年坚定理想信念，做到明德修身，是立德铸魂的关键之举；教育青年认识世界的正确之道、传授改变世界的科学之道是育人的根本任务；通过丰富多彩的社会实践活动深化青年对社会主义核心价值观的认同和践行，以达到知、意、行的辩证统一是育人成才的基础。没有哪一支教师队伍像思政课教师这样更需要有这种立德树人的教育自觉和使命担当。思政课教师作为践行立德树人的主导，必须要对"培养什么人""为谁培养人"及"怎么培养人"等基本问题有明确的认知和强烈的认同，并始终做到率先垂范，以身践行，这对教师队伍自身的思想觉悟、能力素质、教学水平提出了更高的要求。因此，要承担立德树人根本任务，培养担当民族复兴大任的时代新人，思政课教师使命光荣，责任重大。加强思政课师资队伍建设是落实立德树人根本任务的必然要求。

（三）加强思政课师资队伍建设是新时代办好思政课的重要着力点

　　课程是学校教育的核心，课堂是课程的核心，教师是课堂的核心。教师的政治素养、道德品质、理论水平、教学理念、人格魅力等都影响着课程的教学实效和育人成果。如何深化高校思政课改革，积极推动思政课程教学发展创新，习近平总书记在讲话中给出了明确的答案："办好思政课关键在教师，关键是发挥教师的积极性、主动性、创造性。"思想政治理论课程是高校开展思想政治教育的主渠道和显性载体，是兼具政治性和学理性、价值性和知识性、理论性和实践性的关键课程。思政课教师作为课堂教学的主导者、组织者和实施者，如何在教学过程中切实遵循大学生成长成才规律，充分发挥自身积极性、主动性、创造性，激发调动学生的学习热情和兴趣，有效提升课程实效和育人水平，是对其自身政治素养、业务水平、教学能力的重要考验。

因此，新时代办好思想政治理论课，应着力打造一支思想政治素质过硬、道德品质高尚、理论素养精深和教学能力出众的教师队伍，这既是遵循高等教育规律的必然选择，也是遵循高校思政课教学和大学生成长成才规律的必然要求。

第二节 新时代高职院校思政课教师应具备的能力素质

经师易得，人师难求。好老师是学生的幸福，民族的希望。思政课教师不仅是当代马克思主义的信道者和传道者，更是言传身教陪伴学生成长成才的引路人。中国特色社会主义进入新时代，不仅对高校思政课立德树人的主渠道作用的发挥提出了更高要求，也对思政课教师的政治素养、道德品质、业务能力、育人水平等素质能力提出了更高更细的要求。

2014年在与北京师范大学师生座谈时，习近平总书记提出"好老师"要有"理想信念、道德情操、扎实学识、仁爱之心"的"四有"标准；2016年在全国高校思想政治工作会议上，习近平总书记提出教师要做到"教书和育人、言传和身教、潜心问道和关注社会、学术自由和学术规范"的"四个相统一"；在2018年全国教育大会上，习近平总书记强调，要在坚定理想信念、厚植爱国主义情怀、加强品德修养、增长知识见识、培养奋斗精神、增强综合素质等方面教育引导学生，这也是对广大思政课教师的要求；在2019年学校思想政治理论课教师座谈会上，习近平总书记又对思政课教师提出了："政治要强、情怀要深、思维要新、视野要广、自律要严、人格要正"的"六个要"。习近平总书记的系列重要论述，对新时代思政课教师的素质与能力建设提出了明确要求，也为思政课教师队伍建设提供了根本遵循。

一、高职院校思政课教师队伍现状

（一）思政课教师与辅导员间缺乏沟通

虽然思政课教师与辅导员所处工作岗位不同，但从职业本质上说，均是从事大学生思想政治教育的专职人员，两者之间关系密切，共同构成大学生成长成才的合力。当前，高职院校思政课教师队伍中存在"两张皮"的现象，思政课教学与辅导员思想政治教育各行其是，缺乏有效沟通，很难全面回应学生的诉求。"一方面，学生有疑惑更愿意和辅导员倾诉，但因理论受限，辅导员难以给予及时准确回应；另一方面，思政课教师能胜任，但学生又不愿意来问，错位现象明显"。这更易导致思想政治工作的实效性大打折扣。在社会主义市场化经济不断发展的过程中，改革带来的矛盾冲突、网络不断涌现的新舆情、推陈出新的多元价值观必然对高校思政课教师队伍的理想信念、政治信仰造成一定的影响。高职院校思政课教师存在理想信念不坚定，政治素养欠缺的现象。"在教学环节中突出表现在教学态度不端正，只教书不育人，放弃对学生的马克思主义理论教育和价值观的正确引导，甚至自己都不能旗帜鲜明、理直气壮地坚定共产主义理想信念，对主流意识形态持怀疑态度"。思政课教师本身陷入角色迷茫的境遇，会给学生带来消极负面的影响，教师立德树人作用的发挥更无从谈起。

（二）思政教师队伍人员结构不合理，缺乏专业理论功底

思想政治理论课是兼具政治性和学理性、价值性和知识性、建设性和批判性、理论性和实践性等特性相统一的课程体系，这从客观上要求授课教师具备扎实的马克思主义专业理论功底和深厚的历史文化底蕴，从而能以完备的思想理论说服学生，用真理的强大力量引导学生。当前，高职院校思政课教师队伍主要由专任教师、校内兼职教师及校外聘任教师组成。其中，校内兼职教师仍然占很大一部分，且很多并非马克思主义专业出身，队伍人员结构不合理。客观上存在专业理论功底不够扎实的现象，对马克思主义理论缺乏系统性的知识构建，以单一的灌输方式教育学生，这易导致教学过程枯燥干涩，使学生丧失学习兴趣，教学实效性严重降低。

（三）思政课教师教学手段单一，回应学生关切点不够

课程理论再深刻，但缺乏合理的教学手段，理论也难以被学生接受，自然无法引起学生的兴趣。思政教育工作的"三进"目标中，"进头脑"对思政课教师提出了更高的能力要求。调查表明，部分高校思政课教师上课时态度随意，教学理念陈旧、手段单一、缺乏多样性的现象仍然存在。究其原因，与授课教师潜心钻研业务的职业精神，积极探索创新教学方法的学科意识有着密切联系。与此同时，因时代发展而出现的重大现实问题，是当代青年最为疑惑和关切的社会问题。但由于一些教师问题意识不强、知识储备不足，无法自觉地运用马克思主义的观点、立场、方法去回应现实敏感问题和学生的关切点，不仅无法满足青年学生强烈的知识欲，还在局部问题上使学生陷入了知识冲突，这将导致教师得不到尊重，丧失了权威的严重后果。

（四）高职院校思政课教师科研"软实力"后劲不足

高职院校教师肩负着科学研究、思想技术创新的重要责任。教师的教学艺术与吸引力与其科研水平是成正比的。"科研的力量在于能够用科学的发展观为大学生解答热点难点问题,帮助他们创建科学的马克思主义思维"。然而,有些高校思政课教师队伍中存在"重教学、轻科研"的问题,或是整体学术研究氛围不浓,科研能力水平差,成果价值低,科研软实力后劲不足;有些高校缺乏学术底蕴足、结构合理、有较高水准的马克思主义理论学术梯队;部分教师对本学科的发展态势了解和把握不够,储备的必要的相关课题的战略资源有限等。这些都严重制约了思政课教师队伍整体素质的提升和马克思主义理论学科的发展。

二、新时代高校思政课教师应具备的能力素质

习近平总书记在学校思想政治理论课教师座谈会上强调,思政课教师要给学生心灵埋下真善美的种子,引导学生扣好人生第一粒扣子。第一,政治要强,让有信仰的人讲信仰,善于从政治上看问题,在大是大非面前保持政治清醒。第二,情怀要深,保持家国情怀,心里装着国家和民族,在党和人民的伟大实践中关注时代、关注社会、汲取养分、丰富思想。第三,思维要新,学会用辩证唯物主义和历史唯物主义,创新课堂教学,给学生深刻的学习体验,引导学生树立正确的理想信念、学会运用正确的思维方法。第四,视野要广,有知识视野、国际视野、历史视野,通过生动、深入、具体的纵横比较,把一些道理讲明白、讲清楚。第五,自律要严,做到课上课下一致、网上网下一致,自觉弘扬主旋律,积极传递正能量。第六,人格要正。有人格,才有吸引力。亲其师,才能信其道。"要有堂堂正正的人格,用高尚的人格感染学生、赢得学生,用真理的力量感召学生,以深厚的理论功底赢得学生,自觉做为学为人的表率,做让学生喜爱的人。"习近平总书记的讲话为新时代高校思政课教师队伍能力与素质建设提供了基本遵循。

(一)信仰坚定,政治素质过硬

政治素质是社会的政治理想、政治信念、政治态度和政治立场在人的心理中形成并通过言行表现出来的内在品质。思政课是高校巩固社会主义意识形态、宣扬马克思主义理论的主渠道和主阵地,具有鲜明的政治性。政治立场坚定是对思想政治理论课教师的第一要求。思政课就是要努力培养担当民族复兴大任的时代新人,在这个根本问题上,必须旗帜鲜明、毫不含糊。

"传其道者必须信其道。"教师的自信,是上好思政课的前提。当一名思政课教师不仅是职业与谋生手段的选择,更是对崇高信仰与远大理想的不懈追求。政治素质过硬要求教师要具有坚定的政治信仰,信仰马列主义,坚定共产主义远大理想和中国特色社会主义共同理想,坚定中国特色社会主义道路自信、理论自信、制度自信、文化自信;要具有坚定的政治立场,在复杂多变的现实世界,能从政治的高度观察、分析问题,始终保持政治上的清醒和坚定,深刻领会和贯彻党的

基本理论、基本路线和基本纲领，明确在重大政治问题上应该坚持什么、反对什么，在大是大非面前不糊涂，不动摇，不犯错误；要坚守严格的政治纪律，坚持学术研究无禁区、课堂讲授有纪律的基本原则，杜绝发表反马克思主义、攻击诽谤党的领导、抹黑社会主义、违反宪法和法律的言论。

（二）具备深沉的家国情怀

家国情怀，反映了个人对祖国的依存关系，是人们对自己故土、种族文化的归属感、认同感、尊严感与荣誉感的统一。我们要让有情怀的人讲情怀。思政课教师不仅仅是传授知识的老师，更是学生思想品德等形成过程中的引路人，更应理解家国一体、荣辱与共的深刻道理。新时代，思政课教师承担着培养时代新人和社会主义伟大事业的建设者和接班人的伟大使命。如何厚植青年学生的爱国主义情怀是重要的时代命题。若要解题，思政课教师本身就必须要有对祖国和民族怀有深层、持久的情感，怀有赤子之心。只有发自心底的民族自豪感和坚定的文化自信心，才能在党和人民的伟大实践中丰富思想。思政课教师身上的家国情怀可以影响和感染学生，能激发学生的爱国情、强国志、报国行，能引导他们把远大理想与个人理想结合起来，更好地兼顾个人、集体和国家的利益，把个人价值和人生追求寄托在对国家和人民的大爱和奋斗中，成就大写的人生、实现不凡的意义。

（三）具有守正创新的教学思维

习近平总书记提到"思想政治理论课要坚持在改进中加强，提升思想政治教育亲和力和针对性，满足学生成长发展需求和期待，为学生一生成长奠定科学的思想基础"。创新思想政治理论课的教学方法，增强教学的吸引力和感染力，是需要我们不断思考和探索的。思维要新是思政课程的内在要求，是时代变化的必然要求，也是学生主体变化的现实诉求。高校思想政治工作既要坚持因事而化、因时而进、因势而新，但同时也要坚持有原则的"新"。这个前提和原则就是学会辩证唯物主义和历史唯物主义。一方面，"守正"是思政课教学改革创新的前提与归宿。教师坚持马克思主义的基本立场，以辩证唯物主义和历史唯物主义为方法论，始终以立德树人为教育教学的根本导向，坚持政治性和学理性相统一，是思政课教师教学的重要参照。另一方面，思政课教师要积极创新课堂教学理念，注重教学方法的改进，并结合学生特点，将理论教育与时事教育相结合，理论讲授与学生讨论相结合，课堂学习与社会实践相结合，积极回应学生的现实诉求，给学生深刻的课程学习体验，引导学生树立正确的理想信念、学会正确的思维方法，切实增强高校思想政治理论课的思想性、理论性、亲和力和针对性，让思想政治理论课成为学生喜爱的课程，能为学生提供解决问题思路和方法的课程。

（四）具有宽广的眼界与视野

习近平总书记明确指出，视野要广，是指有知识视野、国际视野、历史视野。这三个"视野"是对思政课教师提出的基础要求。知识视野，指的是思政课教师本专业范畴的知识素养。思想政治工作是关于人的工作。做人的工作首先要尊重人的基本需求，同时更要尊重人的主观能动性，尊重人的根本需求、更高层次需求。这个学问，不是"无学"，而是集经济学、社会学、政治学、心理学、教育学等于一体的学问，有其独特的研究对象和出发点。这是思政课教师必须坚守的学问之基。国际视野、历史视野，是对思政课教师的更高层次要求。中国是未曾断续文明的古国，又是在国际舞台上日益发出自主声音的大国。要讲好中国故事，讲好思政课，解读好党的历史使命和国家的前途命运，就需要对中国目前所处的国际地位和历史方位准确定位，并善于在历史和国际比较中凸显中国的特色和优势，通过生动、深入、具体的纵横比较，把一些道理讲明白、讲清楚。没有国际视野和历史视野，是无法准确对中国进行定位的。无法准确定位，就讲不清党和国家的历史使命和发展命运，就讲不清身处其中的每个人的追求，思政课就只能照本宣科、人云亦云。

（五）要严于自律，修身立业

学高为师，身正为范。教师良好的师德师风和人格魅力能潜移默化地影响青年学生的个人成长。严于自律是思政课教师的一种高尚境界。教师的言行风范是学生最直接、最生动的"活教材"。在现实生活中，学生会以教师为模仿对象，听其言观其行。课上课下、网上网下的行为事关教师的形象和职业声誉，教师如果言行不一，则很容易失去学生的认可。教师要坚持教书与育人相统一，也许学生在大学四年期间所学的专业知识多年后会遗忘，但教师教给学生的为人处世道理和正确价值观却是学生一生的财富。因此，思政课教师要严格自律，言行一致，表里如一，时刻以身作则，在课堂讲授过程中有规矩、守纪律，不违背教材中的政治导向和基本观点，要坚持正确的政治方向，有较强的政治意识、大局意识、核心意识、看齐意识，不能造成学生思想认识上的偏差。在任何时候都要积极弘扬主旋律，传递正能量，让学生真正地感受到师德师风强大的育人魅力。

一名合格的高校思政课教师，必须具有淡泊名利，自尊自律的高尚人格魅力，这是讲好思政课，构建高校思政理论课魅力课堂的理论前提。思想政治工作是"正人"，而"正人"必先正己。习近平总书记强调的"人格要正"意指思政课教师必须强化人格塑造，树立崇高的职业道德和个人品德，自觉抵御社会的歪风邪气，潜心教学，无私奉献，爱岗敬业，以堂堂正正的浩然正气、如沐春风的祥和瑞气、有学养深厚的充足底气来感化和培养学生。用真理的力量感召人，用坚定的信仰引领人，用高尚的人格感染人，用真挚的情感打动人，用生动的形式吸引人,就是思想政治理论课教师"人格要正"的不懈追求。

(六) 具有深厚的理论功底和学识

思想政治理论教师自身理论水平的高低直接决定着课堂教学的成败。其承担的责任不仅仅是"传道、授业、解惑",更应该是站在时代发展的高度,在全面掌握马克思主义基本理论的基础上,不断探索面向时代发展的重大理论与实践问题,面向社会现实和大学生关心的实际问题,加以研究,不断探索并充实丰富思政课的课堂教学内容。这从客观上必然要求高校思政课教师具备系统扎实的专业基础知识,包括对马克思主义的基本理论和当代马克思主义中国化有比较全面准确的把握。若想以理论说服人,关键看教师自身对理论的掌握和运用程度。教师深厚的理论功底和广博学识是使大学生对思政课充满好奇和期待的重要源泉。在教学过程中,教师还要善用理论自身具有的强大逻辑力量,引导学生进行理性思考,密切联系理论在实践中的应用与发展,以理服人,彻底地让学生徜徉在马克思主义的知识海洋中。若教师理论水平有限,则会对教材分析不透,对知识点把握不准,对理论热点讲不清,必然导致学生在课堂中学无所获。

思政课教师还应站在学科知识前沿。教师本身理应认识到,教育者先受教育,在不断提升自己的政治水平和专业素养,牢固树立终身学习理念,刻苦钻研,熟悉学科前沿知识,不断充实、提高自己,努力成为业务精湛的高水平教师,更好地承担起学生健康成长引路人的责任。思政课教师还应熟悉教育教学规律。要努力了解新时代大学生所面临的问题和困惑,坚持以学生的需求为导向,与学生建立良好关系,尊重学生的主体地位和个性发展。充分发挥"互联网+思政教育"的作用,将社会主义核心价值观用一个个鲜活的案例进行阐释,在学生心中埋下真善美的种子。

综上所述,新时代上好思政课,需要我们努力打造一支可信、可敬、可靠,乐为、敢为、有为的思政课教师队伍,壮大队伍数量,优化队伍结构,提升整体素质,不断激励教师将课堂作为发挥自己立德树人功能的主要岗位阵地,切实承担好铸魂育人的时代重任。

第三节 新时代高职院校思政课教师队伍建设的基本路径

要提高我国高职院校思想政治理论课的教学实效性,能够真正通过思政课的教学达到用科学的理论武装大学生,熏陶大学生,把他们培养成德智体美劳全面发展的中国特色社会主义建设者和接班人,就必须切实加强我国高职院校思政课教师队伍的建设。近年来,党和国家对思政课教师队伍建设高度重视,思政课教师队伍不断壮大,一批博学笃行的老教授仍然老骥伏枥、严谨治学,一批有理想有情怀的中青年骨干逐渐成为中流砥柱，为思政课教师队伍注入了新鲜血液，保证了思政课教师队伍建设薪火相传。但与此同时，我们也要清醒地认识到，新时代思政课建设面临了很多挑战，必须打造具备顽强的斗争精神、坚韧的斗争意志、高超的斗争本领的高素质的思政课教师队伍。在当前马克思主义理论学科建设蓬勃发展，党和国家大力支持思想政治工作的大背景下，学界已对如何加强思政课教师队伍建设做出了众多且较为充分的研究。"如通过组织建设理顺思政课教师的管理体制；以学科建设推动思政教师成为科研骨干；用质量工程提升思政课教师的整体素质；以社会服务增强思政课教师的职业自信；树立先进典型，扩大思政课教师的社会认同度；建立保证制度形成思政课教师发展的长效机制；从供给侧改革视角探索思政课教师队伍建设"；等等。这些宏观层面的研究，为新时代思政课教师队伍建设提供了很好的研究思路和现实路径。在此，从以下几个方面阐述思政课教师队伍建设的基本路径。

一、加强源头管理，提高门槛，为特殊岗位提供特殊人才

思政课教师是高职院校教师队伍中一支十分重要的力量，是党的理论、路线、方针、政策的宣讲者，大学生成长成才的引路人，承担着培养担当民族伟大复兴大任时代新人的历史重任，新时代青年大学生是实现中国梦的主力军，思政课教师即是打造主力军的"筑梦人"。肩负着用马克思主义中国化的最新理论成果武装青年学生以及推动社会主义核心价值观体系建设的重大职责，肩负着帮助大学生正确认识国情，深入了解改革开放的伟大历程，进一步认清国家的历史责任，是全面实施科教兴国战略和人才强国战略，确保实现全面建成小康社会、加快推进社会主义现代化的宏伟目标，确保中国特色社会主义事业兴旺发达、后继有人的特殊人才。加强思想政治理论课教师队伍的建设，高职院校应当加强源头管理，严把思政课教师政治关、师德关、业务关等"入口关"，明确科学合理的师资任职标准和队伍准入制度，根据国家有关规定要求制定思政课教师规范或者在聘任合同中明确思政课教师特定的权利义务与职责。任职标准包括政治思想素质、师德师风素质和业务能力素质。

（一）政治思想素质

教育部《关于普通高校思想政治理论课建设体系创新计划的通知》中指出，建立思想政治理论课专职教师任职资格制度，应把政治立场作为教师聘用的首要标准，严把教师聘用政治关。"政治要强""让有信仰的人讲信仰"，更是习近平总书记对思政课教师提出的首要素质要求。

思政课教师必须坚持正确的政治方向，热爱马克思主义理论教育事业，具有良好的思想品德。高校应当加强对思政课教师的考核，健全退出机制，对政治立

场、政治方向、政治原则、政治道路上不能同党中央保持一致的教师，不得继续担任思政课教师或马克思主义理论学科研究生导师。另外，要加强对思政课教师必要的政治教育培训。如结合党的教育实践活动，对思政课教师开展党性教育，时刻保持党员的先进性；结合国际国内形势的发展，定期对思政课教师开展形势与政策教育，使其以正确的观点看待当前国际国内形势；通过党支部开展活动的方式，对教师党员开展党性修养教育，确保他们在思想政治理论课课堂教学中讲政治；通过开展集体备课的方式，就社会热点问题和授课重要内容，达成统一的讲解意见；等等。

（二）师德师风素质

师德师风建设关系到高等教育事业改革与发展的成败，关系到公民道德建设和社会经济环境。中宣部、教育部联合印发《关于进一步加强高等学校思想政治理论课教师队伍建设的意见》中指出，"努力建设一支政治坚定、业务精湛、师德高尚、结构合理的教师队伍"。高尚的道德素质是高校思政课教师师资队伍建设的重要标准。加强思政课教师师德师风建设，有利于教师发挥榜样示范作用，有效实现高职院校立德树人的重任，有利于促进高校思政课教师的自身发展和加强教育部门的发展规划。

强化思政课教师师德师风建设。师德师风作为社会道德的一种类型，存在一定的局限性，需要相关的法律法规予以弥补。2018年11月，《教育部关于印发〈新时代高校教师职业行为十项准则〉〈新时代中小学教师职业行为十项准则〉〈新时代幼儿园教师职业行为十项准则〉的通知》中，针对高职院校教师、中小学教师和幼儿园教师的特殊性，制定出相应的行为准则，即是对新时代社会背景的回应。通过开展思政课教师年度影响人物的评选、思政课教师技能大赛等活动，充分利用互联网时代和新媒体技术，宣传优秀思政课教师的先进事迹，发挥思政课教师的典型示范作用。同时加强对社会主义核心价值观等主流意识形态的宣传教育，营造全社会尊师重道的氛围。

（三）业务能力素质

提升思政课教师业务能力素质必须着眼于优化思政课教师发展机制。思政课教师队伍的建设成效必须体现在思政课教学效果和学生成长上。

一是加强思政课教师队伍后备人才培养。教育行政部门应当制定马克思主义理论专业类教学质量国家标准，加强本硕博课程教材体系建设，统筹推进马克思主义理论本硕博一体化人才培养工作。实施"高校思政课教师队伍后备人才培养专项支持计划"，专门招收马克思主义理论学科研究生，不断为思政课教师队伍输送高水平人才。高职院校应当注重选拔高素质人才从事马克思主义理论学习研究和教育教学，加强思政课教师队伍后备人才思想政治工作，加大发展党员力度，提高党员发展质量。

二是强化思政课教师教学培训。建立国家、省（自治区、直辖市）、高等学校三级思政课教师培训体系。教育行政部门建立高校思政课教师研修基地，开展国家级示范培训，建立思政课教师教学研究交流平台；高职院校应当建立健全思政课教师专业发展体系，定期组织开展教学研讨，新入职教师应参加岗前专项培训。高职院校还应拓展思政课教师培训渠道，设立思政课教师研学基地，定期安排思政课教师实地了解中国改革发展成果、组织思政课教师实地考察和比较分析国内外经济社会发展状况，创造条件支持思政课教师到地方党政机关、企事业单位、基层等开展实践锻炼。

三是完善教师教学技能发展机制。通过成立思政课教师发展中心，抓好思政课示范教学，开展思政课教师信息化教学技能比赛，实施青年教师发展促进计划，建立青年教师教学"传帮带"工作机制，促进思政课教师潜心教学、倾心教学、精心教学；强化思政课教师教学研讨，开展新教师试讲、集体备课、教师听课互评、集中命题等教学研讨活动，瞄准提升思政课教学技能精准发力；推进思政课优质教学资源共享，通过完善在线教学内容，推进思政课教案、课件、案例及资源库的共建共享。

二、思想上重视，数量上配齐，待遇上提高，提升思政课教师尊严与价值

教师是伟大的，因为他们总是仰望星空，探索着深邃思想，有着特殊的尊严——太阳底下最光辉的职业；教师又是平凡的，因为他们总是脚踏实地，三寸粉笔写人生，有着特殊的价值——人类灵魂的工程师。高职院校思想政治理论课教师担负着培育中国特色社会主义建设者和接班人的重任，理应为一直坚守、耕耘这份特殊的事业而感到骄傲，为已尽立德树人之使命而自豪。

师之不尊，幸福何谈。高职院校让思政课教师有尊严地开展思想政治教育工作，亟须学校从机制层面上予以高度重视。党中央明确规定高校党委作为开展大学生思想政治教育的第一责任人，要强化责任意识和领导意识。习近平总书记在全国高校思想政治工作会议上指出，"要用好课堂教学这个主渠道，思想政治理论课要坚持在改进中加强，提升思想政治教育亲和力和针对性，满足学生成长发展需求和期待"。高职院校应当设置独立的马克思主义学院等思政课教学科研二级机构，统筹思政课教学科研和教师队伍的管理、培养、培训。思政课教学科研机构负责人应是中共党员，并有长期从事思政课教学或者马克思主义理论学科研究的经历。在日常教学管理过程中，高职院校党委领导要定期参与学校各项思想政治教育和实践活动，自上而下生成一股助推劲流，营造良好的思想政治教育氛围。

教师数量方面的问题制约着教师队伍的建设与良性发展，主要体现在师资队伍严重不足，人员缺额较大。中央和教育部对高职院校思政课师生比有明确要求，

即达到1∶350，但目前绝大多数高校无法达到这个要求，这就无法避免"大班上课"的情况，"大班上课"往往使教学质量无法得以保证。数量上的缺口还使教师承担了大量教学工作，无心科研，影响个人学术能力与职称的提升。久而久之，思政课教师的职业获得感、幸福感、价值体验感会降低。

因此，教育主管部门和高职院校应当配齐建强思政课专职教师队伍，建设专职为主、专兼结合、数量充足、素质优良的思政课教师队伍。应当根据在校生总数，严格按照师生比不低于1∶350的比例核定专职思政课教师岗位，在编制内配足，思政课教师编制不得挪作他用。高职院校可以在与思政课教学内容相关的学科遴选优秀教师进行培训后加入思政课教师队伍，专职从事思政课教学；可以探索党政管理干部转岗为专职思政课教师，积极推动符合条件的辅导员参与思政课教学，鼓励政治素质过硬的相关学科专家转任思政课教师；可以实行思政课特聘教授、兼职教师制度，统筹地方党政领导干部、企事业单位管理专家、社科理论界专家、各行业先进模范以及高等学校党委书记校长、院（系）党政负责人、名家大师、专业课骨干和日常思想政治教育骨干等讲授思政课；校领导要带头讲思政课、带头联系思政课教师，营造尊思政、重思政的浓郁氛围。

同时，还要注重在待遇上提高，在政策上予以倾斜。高职院校要根据思政课教师的现实情况，把实际教学成绩、对学生的塑造和影响作为考核的主要依据，因地制宜设立思政课教师岗位津贴；要为思政课教师的教学科研工作创造便利条件，配备满足教学科研需要的办公空间、硬件设备和图书资料；教育主管部门和高校要大力培养、推荐、表彰思政课教师中的先进典型，加强宣传、引导，鼓励企业、社会人士采取捐赠等方式支持高等学校思政课教师队伍建设；在评选表彰中适当倾斜，切实提高思政课教师的职业地位、经济地位、社会地位和政治地位；要解决思政课教师队伍建设领域所存在的编制短缺、培养培训虚化、评奖评优边缘化、职称评聘和任务考核理想化、政策待遇落实难等问题，敢于动真碰硬，打破"唯文凭""唯论文""唯帽子"等意识，从根本上扭转不科学、不合理的体制机制。加大支持力度，完善保障体系。加快建设高素质专业化的思想理论课教师队伍，要充分尊重思想理论课的建设规律和思想理论课教师队伍的成长规律，加大政策激励、经费保障、条件支持、氛围营造的力度，落实中央的相关政策，把条件和资源集中到充分调动思政课教师的积极性、主动性和创造性上来，提升教师的获得感、幸福感，让广大思政课教师乐为、敢为、能为、有为，充满正能量，焕发出强大的生机活力。

三、深化科研创新，驱动教师成长，打造魅力课堂

新时代，新使命，新要求。习近平总书记强调，思政课教师要坚持政治性和学理性相统一、价值性和知识性相统一。为了实现这两个统一的要求，思政课教

师必须承担思想政治理论的研究和创新工作，让思政课理论体系充分体现学理性和知识性，既能说服自己又能说服他人，既能让同行认可，又能让外行欣赏。这样的思政课教师才能够成长，这样的思政课对学生才更具说服力和影响力，才是真正的魅力课堂。

当前，随着时代的发展，越来越多的青年教师加入高职院校思政课教师队伍。但这支青年教师队伍的科研经验、写作能力、研究方法、教学水平存在很大程度的短板，不仅严重制约着教师个人的成长与发展，更不利于思政课堂教学实效性的提升。为打造一支业务精通、教学水平高超的思政课教师队伍，构建魅力课堂，亟须提高教师特别是青年教师的科研自觉和使命责任感。青年教师应对自我有准确定位，要有明确的个人职业发展规划与目标，抓科研，促教学，正确处理两者关系，树立高度的科研自觉，勇担职业使命，切实为立德树人任务尽自身一份力。

"青年思政课教师队伍的人才建设和团队配合是提升青年思政课教师科研实力的组织保障。"建好课程团队，优化教学模式，方能全面提升思想政治理论课教学质量。面对新时代、新形势、新需要，高职院校要着力打造优秀的教学科研团队，注重合作精神，发挥育人合力。长期以来，我国高职院校通过一系列举措，形成了一批"思政课教师名师工作室"和教学科研团队，发挥了学科带头人、教学名师和骨干教师的示范带头作用。但是，思政课教师团队建设仍存在一些不足，具体表现为：一是团队精神有待加强。个别思政课教学科研团队成员习惯于单打独斗，协作意识较差，奉献精神不足，传帮带作用发挥得不够充分。二是团队结构不尽合理。由于学历情况、职称结构、学院结构等不尽相同，一些思政课团队在合作上存在着一定的障碍，容易出现合作交流不畅等问题。

因此，一是要通过强化学术交流来拓展教师理论视野，提升科研合作意识。"采取'走出去，请进来'的多渠道，如选送中青年骨干教师到国内外知名大学和科研机构访学、交流，或邀请专家为教师开设专题讲座"，通过了解借鉴优秀教学科研团队的打造经验、运行机制、保障机制，改变部分教师的传统观念，拓宽学术视野。在加强思政课教师理论武装的同时，还应加大选派教师参与学习考察、社会实践和挂职锻炼的力度，帮助思政课教师全面了解国情，在实践中打造核心竞争力。二是高校要认同并积极支持青年思政课教师的差异化发展，鼓励个人发挥专长，进行擅长的科研项目，不断强化个人核心竞争力建设。在科研创新领域，将个人的单兵作战与团队合作紧密结合，确保高校对其人力、物力的优先支持。在具体科研活动中，围绕科研目标，整合科研力量、合理配置科研资源。鼓励青年思政课教师或青年"精英"团队以自身优势为切入点进行创新性的教学实验和课题研究，激发教改活力。三是教育主管部门和高校应当加大对思政课教师科研的支持力度。教育部人文社科研究项目设立专项课题，教育主管部门设立相关项目，持续有力支持思政课教师开展教学研究。教育主管部门和高校要加强马克思主义理论教学科研成果学术阵地建设，支持新创办思政课研究学术期刊，相关哲学社会科学类学术期刊设立思政课研究栏目。应健全思政课教师专业技术职务（职称）评价机制，建立以同行专家评价为主的评价机制，突出思政课的政治性、思想性、学术性、专业性，评价专家应以马克思主义理论学科专家为主，同时可适当吸收相关学科专家参加。

"师者，人之模范也。"广大思政课教师是新时代中国特色社会主义的传道者，责任重大，使命光荣。通过上述诸多举措，努力打造一支乐为、敢为、能为、有为的思政课教师队伍，为莘莘学子点亮理想之灯，照亮前行的路，激励他们用青春抒写时代，用奋斗开创未来，是全体思政教师共同的目标与努力方向。

第六章　新时代高职院校思想政治理论课教学实效性的新媒体资源建设

第一节　高职院校思想政治理论课教学实效性网络教育的重要性

如今，网络已经渗入社会生活的方方面面，也潜移默化地影响着高职院校学生的道德品质、思想观念、价值取向。抓住网络的优势，积极应对挑战，充分发挥网络思想政治教育的积极作用，是高职院校思想政治教育的必由之路。

一、高职院校网络思想政治教育的优势

高职院校网络思想政治教育是指"教育者依照科学、规范、积极、向上的教育理念，运用现代信息网络技术、多媒体技术、移动互联网技术等多种媒介手段，对大学生的理想信念、道德情操、行为准则等进行有计划、有组织、有针对性的思想政治教育活动"。具体而言，高职院校网络思想政治教育是基于现代教育技术对思想政治教育的一次改革。

（一）实效性强

一般而言，传统思想政治教育的教学内容和信息传播速度较慢，这种状况会影响思想政治教育实践活动的质量和效果，也不能保障社会发展要求与学生需求相契合。网络是一个新的通信工具，具有极大的快捷性和庞大的信息储备量，信息的传播速度快且效率高，无论是教师还是学生，都能够迅速、高效、及时地通过多种途径和方式获取自己所需的信息资源，节省了中间环节，为思想政治教育工作的开展带来了极大的便利。

（二）信息资源多元化

教师通过课堂向学生讲授内容是传统思想政治教育的最大特点，但是网络思想政治教育就可以运用多种形式对教育者进行一定的思想观念、政治观点、道德

规范等的教授，例如文字、语音、图片、视频等，它们都具有快速、直观、简洁等优点，并且对学生来说会有视觉和听觉上的冲击效果，对教授内容的印象也会更深刻；思想政治教育者还可以将优秀的教学成果通过专门网站、网页、栏目等形式上传于网络，使学生能够方便快捷地了解到多元化的信息资源。

（三）互动性强

高职院校的网络思想政治教育的互动性主要表现在以下两个方面：首先，在传统思想政治教育活动中，教师和学生需要面对面地进行交流，这样双方在思想上就会存在一定的保留，不能较好地反映思想政治教育的真实效果；但是在网络思想政治教育中，平台是开放的，双方可以在非常轻松的境况下敞开心扉，进行无压力、平等的、更深入的交流和互动，甚至可以探讨很多问题，教师也能够更深入地走进学生的内心世界。其次，学生在获取网络信息资源方面，可能要优于部分教师，他们搜集信息会更加迅速和全面，而且在搜集、浏览信息的过程中，学生也接受了相关思想政治教育知识，这样，教师和学生之间、学生和学生之间就可以进行交流和讨论，加强了彼此之间的互动性。

（四）模式的开阔

传统思想政治教育活动大多是在课堂中进行的，通过看得见摸得着的教学工具进行教学，与学生面对面地进行教育和交流，比较偏重于传统的"说教"模式，教育者、受教育者和一些教学工具也是相对固定的，所以思想政治教育活动经常会受到时间和空间因素的限制。而高职院校网络思想政治教育则是利用网络这一具有开放性的平台，因其所具有的虚拟性打破了时间、空间的模式局限，将思想政治教育工作融入网络媒介之中，教师和学生均可以在任何时间、任何地点获取网站上相关的信息，这增强了学生学习的主动性和自觉性，培养了他们独立思考问题的能力。所以，网络思想政治教育创新了高职院校的教学方式，也提高了思想政治教育工作的针对性。

二、高职院校网络思想政治教育的挑战

网络具有的开放性、虚拟性、互动性等特征，使高职院校学生的学习和生活发生了深刻的改变，所以高职院校在开展网络思想政治教育工作时，不得不考虑网络的特性给教育工作带来的挑战。

（一）部分网络信息与思想政治教育内容相背离

网络是一个具有开放性、自由性、虚拟性的信息传播媒介，其中包括社会生活各个领域、国内国际等庞大的信息资源，因为其信息传播速度快、覆盖面广等特点，它以强大的丰富性和及时性吸引着青年学生。但是我们不得不面对的是其

内容的良莠不齐。部分互联网上发布的信息并未通过有效的审查和规范的管理，内容杂乱无章，其中不乏一些不利于青年健康成长的有害信息。青年学生的社会实践经验少，抵御和防范有害信息的能力不强，自身网络信息素养不高，所以一些识别能力较低的学生在面对如此纷繁复杂的网络信息时不能较好地辨别其有效性和真实性，甚至不能很好地选择健康向上、积极乐观的网络信息资源，很容易被不良信息所迷惑，更有甚者处于触犯法律红线的境地。这都是与国家的教育目标相背离的，会减弱思想政治教育工作的效果，不利于高职院校思想政治教育工作的开展。

（二）思想政治教育工作者的专业化程度不高

高职院校中的部分思想政治教育工作者存在网络信息技术不高、对网络教育方法掌握不全等现象。一方面，受知识化和技术专业的限制，部分教师只能通过十分简单的方式向学生开展思想政治教育活动，也有教师很少利用网络这一媒介。这就造成了教师与学生之间缺乏及时有效的沟通交流。另一方面，部分年龄较大的教师，面对一些复杂的计算机系统和英语网站往往会感到无能为力，而学生作为受教育者，掌握多种网络信息传播资源，能够及时、便捷、多途径地获取信息，所掌握的信息资源甚至超过了部分教师。所以，为了适应学生的成长环境和社会的发展形势，提高思想政治教育工作者的素质迫在眉睫。

（三）高职院校网络思想政治教育的网站建设不完善

网络为高职院校思想政治教育的发展提供了一种新的途径和模式，但其网站平台建设依然有待完善。首先，在内容上，网络可以承载丰富多彩、多种形式的内容资源，但部分高职院校的网络思想政治教育网站依然是照搬课本上的教育内容，很少看到与大学生成长生活密切相关的道德教育、心理教育等内容。其次，在呈现形式上，网页的设计比较单一枯燥，缺乏动态性和新颖性，文字和图片居多，而视频和音频资料较少；缺乏互动咨询的平台，内容更新速度较慢。这样不仅学生不能很好地通过网络来加强自身的思想政治教育素养，没有达到预期的效果，也不能体现网络思想政治教育的优势所在。

三、高职院校网络思想政治教育的优化建议

随着网络对受众群体的影响不断扩大，以及网络自身缺陷的显露，高职院校根据大学生的实际情况和特点，探寻适合大学生发展的网络教育方式就变得极其必要。

（一）营造健康的网络教育环境，增强学生的网络信息素养

在信息技术飞速发展的今天，网络信息纷繁复杂，致使部分信息在进入互联

网平台之前没有经过严格的审核，造成在网络公共环境中出现大量色情、暴力等不良低俗信息，严重侵蚀着青年学生的精神世界。而网络作为高职院校开展思想政治教育工作的媒介，承载着思想政治教育的内容和信息，是能被教师所运用，促进教师和学生之间相互关系的一种活动形式和物质载体。所以，首先，高职院校要建立网络净化系统，尤其要加大对信息流入的监管力度，做好校园网络信息筛选和检查工作，并对有害网络文化信息及时进行清除，杜绝不利于学生健康成长的信息流入校园网络思想政治教育平台。其次，学校要加强学生的自律教育，需要向学生教授在虚拟的网络中如何有效地辨别和筛选信息，使其能够自觉地抵御不良信息的侵蚀和毒害，要求学生依法有效地使用资源。

（二）社会主义先进文化和价值观念占领网络阵地

我们要坚持用社会主义先进文化和价值观念占领教育阵地。充分利用视频、微博等网络资源大力宣传我国的指导思想，将思想政治教育工作充分融入网络资源之中。选取优秀的宣传纪录片，上传至教育网站，例如《感动中国人物评选》《国魂》《社会与法》等。这些视频资源对学生正确理解和认识党的方针政策、我国的优秀传统道德文化、社会主义核心价值观、基本法律知识等都有很好的效果，可以帮助学生逐步加强对我国社会主义制度的认知，增强对中华民族和国家的认同，帮助学生更好地理解和掌握法律知识，学会用法律知识保护自己，进而提高学生分析问题和辨别是非的能力。

（三）打造优秀的高职院校网络思想政治教育团队

首先，要扩大队伍。积极吸引具有网络技术知识和乐于从事学生工作的教师加入网络思想政治教育的队伍中，积极合作，建立符合校园文化特点、形式多样、时尚新颖的网络平台，充分发挥网络信息资源共享、更新传播速度快等特点，不断丰富网络教学资源，创新教学方式，探寻利用网络进行校园思想政治教育的新途径和新方法，努力提升网络教育的质量和实效。其次，相关教育部门也要不断加大对高职院校网络思想政治教育工作者的培训力度，开展丰富的培训活动，这对提高教师的专业水平和教学质量都有很大的帮助。不仅能丰富思想政治教育工作者的专业知识储备量，而且能拓展他们的视野和教学思维，从而达到比较灵活地开展这项教育工作的目的。

（四）完善高职院校思想政治教育网络平台建设

要想吸引更多的学生参与网络思想政治教育学习，首先，要利用好网络这个平台，不断创新网页设计和制作，充分利用文字、图片、音视频等资源，增加与学生日常生活密切相关的时政评论和招聘信息，增加人格教育和心理教育等内容，以及开发相关的测评软件，不断开拓学生思维，开阔视野。其次，创新网络思想政治教育活动方式，组织网上教育活动，例如网上时事热点讨论、网络文化节、网络求职模拟等交流活动，也可以通过微博、微信、手机QQ等学生日常使用的网络资源做好网上宣传工作，需要注意的是，宣传内容要有思想性、知识性、趣味性和服务性。

第二节 高职院校思想政治理论课教学实效性网络课堂的建设经验

高职院校思想政治理论课教学是高职院校对学生加强思想政治教育的主渠道和主阵地，是高职院校培养高级应用型新技术人才的一门重要课程。近年来，高职院校不断加强教学改革，教学工作取得了一定的成绩，然而随着形势的发展，思想政治理论课教学存在着越来越多的不适应高职教育发展要求的情况，归纳起来不外乎四个问题：其一，思想政治理论课教学内容缺乏针对性、理论抽象、脱离实际；其二，思想政治理论课教学方法呆板、单一；其三，思想政治理论课教学手段落后；其四，思想政治理论课教学实效性差。以思想政治教育为内容的网站如雨后春笋般建立起来，这为解决当前思想政治理论课教学缺乏针对性、时代性和实效性提供了一个新的思路，因此认真研究思想政治理论课网络课堂，积极探索和寻找思想政治理论课网络课堂特点和规律具有重要的现实意义。

一、思想政治理论课网络课堂的含义和特点

思想政治理论课网络课堂就是指在因特网上建立一个网页（站）进行网上思想政治理论课教学，在网上宣讲思想政治理论课内容，在网上对学生进行思想政治教育的场所。思想政治理论课网络课堂是随着信息技术的发展而产生的，它与传统思想政治理论课课堂既有联系又有区别。

从联系上看：内容相同，都是宣讲思想政治理论课内容；形式相同，都是在一定场所由教师讲授思想政治理论课理论，或者以教师提问，学生回答问题的形式进行思想政治理论课教学活动；目标相同，都是对大学生进行思想政治教育，培养学生树立正确的世界观、人生观和价值观，使学生具有崇高的理想和坚定的信念。

从区别上看：载体不同，传统思想政治理论课课堂是思想政治理论课教师利用思想政治理论课教材和黑板等工具以讲授的形式来展现思想政治理论课内容；而思想政治理论课网络课堂是通过网络虚拟环境来展示思想政治理论课原理。表现形式不同，传统思想政治理论课课堂是"一言堂"，只有教师的观点，而没有学生的观点，只有教师的活动而没有学生的活动，只有教师主导作用而没有学生主体作用；而思想政治理论课网络课堂除了思想政治理论课教师必须发挥主导作用之外，学生也要充分发挥主体作用，教师和学生互动明显。信息量不同，传统思想政治理论课教学由于受条件的限制，信息量较少；而思想政治理论课网络课堂

由于是开放型的,能够与其他网站链接,获得信息较多。学生兴趣不同,学生认为传统思想政治理论课教学具有灌输性、呆板性的特点,不能很好地满足学生喜欢新鲜、丰富、生动、参与等要求;而思想政治理论课网络课堂场地大,获得信息的途径多,学生可以充分发挥主体性作用,可以自由地链接网站,获得新鲜和丰富的信息,可以自由地发表自己的观点和看法。

由此看来,网络课堂与传统课堂区别很大。归纳起来,思想政治理论课网络课堂具有以下几个显著特点。

(一) 生动性

随着科技的发展,人们获得知识的途径日益增多,如凭借收音机、电视、VCD、网络等载体通过有声、有形的信息传递获得新鲜的、生动的、丰富多彩的知识和观点。学生对传统课堂中"一本教材、一块黑板、教师讲、学生听和作笔记"的模式不是很感兴趣,甚至很反感,因此经常出现学生打瞌睡、逃课等现象。思想政治理论课网络课堂克服了枯燥、不生动的缺点,网络通过声、图像传递信息,使思想政治理论课教学具有生动性,同时教师与学生、学生与学生之间能交相互动。另外,在思想政治理论课网络课堂中各种知识可以随时得到扩充、更改和完善,使思想政治理论课教学产生吸引力、感染力,具有实效性。

(二) 丰富性

传统思想政治理论课课堂由于受条件限制,一方面教师掌握信息少,另一方面课堂内缺少多样化传递信息的载体,因此思想政治理论课课堂上学生掌握的信息量少,正如有些学生说:"一节课中教师只是讲了一个概念,举了几个大家早已熟悉的例子,这样的课没有太大意义,真是浪费时间。"思想政治理论课网络课堂凭借先进的科学技术能给学生带来丰富的信息,另外,网络资源和教育资源也能做到超越时空界限共同享用。学生觉得这些信息新鲜、有趣,收获很大。

(三) 自主性

传统思想政治理论课课堂是教师"一言堂",学生不能很好地发挥主体作用,而思想政治理论课网络课堂能克服学生处于被动状态的缺点,学生可以根据自己的情况安排学习进程,学生能主动参与发言,向教师提问、讨论,学生在聊天交流中确定自己的信仰,选择自己的世界观、人生观和价值观。

二、思想政治理论课网络课堂开设的必要性

目前,网络已经成为学生学习生活中不可或缺的一部分。高职院校思想政治理论课教育要做到与时俱进,就必须占领"网络课堂"阵地。

（一）建立思想政治理论课网络课堂是中央精神所决定的

高职院校思想政治理论课是对大学生进行正确的世界观、人生观和价值观教育的主渠道和主阵地，因此借助先进科学技术完善思想政治理论课教育手段，建立思想政治理论课网络课堂能更好地贯彻中央精神，使思想政治理论课教学落到实处。

（二）建立思想政治理论课网络课堂是改革传统思想政治理论课课堂所决定的

传统思想政治理论课课堂的特征是"一块黑板、一本教材、一支粉笔、一张嘴巴"，教材及教师讲授的理论听起来显得枯燥抽象。教师单向讲授，只是单纯灌输的过程。这种模式最大的不足就是缺乏吸引力和感染力。思想政治理论课网络课堂匠心独运，它集文字、图片、声音、影视资料于一体，具有图文并茂，视听并用，声情融会等特点，它用电子课件代替传统的板书，用电视教学片代替教师的讲解，有利于学生集中注意力，有利于提高学生兴趣，有利于双向交流，从而使思想政治理论课真正发挥育人的功能。

（三）建立思想政治理论课网络课堂是网络发展和学生的特点所决定的

邓小平曾说过："政治工作的根本的任务、根本的内容没有变，我们的优良传统也还是那一些。但是，时间不同了，条件不同了，对象不同了，因此解决问题的方法也不同。"21世纪是网络化、数字化的时代，网络技术快速发展，网络具有更先进的特点，可以同时传输文字、图片、声音，网络信息涉及政治、经济、文化、科技、体育、卫生等领域，它开阔了人们的眼界，活跃了人们的思想，使思想政治教育形式发生了很大变化：①由课堂延伸到课外，由于网络不受时间限制，教师可以随意安排时间进行学生思想政治教育工作；②由校内延伸到校外，由于网络发展教师可以走出校园到校外了解学生关注的热点、难点、疑点问题；③由国内延伸到国外，网络的出现使教师不再局限于国内信息，可以放眼全球。另外，高职院校是全社会信息化程度最高的场所，大学生群体是与互联网接触最紧密的群体，学生对上网有一种强烈的好奇心，上网时情绪特别好，精力较集中，没有老师在场的压抑感，因此学生在思想上更容易接受"网络课堂"的形式，其中主要原因是：①高职院校大学生是网络发展时期成长起来的，习惯于网络形式的信息交流；②网络交流比传统课堂交流更具有个性化、私密性的特点，有利于师生之间进行思想沟通。

三、思想政治理论课网络课堂开设的作用

开设高职院校思想政治理论课网络课堂有如下几个作用：

第一，可以充分利用网络技术，改革思想政治理论课教学手段，使思想政治理论课教学具有吸引力、富有实效性。利用先进科学技术，把网络与思想政治理论课教学结合起来，突破传统思想政治理论课教学模式，形成师生远程互动、实时对话的交流平台，实现网上、网下互补的思想政治理论课教学的新局面，达到提高思想政治理论课教育针对性、时效性的目的。

第二，可以整合网上思想政治理论课教育资源，从而克服传统思想政治理论课教学资源缺乏的弱点。网上思想政治理论课资源十分丰富，覆盖政治、经济、文化、外交、体育、卫生、军事等方面，有效地利用网上资源，有助于增强思想政治理论课教学的感染力和说服力。

第三，可以提高大学生学习思想政治理论课的兴趣，提高大学生参与思想政治理论课教学的频率，扭转思想政治理论课教学的被动局面。思想政治理论课网络课堂，以其教学内容丰富、教学手段新颖、教学方法多样等特点吸引着广大学生，使思想政治理论课教学增强了吸引力和感染力。

第四，可以充分发挥网络的优势，克服高职院校思想政治理论课师资不足和教育手段落后的缺陷。网络资源丰富，网络教育范围广泛，同时思想政治理论课网络课堂开设的成本小，信息更新快，易操作，易管理，有助于克服师资不足和教育手段落后的弱点。同时可以弥补思想政治理论课教师与学生接触机会不是很多的缺陷。

第五，可以作为思想政治理论课教师授课的辅助工具，增强思想政治理论课教学的力量。传统思想政治理论课教学只能利用课堂来进行。随着网络的发展，对传统思想政治理论课课堂教学模式进行改革成为必然趋势。利用网络技术建立思想政治理论课网络课堂，可以增强思想政治理论课的教学力量。

四、思想政治理论课网络课堂开设的方法和途径

思想政治理论课网络课堂是随着网络技术的发展和学生自身发展的需要而建立的，开设思想政治理论课网络课堂可采取的方法如下：

第一，提高认识，改变观念，高度重视开设思想政治理论课网络课堂的作用。思想政治理论课网络课堂是进行思想政治理论课教育的新阵地，也是新形势下学生特别喜欢的形式。只要在网络课堂中提高思想道德和科技文化的含量，就可以让大学生在潜移默化中接受教育，达到"润物无声"的效果。因此，我们必须改变观念，提高对思想政治理论课网络课堂作用的认识。

第二，按网络要求设置思想政治理论课课程，重视思想政治理论课电子教材

的运用，在内容设计上突出重点难点疑点问题。运用现代教学手段，采用文本、声音等多种表现形式表述教学内容，力求整个课件动静相宜、声像结合、图文并茂，使学生获得直观、生动、具体的体验，促进学生手、耳、眼、口并用，学会自主学习，激发学习的积极性、主动性和自律性。网络课件覆盖面广，习题丰富多彩，案例库全面，可以充分发挥网络优势，以文字演示为主，辅以声音解说、图表和照片，结合资料阅读与点评。

第三，重视交流、疏导、化解。教师不搞"一言堂"，不回避社会、网络上传播的负面信息，引导学生运用正确的观点分析这些现象，积极开辟第二课堂，融知识性、趣味性、思想性、娱乐性于一体，寓教于乐、寓教于学、寓教于管理，使学生在潜移默化中接受教育。

第四，建立思想政治理论课教育综合性网站。所谓"综合性网站"是指网站既有学术和专业内容，也有新闻、娱乐、交友、讲座、BBS论坛、心理咨询等板块，内容全面。综合性网站有助于吸引学生登录。思想政治理论课教育具有特殊的地位，不需要用更新潮的名字来命名。以网站为依托，由名师在网上授课。只要给学生很多实用的知识，网站就会办得很出色。

第五，内引外联，扩大思想政治理论课网络覆盖面。思想政治理论课网站一方面与校园社团和学生网站建立友情链接，如湖南环境生物职业技术学院思想政治理论课教育网站可与含笑湖文学社网站链接，进行文档交换使用，从而使思想政治理论课教育深入学生的思想和活动领域。另一方面与名校校园网站链接，与其他高职院校达成网上课堂研究和资源共享协议。

第六，制定详细的网站制度和规程，确保思想政治理论课网站的安全。保证思想政治理论课网站政治性、思想性，严禁学生在网站上传播不良思想。建立和完善监控机制，防止不良信息向学校传输。思想政治理论课网页设置主要栏目有课程设置、精神家园、教学改革、答题解惑、原著导读、试题汇编、专题讲座、时政热点、马列研究、聚焦伟人、影视回放、讨论专栏、焦点话题、休闲一刻等各其功能又相互联系的栏目，主要内容包括马克思主义的经典著作、中国共产党的历史及党的文献、改革开放的成就及党的方针政策、理论动态和难点热点问题、中共党史人物、革命英烈及英雄模范人物的生平事迹、有关革命文物和纪念地、国际时事等。

第三节　基于翻转课堂的高职院校思想政治理论课教学实效性拓展研究

一、翻转课堂的内涵及其特点

翻转课堂是由"Flipped Class Model"翻译过来的术语，也被称为"反转课堂式教学模式",简称翻转课堂或反转课堂、颠倒课堂。传统教学模式的特点首先是老师在课堂上讲课,之后给学生布置作业的学习过程。翻转课堂与传统的课堂教学模式不同,是颠倒过来的模式,先布置任务,让学生在家完成知识的学习,遇到学习的疑难点以后再回到课堂中进行学习。翻转课堂教学模式的课堂是师生之间互动的场所,在这个场所中教师解答学生自学中的困难,交流学习心得,拓展学习的深度,从而达到更好的学习效果。

翻转课堂的特点是鲜明的:首先,翻转课堂不同于传统的教学模式。以教师为中心的传统的教学模式,是根据教师的教学计划安排课程学习内容,学生仅需根据教师的步调在课堂上学习新知识,在课后运用学到的知识和技能自主学习。而翻转课堂则是让学生课前自主学习,课堂中教师因材施教,帮助学生掌握和运用在课前学到的新知识与技能。其次,翻转课堂颠倒了传统的教学理念。目前不少课堂里依旧是"以教师为中心","以学生为中心"很难落到实处,而颠倒课堂做到了真正的"以学生为中心",做到了"因材施教"。再次,翻转课堂颠倒了教师和学生的角色。传统教学中,知识的拥有者和传播者是教师,而学生是被动地接受学习。但在翻转课堂里恰好相反,学生是主动地自主学习,教师是根据学生的学习情况有针对性地进行个别指导。最后,翻转课堂颠倒了传统的教学模式。学生在传统教学中有依赖心理,依赖老师在课堂上传授知识。而翻转课堂则巧妙地运用在线学习与面对面的教学,采用混合式学习模式来学习新知识与技能,并且将其应用和迁移有机地结合起来。

二、翻转课堂的推广价值

第一,翻转课堂可以满足我国高职教育创新体系建设的需要,满足大学生的学习需要。翻转课堂翻转了传统的教学理念,真正做到了"以学生为中心",因材施教。教师不是讲台上的主角,而是配角。翻转课堂实现了从"关注理论"到"关注学生"、从"课上"到"课下"、从"教"到"学"、从"传统教学"到"创新教学"的转变。翻转课堂更加注重学生互动,注重学生实践,注重学生主动学习,注重学生合作学习,注重学生独立思考。

第二,翻转课堂适应了教育信息化的国际发展趋势。高职教育要通过教育信息化带动教育现代化,尽可能地使更多的大学生获得满足个人需要的个性化定制教育。最终实现大学生的自由和全面发展。翻转课堂的在线教学内容可以被永久保存,可供学习交流查阅更新修改。国外大量网络教学资源的涌现,促进了翻转课堂的发展。当前,国家也在做顶层设计,分别就未来国家教育改革和教育信息化等问题进行总体战略部署和具体定位,以新思维应对这个信息技术高度发展的时代。

第三,翻转课堂采用微课、数字化信息交互平台,将知识理论转化为生动的实践运用，可以有效地提高课堂的吸引力和参与度。近年来，我国也陆续举办了微课大赛，推进公开课、精品课程建设网站、爱课程网等的建设与应用，积极推动我国高等教育信息化的发展。

三、引入翻转课堂的途径

如何让思想政治理论课课堂活跃，摆脱理论性强、枯燥、洗脑的思维定式，让学生积极主动融入课堂学习，这是所有高职院校思想政治理论课教师面临的共同课题，因此要在充分了解和把握翻转课堂的基础上，找到翻转课堂与思想政治理论课程相通的契合点，制订思想政治理论课堂翻转方案和严格的课程制度，精益求精地完善知识学习过程中的每个细节，吸引学生在"宜居"的学习生态中持续投入、不断学习。

（一）课下在线学习实践设计

课下在线学习设计包括整合思想政治理论课教学内容、确定教学目标、知识点微讲授、布置作业和任务项目、学生学习情况监测五个环节，具体包括制订新的人才培养方案，整合学习内容，制订新的课程标准和授课计划表，组织思想政治理论课教师集体备课，分工合作，搜集资料，明确教学信息，重构学习流程，创建短小精悍清晰的教学微课视频，上传学生学习资料、布置作业、制定任务项目、复习检测等内容。要考虑思想政治理论课教师的执教能力和不同专业班级的差异，以适应不同学生的学习需要。学生在课下通过网络在线学习微课视频，浏览学习资源。学校提供数字化教学平台并做好维护工作。教研室组织教师共同创建课程学习网站，及时监测学生学习动态和学习效果，在线答疑等。建议可先制作一门课程进行试点，通过效果验证后再进行其他课程推广。

（二）课上合作交流设计

课上合作交流模块包括互动交流和评价反思两个环节。把翻转课堂与任务学习结合起来，通过任务驱动、问题导向、行动引导、探究学习，课堂上更多的时间用于组织学生进行新闻播报、问题评论、辩论赛、主题演讲、模拟法庭、小型讲座会议、角色扮演、个别辅导等，学生根据在线教学中老师布置的任务主题，在课下收集大量资料，拍摄视频短片，通过走访、社会调研和"三下乡"社会实践等方式完成调研报告、微采访、微电影并在课上展示汇报点评，让学生成为课堂的主角，让学生动起来。学生也可以建立学习团队，自己设计交流内容和互动话题，提高学生的积极性和课堂把控能力、提高学生信息化学习能力、翻转学习能力、行动学习能力、独立思考和解决问题的能力；提高学生沟通和团队合作能力；提高学生道德素质和政治素养；提高学生政治敏锐度，增强社会责任感。构建有成效的课堂交流，实现合作共赢。

四、翻转课堂教学模式的探索

第一，深刻解读翻转课堂，充分考虑学科适应性和学生发展规律。高职院校思想政治理论课翻转课堂应慎重对待，要抓住翻转课堂的关键点，不能为了翻转而翻转。要在充分理解、研究翻转课堂的内涵，以及是否适应思想政治理论课课堂后再进行实践操作，不能念歪翻转课堂这部经。翻转课堂要想取得理想的教学效果，必须充分考虑学科的适应性和"00后"大学生的身心发展规律。其实，高职院校思想政治理论课课程改革中真正难啃的硬骨头是大学生的向学之心。如何提高当代大学生自主学习能力，如何提升当代大学生学习思想政治理论课的自觉意识和自信意识，如何提高当代大学生的政治敏锐度和明辨是非的能力是思想政治理论课教师一直在探索、一直需要攻破的难题，当然也涉及思想政治理论课教师整体的教学能力、良好的道德水平和较强的责任意识的提升，更关系到国家高等教育体制改革。当然，无论使用何种教学方式，都要先了解当代学生的学习需求。

第二，转变观念，做好师生角色转换。除了课堂结构，更重要的是转变观念，要树立思想政治理论课教育变革的坚定信念，做好师生角色转换。从学生角度来看，翻转课堂的模式是否真正解决了因材施教的问题还有待观察，不能"一刀切"。翻转课堂虽然将学习的主动权给了学生，但应意识到我国高职院校学生在传统教育束缚下不善于独立思考和依赖性强等状况会直接影响翻转课堂的效果。翻转课堂的教学效果尚需较长时间的检验。翻转课堂对教师的挑战也很大，教师必须走出过去传统的教学模式。对教师而言，首要的挑战是提升教学能力，这无形中给予了教师巨大的压力，使其需要付出更多的精力，必须要做出足够好的课程。教师不能固步自封，要设计课堂，引导学生主动学习、主动交流、主动思考、主动寻求答案。

第三，建立强大的师资队伍和教学评价体系以带动思想政治理论课翻转课堂建设。翻转课堂首先应该是教师的翻转，翻转课堂对教师要求更高。教师要摆脱传统课堂的教育负担、痛苦和压力，授人以鱼不如授人以渔，给学生知识，不如给学生方法，教师要向导师转变。教师要善于使用在线教育平台指导学生。当然，翻转课堂建设仅靠个别教师是难以完成的，必须充分发挥整个教研室的团队合作精神，共享优质教育资源信息。组织教师参加专业系统的培训，以老带新，加强对年轻教师的指导，使思想政治理论课教师全面了解翻转课堂的内涵，把握翻转课堂的教学规律，不断提升学习能力，增强高等教育信息化素养。

第四，适合自己的才能做好，注重中国特色，不能完全照搬照抄。鞋子合不合脚，只有脚知道。网络信息化形势下还有很多挑战，同时还存在很多局限性，需要更多专业人士参与。未来教育的发展中，课程体系、知识结构或教育结构是否也要相应地做出调整也值得商榷。我们要以新思维应对网络信息化时代，以教育信息化带动教育现代化，让教育产生革命性影响。翻转课堂出自美国，能够被广泛学习和推行，是因为有能使其茁壮成长的土壤。翻转课堂能否与我国高等教育教学相契合，实现翻转课堂中国化还有待进一步研究与探索。高职院校思想政治理论课翻转课堂的建立不能完全模仿，更主要的是学习国外的敢于创新的精神，在不断借鉴和学习外国先进经验的基础上，主动探索我国的高职教育教学改革，全面提高我国高职院校思想政治理论课教学的吸引力和实效性。

五、翻转课堂的应用实践

第一，研究掌握学生的思想特点，运用翻转课堂方式在课堂上可以有针对性地开展思想政治教育活动。现在"00后"的大学生大部分都是独生子女，自我意识强、合作意识差、抗挫能力弱，采取传统的强压式教学模式会适得其反。鉴于学生思想多元化的特点，利用翻转课堂采取"个性化"思想教育方式。"个性化"就是针对不同个性的学生，采用不同的教育和管理手段，促使不同学生个体之间形成优势互补、取长补短，促进学生个性优化并和谐的发展。在翻转课堂中，学生可以根据自己的学习情况提出个性化问题，老师逐一解答。

第二，多调查了解学生当前关心关注的问题，针对学生感兴趣的话题进行探讨，使学生不爱逃课，爱"淘课"。高职院校中有少部分大学生是典型的"逃课王"，总会找各种理由逃课，辅导员也做了很多思想工作，但都没有效果。对于此类学生，可以采取多方调查的形式了解他们关心关注的问题并以此作为切入口，做到"课中无课，心中有课"，让他们多接触国外名校的精品视频公开课，从探讨人生开始学习，比如哈佛大学泰勒·本·沙哈尔教授的《幸福课堂》。通过这样的课堂学习可以了解人生应该如何追求幸福，从而端正自己的学习生活态度。

第三，利用翻转课堂方式加大宣传力度，将精品视频公开课引入高职院校思想政治教育课堂，扩展学习范围。精品视频公开课的引入，已经让思想政治教育不局限于本校学习，还包括了国内各高职院校之间的学习，甚至引入了国外名校的公开课，开放引导学生到世界名校公开课中寻找人生答案，如包括《幸福》《人性》《西方世界的爱情哲学》等在内的网络视频，给高职院校大学生带来近距离接触世界名校的机会。对于他们来说，精品视频公开课带来了全新的课程和思想，不仅增长了见识，还弥补了因为种种原因不能到世界名校学习的遗憾。

第四，运用翻转课堂方式丰富实践教育，引导学生学以致用。在翻转课堂中，学生不仅只是满足于课堂的学习，更多的是参加社会各个方面的实践，让学生多加思考、树立正确的人生观。实践主要包括校园内实践和校园外实践两种形式。在校园中，鼓励他们多到图书馆查资料，到心理访谈中心去放松心情，到网络中看思想政治教育的精品视频公开课等；在校园外，多关注来自生活中、网络上、报纸杂志上、电视广播中的事件，在课堂上一起分享和探讨，既可以开阔视野，也可以正确引导学生对社会中不良现象的看法，及时发现和解决问题。

第五，翻转课堂方式基于高职院校思想政治教育建立健全保障机制。面对多元化社会，思想政治教育必须多元化。高职院校思想政治教育不仅仅是思想政治理论课教师的事情，思想政治教育队伍不仅只限于辅导员队伍，多元化主要体现在思想政治教育不能局限在思想政治教育课堂上，而应该和本校学工处、教学系部、心理访谈中心、图书馆、现代教育技术中心等部门紧密联合，建立健全保障机制，打造一个多元化的思想政治教育环境，形成良好的文化氛围，让学生真正在学习工作生活中潜移默化地接受积极向上的思想热潮。通过翻转课堂的学习，转变教学模式，学生可以根据自己的学习情况进行选择性学习，同时可以和教师很好地交流互动，使得高职院校思想政治教育变得生动有趣。

第四节 基于微信的高职院校思想政治理论课教学实效性拓展研究

中共中央、国务院办公厅印发的《关于进一步加强和改进新形势下高职院校宣传思想工作的意见》中明确提出："要创新网络思想政治教育，开展高职院校校园网络文化建设专项试点工作，建设一支由学生和青年教师骨干组成的网络宣传员队伍，推进校园微信公众账号等网络新媒体建设。"这表明思想政治教育工作已开始向网络化发展。作为思想政治教育工作宣传的重要依托平台之一，微信平台拥有强大的优势。

一、微信的基本内涵及其特点

微信目前的注册号分成两种，一种是针对普通用户的个人微信号，还有一种是针对个人和企业认证用户的公众号。普通个人用户通过朋友圈用户数量的增长可以使微信变成小众甚至是大众媒体，一些公众微信号的订阅和服务用户已经超过百万，其大众传播属性和影响力已经十分明显。越来越多的传统媒体在微信上建立了自己的微信公众号，微信成为传统媒体进行全媒体平台转型的"新宠"。

微信短时间内取得如此辉煌的成绩与其客观特性发挥的重要作用密切相关。微信作为一种更快速的即时通信工具，具有零资费、跨平台沟通、显示实时输入状态等功能，与传统的短信沟通方式相比，更灵活、更智能，且节省资费。具体而言，微信的主要特点有：

第一，网络社交支出成本较低。通过相关资料显示，我国网络信息流量逐年递增，并成为信息流量使用最大的国家，这为微信的免费聊天功能奠定了使用基础。传统的网络社交软件，通常被开发商设置了较高的使用限制，成本高，而微信可以通过计算机或手机客户端直接免费下载，而且使用过程中只会收取低廉的流量费用，因此通过微信开展社交活动的成本自然非常低。

第二，微信的传播有效性更高。微信用户来源基于已有的QQ好友信息列表，同时还可以实现跨平台的好友添加，微信用户可以通过访问手机通讯录、扫描二维码、微信号码或昵称搜索等方式来添加已开通微信业务的朋友和家人。微信建立起来的人际网络是一种熟人网络，遵循信息的"一对一"直线传递，更有针对性，更精准有效，信息传达率更高。手机是用户随时都会随身携带的工具，借助移动端优势，用户可以随时随地浏览信息传递消息，碎片化的时间得以充分利用。微信的用户手机绑定、信息群发、触发彩蛋、相册功能、朋友圈和微信应用平台等，大大扩展了信息传播的横向纵向空间，以娱乐性、大众化保障了相关思想文化信息的有效传播。

第三，情感表达、沟通和分享更及时、便捷。新媒体相比传统媒体的一个显著特点就是移动互联网技术的应用。微信适应了移动信息网络技术发展的需要，其最大的特点是沟通方式的变革带来了更好的互动性。它帮助人们实现了在有信息网络的任何时间、任何地点，都可以即时进行拍照、点评，记录自己的情感、生活。同时，微信特有的对讲功能，使得社交不再限于文本传输，而是图片、文字、声音、视频的多样媒体传播形式，更便于分享交流自己的所见所闻。就大学生而言，随着微信社交软件的不断更新，其结合成熟的网络信息技术和社会交流现实，形成了大学生个人意志表达和情感交流的最流行的移动平台，为大学生自身成长成才提供了一条全新的具有挑战性的道路。

二、微信对高职院校思想政治教育的影响

作为一种新生的技术力量，微信是当今大学生普遍使用的社交媒体之一。根据腾讯官方公布的信息，微信用户年龄和职业分布中，20岁到30岁的青年占了74%，其中大学生占了64%。微信是一把"双刃剑"，在实现其强大服务功能、给大学生思想政治教育提供难得机遇的同时，也给大学生的学习生活和人际交往带来一些负面影响，成为高职院校思想政治教育工作者必须面对的新挑战。

（一）微信给大学生思想政治教育带来的新机遇

微信作为一种网络文化现象，由于其独特的自主性、时效性、共享性和平等性满足了大学生个性发展的需要，成为大学生开阔视野、更新知识、提升能力的重要渠道，同时也对大学生的思想观念与行为方式产生了重大的影响。一些思想政治理论课教师、高职院校辅导员、班主任纷纷开通微信账号，借助微信平台，挖掘丰富的思想文化资源，积极主动地传播正确的思想、言论，突破了场所与环境的限制，也易于被大学生接受。同时，微信具有较强的互动功能，大学生可以随时对某一新闻事件进行评论、交流，这有利于实现大学生之间以及师生之间的

双向交流和情感互动，而有效的沟通能在认识上产生认同，情感上引发共鸣，思想上实现升华，从而实现正确舆论主导和正能量的强效传播，达到其他手段所不能达到的育人效果。

（二）微信给大学生思想政治教育带来的新挑战

在智能手机、iPad 等移动终端日益普及的今天，微信具有的文字、图片、语音、视频等立体化传播方式以及更加灵活、无时空限制的位置服务功能，为大学生们提供了方便、快捷的互动交流方式，特别是"对讲机"式的聊天方式让沟通变得更加有趣、实用。微信增加了大学生的信息交流量，扩大了人际交往范围，增加了大学生敞开心扉、与人交流的空间与机会，使大学生的社交意识、社交愿望不断增强，社交生活变得更加丰富。微信在吸引大学生、渗透大学生生活的同时，某种程度上也侵占了他们的碎片时间，使他们渐渐忽视了现实中的人际交流。如今，无论是大学的教室、图书馆还是餐厅、运动场，"低头族"的身影无处不在，低头玩手机俨然已不只是一种现象，而更像是一种生活方式，每天去微信的"朋友圈"里"逛一逛"，成为大学生生活中不可或缺的一部分。这种对微信的过度投入和沉浸，容易加重大学生对网络社交的依赖度，与现实生活越来越远。如果一味沉迷在虚拟世界里无法自拔，则必然会逐渐把自己封闭起来，隔断与现实世界的联系，有碍对现实问题的处理。特别是微信与互联网紧密相接，微信的零门槛、密集化、随意化、私人化而"信息过滤网"缺失，使各种社会思潮和价值观念无障碍地大量涌入。网络信息良莠混杂，网络中的不良信息很容易透过微信渗入我们的生活，潜移默化地影响大学生的健康成长。大学生由于阅历浅，好奇心强，思想不成熟，对一些有害信息往往缺乏警惕性和辨别能力，容易受到负面的、阴暗信息的腐蚀，并在一定程度上诱发他们的认知偏差和价值偏离，从而影响对社会主义核心价值观的学习践行，甚至对核心价值观产生怀疑和动摇而误入歧途。此外，为了在添加好友的时候更容易被老朋友认出来，大学生往往会使用自己的真实姓名、照片头像、联系资料来申请账号。不少人更是喜欢将穿衣、吃饭、交友、聊天、应酬，甚至偷拍、偷录的内容上传到微信中，这在有意无意间超越了道德甚至法律的"界限"，给他人带来伤害，也给自己平添麻烦，甚至带来人身危害。手机微信"身份验证"功能薄弱，一旦大学生的微信账号被盗，注册时的许多真实有效的信息容易被不法分子利用。强化对涉世未深的大学生进行相应的安全防范教育是高职院校思想政治教育工作者一个迫切需要解决的问题。

三、利用微信加强高职院校思想政治教育的对策

微信的出现给大学生思想政治教育带来了挑战，如何积极应对微信的挑战，充分利用微信的优势开展思想政治教育工作显得尤为重要。

（一）构筑大学生思想政治教育工作的微信平台

面对大学生普遍使用微信的现实，我们要积极作为，改进教育方式方法。加强科学疏导和平等交流，积极利用微信，使其成为工作的新平台和新载体，抢占思想政治教育和主流思想文化宣传的制高点，确保大学生身心健康成长。为此，高职院校及高职院校各部门应建立专门发布与学生学习生活工作相关的信息的微信圈，利用微信更好地服务学生。辅导员、班主任和思想政治理论课教师也要通过建立完善的微信平台，为及时与学生进行沟通交流，进而更好地宣讲党的路线、方针、政策和开展教育引导工作提供保障。

（二）不断完善微信管理制度建设

要进一步制定相关的法律法规加强对微信的监督、管理和规范，完善大学生微信应用的外部法律环境。要建立大学生的微信管理信息交流与意见反馈制度，不断改进对大学生使用微信的管理水平，充分发挥高职院校与微信运营商的管理、监督职能，做好正面信息的引导和有害信息的过滤工作，阻止各种不良网络信息进入校园，真正建立起网络安全的"防火墙"。学校要建立大学生的微信管控制度和舆情信息研判制度，收集、分析和管理学生使用微信的相关信息，通过微信了解学生的思想动态，做好微信热点难点问题的处理和舆论引导工作。

（三）加强大学生思想政治教育队伍建设

和学生相比，大学生思想政治教育者对微信的了解和掌握程度明显不足，尤其是年长的教师没有开通或者即使开通微信也不会很好地使用，不能与学生的思想发展保持同步。针对这种情况，从事思想政治教育工作的干部和教师在思想认识上，要提高对微信等即时通信工具平台的重视。要学习微信知识，了解微信的特性、功能及其传播优势，努力掌握驾驭微信等新媒介的技能，转变工作模式，密切关注学生动态，关注他们的具体现实生活，将工作做到细处，深入生活细节，融入日常生活。要学会把思想政治教育和微信技术结合起来，解决微信条件下思想政治教育工作面临的挑战和问题。通过微信发起和组织丰富多彩的虚拟和现实世界的思想政治教育活动，虚实结合，创新思想政治教育的内容和形式，吸引大学生的注意力，利用微信作为工作的新平台和新载体，抢占网络思想政治教育阵地。

（四）加大对大学生教育引导力度

微信的多样化功能，固然丰富了当代大学生的业余时间，也使他们感受到了更多、更精彩的掌上娱乐。但面对微信这个有着双重影响的新事物，要培养大学生自身良好的信息分辨能力和正确使用微信的理念。引导大学生树立正确的价值观，在获取信息的时候自觉远离不良信息，以避免其对自身造成不必要的伤害。

要教育引导学生对微信有一个客观理性的认识，既能利用其通信、交友、娱乐等功能丰富我们的生活，但又不能让微信主导我们的生活。通过教育活动，要让学生在具体的使用过程中遵守道德操守和行为规范，不利用微信去做违法乱纪的事情。同时要增强大学生自我保护意识，合理安排时间，不依赖、沉溺于网络而荒废学业，合理调节与控制自己的行为，拒绝做"低头族"，而要做一名文明、理性的微信使用者，过更加绿色健康的生活。总之，微信是一款新兴的即时通信软件，而大学生是其主要使用群体之一，微信的出现对当代大学生的生活和学习产生了巨大的影响。只有深入研究分析微信对大学生思想政治教育的影响，提出相应的对策，才能够发挥微信这个新的社交媒体的优势，将高职院校思想政治教育工作推向新的高度。

第五节 基于"慕课"的高职院校思想政治理论课教学实效性拓展研究

在信息全球化的今天，基于互联网技术的发展和"开放共享"理念的传播。开放教育资源（Open Educational Resource，OER）运动成为全球教育发展的重要趋势。可以说，"慕课"是开放教育资源运动的新发展和新突破，体现了开放教育资源从单纯资源到课程与教学的转变。今天，以 Coursera、Udacity、edX 等为代表的"慕课"。以其高质量课程内容、短视频设计、新型测评方式、大规模学习者群体、强辐射性等特征，引起了教育、科技、商业等领域的关注。慕课的产生推动了全球开放教育运动的新发展，标志着人类文明传承和知识学习方式将发生革命性的变化。那么，作为国内大学必修课程的思想政治理论课，如何去适应"慕课"所引发的教育变革，抑或说，这一场基于网络的教育改革和创新，又会为思想政治理论课带来什么样的挑战和机遇？

一、基于"慕课"开展思想政治理论课的紧迫性和必要性

技术的进步在现实中改变着教育的方式，并促进教育的革命。互联网技术的发展与普及，其意义在一定程度上并不亚于蒸汽机带来的影响全球的工业革命，而以互联网为代表的信息技术已经延伸到教育领域。从早期的采用多媒体方式进行教学，到现如今的"慕课"在全球遍地开花，我们深切感受到技术变革给传统教育带来的挑战和机遇。作为意识形态工作的重要领域，高职院校思想政治理论课必须与互联网技术相结合，积极参与教育领域的技术变革，变被动为主动，变消极为积极，让互联网和信息技术的发展更好地服务于思想政治理论课的发展和马克思主义在青年大学生中的传播与影响。而基于"慕课"改革思想政治理论课，更重要的原因在于占领和巩固意识形态阵地的紧迫性和必要性。

"冷战"虽然已经结束，但在文化教育领域对意识形态的文化渗透和侵蚀从未

停止。西方国家凭借强大的资金支持和先进的科学技术，在文化领域对社会主义国家的意识形态进行解构。在经济全球化的背景下，西方国家最为看重的就是在意识形态领域的争夺，互联网无论在技术上还是话语体系上，都是被西方主导甚至垄断的。在这样的条件下，"慕课"的发展必然会对我国的教育特别是思想政治教育带来巨大的冲击。

随着互联网技术的发展和大规模的应用，互联网技术、人工智能技术已经深入大学校园。在校园里，笔记本计算机、智能手机等几乎是每个大学生的必备工具，微博、微信、人人网等"微平台"已经成为大学生获取信息、了解世界的主要渠道。但这些"微平台"上传播的内容与传统媒体传播的内容有很大的出入。而所谓的公共知识分子以及一些与我国主流意识形态不一致甚至相左的观点往往在"微平台"上占据主动的话语权。有研究者认为，在微博上有三种思潮需要引起重视，即政治上的宪政主义、经济上的新自由主义和历史上的虚无主义。有学者提出："微博等互联网平台的出现，为各种社会思潮的传播和交锋提供了新的媒介和技术条件。无须谈虎色变，但必须注意把握社会思潮交锋在我国的特殊内涵和意义。"

高职院校是党和国家意识形态工作的前沿阵地，思想政治理论课作为高职院校意识形态工作的第一课堂和最前线，必须用更加积极主动的态度应对"微时代"的各种变化，适应新技术引发的教育变革。传统的话语内容与宣传方式逐渐对"00后"大学生失去了吸引力，甚至产生了副作用，良莠不齐和纷繁芜杂的微博内容分散和转移了他们对我国社会主义主流意识形态的关注视线。要对思想政治理论课进行适当的改革以及与"慕课"的配合，就必须要先了解微博等自媒体的传播特点。以微博为例，自其诞生以来，便以其积聚的网民数量、多样化的发布方式、裂变式的传播速度、强大的信息渗透、强势的舆论引导、广泛的即时交流等特点，在我国得以迅速发展。微博的迅速发展塑造了新媒体时代的传播模式，同时也改变了媒介生态，大大缩小了信息传播的时空界限，将新媒体传播效能更大化，深化了人际传播、群体传播、网络传播的内涵，其自主传播个性日益明显。简而言之，"微时代"的传播有以下特点：多终端互联、发布方式多样化；信息的传播脱离了传媒机构；碎片化的信息、不完全语境下的信息理解；广泛的即时交流；议程设置更容易、强势的舆论引导。

在这样的背景下，思想政治理论课面临着诸如轻松活泼的内容需求与刻板严肃的理论之间的矛盾、多元对话的表达需求与统一单向的理论灌输的矛盾、生活休闲的形象需求与庄重正式的形象塑造之间的矛盾等挑战。虽然"翻转课堂"能够在一定程度上应对这样的挑战，但由于高职院校学生现在已经在很大程度上受社会上碎片化生活的影响，很多时候也习惯了碎片化的生活方式：学习和工作并不一定是在课堂上，可以是拿着计算机或智能手机在公交车、地铁上，也可以是在会议或活动的间隙，学生需要在各种场合"抽空"来学习。同时，信息时代的"快"不仅仅体现在知识的更新速度上，同时更体现在信息的传播速度上，学生为了适应这种"快"，会采用更为便捷的学习和阅读方式。而反观现在的思想政治理论课教学，通常是数百人的大课堂，在这样的课堂中，不可能安排每个学生来发言或者参与课堂互动，教师基本采用一讲到底的方式，而学生能否有效地学习吸收知识，则几乎无法进行有效地考察。从上述分析中已经不难看出，微博、微信等新的社交媒体的出现，已经让人人都有了"麦克风"。有研究表明，现在的微博依然是一些"大V"的天下，而这些人中的许多人正是宪政主义、新自由主义和历史虚无主义的鼓吹者，在这些人的影响下，青年大学生如何能获得正确的价值观？微平台已经成为舆论的又一个中心，如果正确的舆论不去引导，则必然后患无穷。思想政治理论课作为青年大学生意识形态工作的重心，有责任在互联网的舆论场上占据优势地位。在"慕课"平台开设思想政治理论课则是一种有益的尝试，一方面是占领舆论阵地、引导青年大学生树立正确导向的需要；另一方面则是适应现代化教育变革的需要。

二、基于"慕课"的高职院校思想政治理论课开展的意义

思想政治理论课是马克思主义传播的重要渠道和途径。众所周知，马克思主义作为无产阶级解放和全人类解放的理论工具，本身就具有大众化的特征和内在要求，而互联网的广泛使用和快速发展，则为马克思主义的更广泛传播提供了有力的技术支持和保障。可以说，基于"慕课"改革思想政治理论课是马克思主义大众化的新渠道和新途径，是思想政治教育工作的新尝试和新突破。

不可否认，互联网和信息技术的发展已经深入教育的各个领域，从象牙塔里的实验室走向了普通课堂。伴随着互联网和信息技术的发展，教育和教学在方式以及理念上也必然会出现一些新变化。许多同学反映，一些思想政治理论课在同学们心目中是"满堂灌"式的说教，但一些教师和学者已经尝试着将多媒体技术和"翻转课堂"的教学模式引入思想政治理论课的课堂，取得了较好的教学效果。在思想政治理论课课堂上，少数教师不分析学生的心理特点，不了解学生的学习兴趣与动机，不掌握学生的思想状况，不联系学生在学习生活中遇到的问题，不能帮助学生将理论与现实生活相结合，这种教学方式，实际上是忽视和背离了马克思主义大众化的特点和基本要求。马克思主义的生命力源于它是科学的理论体系，在人民中广泛传播并得到认可。为了使现实中的思想政治理论课更加有效地在学生中传播马克思主义，让学生们认同并接受马克思主义，教学方式亟须改进。基于"慕课"平台开设思想政治理论课，在一定程度上能够解决这个问题。"慕课"的大规模、开放式、在线的特点，在一定程度上加速了知识传播的速度、深度和广度。在"慕课"的平台上，虽然传统的教室变成了线下的自主学习，但学

习的要求并没有降低。学生们要拿到相应的学分。必须严格按照既定的程序学习相关的演示文稿、视频等内容，而学习过程中，课程制作者会设计若干相关题目供学生自测，只有在回答正确的情况下，学生才能进行下一步的学习。而基于大数据技术的应用，每个学生的学习进度将会被记录，每个学生都能在了解个人的学习进度的同时与其他同学进行比较。

  首先，将思想政治理论课与"慕课"联系在一起符合马克思主义大众化的需要，"慕课"及相关技术为马克思主义大众化的传播，尤其是在青年大学生和群众中实现有效传播搭建了一个网络化和信息化的平台。其次，现在大学生基本上离不开网络，绝大部分信息都是通过网络来获取而不是通过传统的教科书、报纸、广播电视等媒介来获取，将教学内容网络化是技术发展和社会进步的必然选择，自然，思想政治理论课也不例外。最后，"慕课"可以通过相关程序的设定，使思想政治理论课的内容更符合学生的学习习惯，有利于学生学习、吸收和消化知识。"慕课"为思想政治理论课提供了新的更为广阔的平台，通过一系列的技术手段，课堂不再受到时间和空间的限制，学生可以随时随地学习，通过一系列的测试，又能保证学生的学习效率和效果。

三、基于"慕课"的高职院校思想政治理论课开展的方法与路径

  "慕课"为思想政治理论课的变革提供了可能性和可操作性，如何将思想政治理论课与"慕课"结合起来以实现教育的目标和功能，一般认为要做到三个结合：线上教学与线下教学相结合、第一课堂的教学与第二课堂的活动相结合、纸质教材与电子教材相结合。

  线上教学和线下教学相结合，指除了学生的自主学习外，还应该借助翻转课堂等教学方式开展线下的教学活动，包括小班讨论、辅导报告等环节。学生的自主学习主要由观看视频、学习课件、完成作业、参加测试和线下见面、线上交流等几个环节组成。学习的第一个环节是学生通过优质教育视频来完成自我学习，而不是以往的通过阅读教科书来"预习"。这就要求教育机构能够提供相关的视频。在具体形式上，我们可以借鉴国外"慕课"的经验，采用微视频、云课堂等方式，将书本上的概念和理论形象化为音视频，而这些音视频既可以作为学生在课前学习的材料，也可以作为教师在课堂上为加深印象或总结而采用的材料。制作视频是"慕课"的第一个重要环节，视频可以在教师上课时直接录制，也可以采取其他的情景化的方式进行录制，但这种方式与以往上课的方式并不相同，必须采用不同的逻辑进行设计。简单而言，就是要将教学的内容拆分成一个个单独的知识点，而不是以逻辑线条串联起来的知识点组合，以方便学习者在不同的场合与时间进行学习。在思想政治理论课上，微视频可以是最近流行的"几分钟看懂……"等视频制作方式，比如，可以制作"十分钟读懂《资本论》""五分钟理

解剩余价值"之类的视频，将核心理论或概念通过形象化、生动化的表达，让学生更好更快地接受并消化。当然在观看视频的同时，也要采取相应的激励措施，例如采用答对题目后才能继续观看下一段视频等方式来督促学习者认真学习。学习课件则是学习者在观看视频的同时需要完成的内容，这需要教师将课件的内容与视频的内容同步设计并相互补充，提供参考书目和网站等。在观看完视频并学习了相关课件后，学生要完成一定量的作业，这里的作业难度通常会比视频中遇到的测试题目困难一些，也更能考察学习者的知识迁移和应用能力。这种作业对理工科的课程来说可能是解答一道题目或者编写一个程序，但对思想政治理论课程来说，可能是让学生用学到的知识来分析一个案例或者就某个观点发表自己的看法。例如，教师可以设计如"用剩余价值理论来分析为什么现在很多白领要加班""谈谈你对共同富裕与共产主义社会关系的理解"等问题。"慕课"给学习者和教师提供了更好的交流空间，很多教育者都坦言，中国的学生相较于西方的学生往往更愿意在线上与老师和同学进行讨论，而不是与老师在课堂上面对面进行讨论。"慕课"事实上给学习者和教师提供了更多的讨论空间，同时也给学习者提供了相互讨论的空间。在"慕课"中，教师可以在线为学习者答疑解惑，同学们也可以彼此交流学习经验，分享观点——这种互动和讨论对人文类课程来说尤其重要，很多时候不同的观点在网络空间上的碰撞就会激发出新的灵感和火花。而在线上的讨论与发言也可以成为学生最终成绩的重要组成部分。依照过来人网站等推广"慕课"教育机构的调查以及教学经验，有了分数的激励，学生会很积极地发言。同时这种交互平台上还可以有交流社区，社区交流中，学生可以看到自己的学习进度和其他同学的学习进度以及完成作业的情况，这样可以督促学生积极学习。但是，学生难免有一些问题难以解决，这就需要通过"翻转课堂"的方式进行解决。将翻转课堂的教学模式应用于思想政治理论课，一定要转变教学理念，从以"教"为中心转变为以"学"为中心。这一点有三层含义：第一层含义是从原来的以教师为中心的课堂转变为以学生为中心的课堂。这主要依赖于教师观念的转变，思想政治理论课的课堂不再是"满堂灌"，而是转变为以学生自主学习为主的学习课堂。第二层含义是将原来课堂上大部分用来讲授的时间变为以学生讨论、探究和自主学习为主。传统的思想政治理论课课堂基本上以教师的"灌输式"教学为主，学生的参与有限，难以做到让所有学生在每堂课上都能主动参与课堂教学活动，这也使教学效果受到了不利影响。但如果将翻转课堂的理念融入思想政治理论课的教学，学生在课堂上必须要经过小组讨论和共同探究等环节，这就迫使学生提高其课堂参与度，而这也能促进学生们思想激荡、观点交锋，相较于令人昏昏欲睡的灌输式教学，无疑提高了教学效果，促进了学生思考。第三层含义是要将培养学生的主观能动性、培养学生主动参与的精神融入教学中。思想政治理论课的一个重要特点就是与现实生活的紧密结合。翻转课堂的运用，能够在课堂这一学生学习生活最重要的平台上教给学生民主参与意识、合作互助精神等品格，相较于照本宣科的道德教育更有现实意义。总之，在"慕课"条件下，课堂不再是灌输知识和理论的地方，而是教师和学习者交流的平台，在这里，一方面是学习者与教师交流、答疑解惑的平台；另一方面更是学习者展示学习成果的地方。

第一课堂与第二课堂相结合，指将第二课堂的一些活动直接融入线下教学的环节，如社会实践活动、系列的专家辅导报告、辩论比赛、事实热点比赛、知识问答等，使得线下教学环节更加有趣、生动和多元。现在的大学生生活在更加丰富的世界里，他们有相当充足的学习和研究资源，这其中就包括了社会实践活动、专家讲座和报告等。实践活动是大学生了解社会的一个很好的途径。以清华大学为例，"马克思主义基本原理概论"（以下简称"原理"）课程安排在大二第一学期，正好承接了暑假全校大一学生参加的暑期实践活动。将"原理"课的内容与学生的社会实践相结合，能为学生提供相关的实践选题。同时，大量的学术报告和讲座也在大学中开展，学生平时大多是基于自己的兴趣选择性地听一部分讲座，但如果将一些与课程相关的讲座纳入课程的考核体系中，则会督促和激励学生去听讲座和报告，从而拓宽学生思路，丰富知识。此外，学生之间的交流也是学习的重要环节，在课程设计上，除了小组内的讨论与交流之外，还可以进行小组间的辩论赛，例如对马克思主义价值观和非马克思主义价值观分别进行准备的小组就可以针对一些具体问题进行辩论。辩论的过程中不仅使这两个小组成员收益，针锋相对、唇枪舌剑的辩论也会让课堂更有趣味，吸引学生的关注。同时，时事热点比赛和知识问答等活动形式也能达到类似的效果。

纸质教材和电子教材相结合，是指除传统的纸质教材外，还应该提供大量的电子教材和阅读材料，以满足学生线上阅读的需要和习惯。现在学生看书的时间远不如看计算机和看手机的时间多。在信息技术已经深入每个人每时每刻的生活中的条件下，我们很难要求学生去读系统性很强的教科书，相反，我们需要将系统化的知识体系拆解为单个的知识点，通过一些社交媒体发布。除了课堂展示之外，小组准备的展示材料和演示文稿也会放在社交媒体上供所有选课同学甚至没选课的同学一起学习和参考。此外，课程还可以借助微信公众平台发布课程消息，这其中既包括了一些知识点的基本内容介绍，也包含与知识点相关的争论等内容。在这样的情况下，学生可以随时随地接受相关知识，而不仅局限于第一课堂中。

四、"慕课"在高职院校思想政治教育中的应用

长期以来，如何增强高职院校思想政治理论课的实效性，一直是摆在教育界、学术界乃至宣传部门面前的一大难题。相比本科院校，高职思想政治理论课的教

学面临更大困境：高职院校思想政治理论课学习年限较短，课程体系不完整，师资力量薄弱，教改科研难以深入；学生普遍文化基础较差，学习热情不足，缺乏自律性。为扭转这一不利局面，有关各方也进行了不懈探索，但收效都不是很明显。

（一）教学资源：从有限资源走向海量资源

平台上云集了众多名校的大量课程与主讲教师，相关教学视频难以计数，涵盖了理工类、通识类、人文类等课程。学生人数上千万，无论身处全球任何角落，只要能够上网，就可以免费注册学习感兴趣的课程。

第一，为高职学生接受名校名师的教育提供了平台。思想政治理论课作为全国所有大学的必修课程，拥有庞大的教师群体，包括一些业内知名的专家学者，也不乏某些具有全国性影响的"明星"教师，其教学水平显然是现有的大多数思想政治理论课教师无法相比的。本科与高职思想政治理论类课程存在大量共性内容，如果随着思想政治理论类课程"慕课化"的进展，能够将更多名校名师的授课视频推上"慕课"平台，包括高职生在内的所有大学生，就可以如临其境地感受名师风采，分享国内最顶尖的教学资源，从而更好地实现教育公平。

第二，应该尝试开发高职院校思想政治理论课自己的"慕课"。高职院校具有自身的特点，教育方式与内容更强调职业性、应用性、岗位性，与地方经济社会发展的联系更紧密。同一行业、发展状况相似的地方，对学生的政治素质、职业操守方面有着相同或相近的要求。因此，个体力量薄弱的高职院校思想政治理论课教师，可以尝试团队开发、协同攻关、分工负责，按照本行业、本地方对应用型人才素质的要求，重新组织教学内容，探索个性化的教学方式，开发富有高职院校特色的思想政治理论类"慕课"课程。此外，也可以与本科院校合作，将他们开发的普适性课程内容与高职院校特色性内容重新组合，打造完整的、高职院校适用的思想政治理论课"慕课"。

第三，有必要探索工学结合内容与慕课的双向渗透。工学结合是"高等职业教育人才培养模式改革的重要切入点"，也是高职教育的特有优势，强调"做中学""学中做"。真正成功的工学结合需要企业对学生进行大量有效的培训，但企业对此极易产生畏难、抵触情绪。采用慕课模式，我们就可以将大量国内外优秀企业的员工培训内容作为工学结合的思想政治理论课"慕课"的有机组成部分。

第四，以此为契机优化高职院校思想政治理论课师资结构。高职院校思想政治理论课教师普遍教学任务较重，而将"慕课"提升为学生主要的学习方式后，就可以将教师从大量重复的备课、授课工作中解放出来，从而投入更多精力在更具有创造性的互动答疑、启迪学生思维上。而教师利用名校、名师、名企视频参与教学，于自身也是一种培训。

（二）教学场景：从封闭时空走向开放时空

传统的高职院校思想政治理论课教学，在封闭的时空中展开，采用班级教学制，通常由2~3个自然班合并，每次课时为45分钟或连续上90分钟。对于生性活泼好动、注意力难以持久集中的高职院校学生而言，能坐在课堂上安安静静已近乎一种奢望，提高教学实效性简直无从谈起。再加上某些教师陈旧落后的教学手段和内容，更使得上思想政治理论课成为一种煎熬。"慕课"时代的到来，有可能从根本上改变这一尴尬局面。

首先，国内关于翻转课堂（Flipped Classroom）的实践已经取得积极的成果。所谓翻转课堂，就是将过去主要由教师讲课的课堂变成答疑、讨论、测验的场所，而学生学习知识则主要在线上进行，以实现课堂教学流程的再造。"00后"学生被称为"数字原住民"，每天利用手机、计算机在网上获取信息、联络感情、享受休闲娱乐是他们的主要生活方式。而传递正能量的思想政治理论课"慕课"，基于开放的在线学习的特征，也可以成为他们"数字化生存"的一部分。适应"微时代"的文化传播特点，"慕课"所有教学视频都实现了片段化，一般5~10分钟即可看完。学生甚至可以利用一些边角时间，等车、排队乃至上卫生间的时间完成学习。至于场所，学习"慕课"也无特殊要求，能流畅上网即可。不同于传统课堂的"一过式"教学，"慕课"的视频可以无限次播放，如果学生理解能力有限或有所疑问，可以在网上无限次播放视频，反复推敲，直到弄懂为止；如果有疑问，"慕课"还提供交流论坛、教师答疑等板块，学生可以寻求来自各个方面的帮助；更由于充分的线上交流，学生的问题意识会不断被激发，大量新的知识、观念得以生成或传播。从教学论的角度看，传统高职院校思想政治理论课陷入困境，根本原因并非其内容不具实用性，而是思想政治理论课结构化的知识体系本身所具有的强烈理论乃至哲学色彩，与学生迫切需要的社会与人生的具体指导之间存在巨大的鸿沟。实践远比理论丰富，企业对学生思想素质的全方位要求也一定会超出课本的范围，但对于学习能力有限的高职生而言，教师必须联系生活实际进行细致入微的讲解，他们才能体会课程的实用价值。这在课时十分有限的传统课堂上是不可能实现的，只有在突破时空限制的"慕课"方式下，针对学生所需增加教学容量、扩充知识点，方能实现从教材体系向教学体系的切实转化。纯粹的在线学习（E-Learning），容易引发人们对于学生作弊的忧虑。所以"慕课"的翻转课堂，会联动线下实体课堂来进行测验，以考查学生学习的真实效果。如上海的"思修慕课"，就是网上学时为总学时的四分之三，其余学时安排在线下。该做法的优点，除检验学生学习效果外，还可以将问题讨论引向深入。因为学生的网上学习已经比较充分，基本理论已经掌握，甚至产生了初步的讨论，在实体课堂上教师就可以"以学定教"，创造性地引导学生做更深入的讨论或解决复杂的疑难问题。

其次,"慕课"方式有助于工学结合的顺利开展。如何划定理论课与实践课的比例,是困扰工学结合有效实施的一大难题。在实践中,打着工学结合的旗号,包括思想政治理论课在内的理论课往往被一再压缩或变相压缩。其结果是学生沦为工厂的廉价劳动力,从事一些浅易的工作,虽然动手机会增多,但理论知识被忽视,高职之"高"的特性被掩埋。采用"慕课"模式,学生就可以利用工作之外的业余时间进行理论学习,这样既有利于扩大工作实践在整个高职学习过程中的比重,又无损于理论知识的学习,同时增强了理论学习的时效性,即工作中遇到的思想问题等能够以最快的速度得到解决,从而使"工"与"学"的结合变得更为紧密。

最后,教学时空的转换,也使得"大数据"(Big Data)分析成为可能。所谓"大数据",不同于随机分析法即抽样调查的传统方式,是基于信息网络技术对统计对象的尽可能的多数据(数量、类型)加以分析,其结果具有高度准确性。在学情评估中,从汇总的大数据中可以分析学生学习的轨迹,综合评价其知识掌握与应用能力。如分析其观看视频时的停留时间、重播次数、作业解答的正确率、易错点等,可以发现学生对不同知识点的反应,确定他们学习的难点、兴趣点;还可以通过数据统计、直接投票等方式,对来自"慕课"平台各个位置上学生的问题进行排序,确定其普遍关心的重要问题,以便教师在后续教学中做集中解答,乃至调整与重设课程教学目标。除此之外,这些也为对学生进行有针对性的指导、实现差异化教学奠定了基础。基于大数据技术的应用,所有学生的学习进度也被记录,每个学生在了解自身学习进度的同时还可以与他人进行比较,明确自身定位。此外,由于网络课程、任课教师资源十分丰富,统计学生的选课情况,包括选课率、好评度等,并与教师的业绩考核挂钩,也可以对教师改进教学形成倒逼机制,对评估整个学校的办学水平也有重要参考价值,有利于不断推动教改的深入进行。

(三)教学对象:从被动客体走向积极主体

从"要我学"转为"我要学",学生的学习无须推动而转为主动是所有教育工作者的梦想。不同于"一支笔、一张嘴"的传统方式,"慕课"以视频教学为主,除短小精悍以外,视频内容要求具备生动性、趣味性,有些还添加了动画、情景剧等元素,一般禁止简单直接地将教师授课从线下搬到网上。"慕课"还模仿电子游戏,在视频播放进程中设计了闯关环节,学生只有回答正确弹窗中出现的障碍问题,才能观看后续视频。这些对厌恶长篇大论的理论灌输形成的高职生而言都极具吸引力。另外,"慕课"可以提升学生自信心。在"慕课"中,高职学生与国内外名校学生接受相同的教育。作为高考中的失利者,很多学生进入高职院校情非得已,在面对其他本科乃至名校同学时容易觉得低人一等。在"慕课"的"自媒体"上，所有人一同学习、一起交流，高职生也有灵感爆发、让人眼前一亮的机会，这对其成就感和自信心必然带来极大的提升。满足高职院校学生表现欲、增强其成就感、提升其自信心的方法还包括：鼓励学生以作业的形式自行拍摄一些微视频，并与大家分享；提倡有疑问的同学在"慕课"的交流社区提问；鼓励其他同学尝试解答或参与热烈讨论等。

由于课程具有强烈的政治属性，为维护自身"政治正确"，很多高职生在思想政治理论课课堂上并不愿意暴露自己的真实想法，但这并不意味着他们相信老师所讲述的全部内容，在私底下仍然固执己见，将错误进行到底，"台上讲一套，台下不对号"。而在"慕课"平台上学生普遍使用昵称，具有相对的匿名性，教师和其他同学一般不了解其真实身份，学生就可以提一些比较尖锐的问题，甚至毫无顾虑地进行辩论。对于思想政治理论课教师而言，解答学生这些问题其实并无太大难度，有些问题甚至会被消弭在学生群体内部。

工学结合下的高职院校学生，比本科生更早进入真实的社会，相应地，也可能会更早、更多地产生各种思想问题和心理困惑。思想政治理论课教师在场会帮助他们减少很多独自的可能是错误的摸索，并助其完成正确的意义与价值建构，实现更高水平的态度与情感认同。不同于以往"围墙式"教育下教师主导的"压缩饼干式"的课程结构，思想政治理论课"慕课"坚持以问题为中心而非以理论体系为中心，着眼于学习的个性化需求，强调学生问题链与教学问题链相对接，其大量教学视频可以有针对性地用以解答学生各种学习与生活上的困惑，在学分制下学生甚至可以对授课教师、学习内容进行一定的自主选择和组合。此外，在"慕课"交流社区中，教师还可以与学生做更为细致的互动，这是对"贴近实际、贴近生活、贴近学生"准则的真正贯彻。但是，在慕课的教学交互策略下，教师所提供的问题解决方案必须力求超脱于琐碎的生活层面，将马克思主义的立场、观点和方法充分渗透其中。马克思主义理论为我们解决一切社会、人生问题提供了科学的指南。学生暴露的思想问题越充分，教师运用理论解答其问题也就越充分，学生主动学习的精神被发扬得也越充分，高职院校思想政治理论课教学实效性的展现也越充分。同时，学生主动性、探究式学习习惯的增强，往往也使教师工作量得到了减轻，其角色亦由过去"舞台上的智者"（Sage on the Stage）逐步转变为"边上的向导"（Guide on the Side）。更重要的是，这既促进了马克思主义理论的大众化，也不断促进教育以学生成长为中心、向服务转变的根本性变革。

第七章　新时代高职院校思想政治理论课教学实效性教学方法创新

第一节　高职院校思想政治理论课教学方法科学创新的原则

思想政治理论课是立德树人最重要的一环，思想政治理论课在立德树人中起着不可替代的关键作用。因此，新时代思想政治理论课改革创新的方向就是以德为先，立德为要，实现立德铸魂。

针对思想政治理论课在课程内容、教学方法、课堂创新三方面遇到的困难，习近平总书记提出的坚持"八个相统一"，为新时代思想政治理论课实现立德铸魂提供了更为系统、科学的原则。

一、课程内容：增强理论的解释力，说服力

（一）坚持政治性和学理性相统一

思想政治理论课主要进行社会主义意识形态的宣传教育。一方面，社会主义意识形态具有政治性，体现了无产阶级执政党的立场、观点、理念。我们的高职院校是党领导下的高职院校，思想政治理论课是马克思主义和中国特色社会主义的思想政治教育，在新时代背景下必须继续坚持社会主义的发展方向。另一方面，思想政治理论课的课程内容又是系统的、科学的理论体系，需要有相对应的科学性或学理性表现。

毛泽东要求党员干部要"又红又专"，习近平总书记要求好干部必须具有德才兼备的品质，共同点都是在强调要坚持政治性和学理性相统一。

（二）坚持价值性和知识性相统一

思想政治理论课的内容包括知识内容和价值内容，既要传递知识也要传递价值，但重知识还是重价值，在不同的时期有着不同的倾向。小学阶段的思想品德

课偏重于培养学生良好的品德养成和学生的社会化发展,大学的思想政治理论课则偏重于形成对国家、民族发展历史经验以及占主导地位的社会核心价值观念的高度认同,实现培育健全人格的目标。现实中存在着思想政治理论课教学将两种教学内容分离的情况,这会严重影响思想政治理论课的实际成效。因此,无论是处于哪一个教学阶段,都要坚持价值性和知识性的统一,两种教学内容都是思想政治理论课教学中不可缺少的因素。

(三) 坚持建设性和批判性相统一

近年来,"中国奇迹"逐渐走向国际舞台的核心地带,中国作为最大社会主义国家和发展中国家正处于风口浪尖之上。世界范围内各种文化思潮交织影响,严峻的文化冲击态势在所难免。高职院校是思想最活跃,思潮最激荡的关键领域,错误思潮严重影响大学生的价值观判断,企图歪曲甚至攻击新时代中国特色社会主义理论体系,在高职院校思想政治理论课教师群体中也产生了不良影响。

要解决这一问题,单纯依靠思想政治理论课教师群体是不够的,需要在思想政治理论课教学改革中形成党委统一领导、国家统筹、有关部门协同配合、全社会共同参与的工作格局,推动形成上下联动、合力办好思想政治理论课的良好局面,以此来破除社会错误思潮对思想政治理论课带来的制约与不良影响。

二、教学方法:遵循认知规律,全面育人

(一) 坚持理论性和实践性相统一

长期以来,思想政治理论课给人以说教课、"满堂灌"的刻板印象,如何更好地提高思想政治理论课的亲和力和针对性,真正地入人心,有成效,是思想政治理论课教学面临的重大课题。思想政治理论课的出现就是为了解决这一现实问题,将各类课程与思想政治理论课进行有机结合,专业课教师与思想政治理论课教师协同配合,在传统思想政治理论课基础上增加实践环节,将思想政治理论课转变成"思想政治实验课""思想政治社会实践活动",让学生在实践中发现真理。

(二) 坚持统一性和多样性相统一

思想政治理论课是关系到学生人生观、价值观、世界观等多项内容的关键课程,正是因为如此,对于思想政治理论课就有着极其严格的要求。从教材大纲的修订到教师备课讲授,都要坚持正确的政治导向,讲好中国特色社会主义的思想政治理论课。与此同时,出现了思想政治理论课教师积极性和主动性不足,授课方式枯燥陈旧的情况,甚至出现了部分教师的教学课件从来没有更新的情况。

(三) 坚持灌输性和启发性相统一

灌输式教育是我国思想政治教育的基本原则和教育理念,也是高职院校思想

政治理论课最主要的教学方式。这种灌输式教育延续着中国共产党在革命和建设时期的成功经验,在很长一段历史时期中发挥着培育社会主义建设者和接班人的作用。习近平总书记曾强调青年价值取向对于整个社会乃至国家的重要性。因此,新时代思想政治理论课教学要继续坚持灌输式教育,在学生群体中牢固树立社会主义核心价值观。

与此同时,要了解新时代学生群体的特点。青年处于价值观形成和确立的时期,思维活跃敏捷,需要抓住这一时期的特点进行价值观的塑造。孔子有云:"知之者不如好之者,好之者不如乐之者。"运用启发式教育,情感式教学等新型教学方法,引导学生发现问题、分析问题、思考问题,在思考中解决问题。

三、课堂创新:多元课堂一体化,形成协同效应

党的十八大特别是全国高职院校思想政治工作会议以来,许多高职院校尝试挖掘其他课程中蕴含的思想政治教育资源,开发多元课堂联动育人功能,已经取得初步成效。思想政治理论课从"单一的思想政治理论课"逐步变为"多元的思想政治理论课",从"一花独放"到"百花齐放",新时代的思想政治教育体系开始构建。

思想政治理论课改革创新任重道远,我们办中国特色社会主义教育,就是要理直气壮地开好思想政治理论课,推动思想政治理论课改革创新,实现立德铸魂。在新时代背景下,思想政治理论课要继续贯彻党的教育方针,落实立德树人的根本任务,用新时代中国特色社会主义思想铸魂育人,培养立志为中国特色社会主义事业奋斗的有用人才,为实现"两个一百年"奋斗目标、实现中华民族伟大复兴的中国梦提供强大精神力量和舆论支持。

第二节 高职院校思想政治理论课教学方法科学创新的方式

高职院校思想政治理论课教学要体现对学生的人文关怀。高职院校思想政治理论课教学中的人文关怀要以大学生发展为本,把大学生看作是具有独立个性和特定观念的教育主体,尊重大学生的主体地位和个性需求,调动并激发大学生的积极性、能动性和创造性,促进大学生的健康成长和全面发展。高职院校思想政治理论课教师在教学中要积极探索教学改革的有效途径。

一、改革教学内容,强化教育的针对性和实效性

高职院校思想政治理论课教学面临着教学内容滞后,对社会热点、难点和疑难问题的针对性不强等问题。高职院校思想政治理论课教学要体现"以人为本"就要真正从学生的个体需求出发,对教学内容做结构性的调整,选择并突出那些

社会急需的、具有针对性的教学内容，比如要突出职业道德教育、创新教育、就业创业教育等内容，培养学生敬业爱岗、乐于奉献的优良品质。

思想政治理论课教学内容的改革是抓好形势与政策教育的核心。在教学中，教师要把学生学习的重点难点问题与世界形势变化、与我国改革开放及和谐社会建设中大家普遍关注的社会问题结合起来，体现教学内容的时效性、针对性。

思想政治理论课的教学不能局限于单一学科领域就政治讲政治，应广泛汲取其他人文社会学科、自然科学学科的新知识、新成果，融各种知识于一体，发挥整体育人的功能。在教学中，教师要引导学生树立科学发展观，要紧跟形势，努力形成知识链条的多维教育模块，帮助学生形成历史发展的、全局整体的、正确处理各个层面利益关系的认识方法和价值观。

思想政治理论课教师要加强教学研究，完善内容相对稳定和规范的教材，并结合形势的变化和教育的需要，灵活地为学生提供系统的带有研究性评述的指导性读物，引导学生分析形势、理解政策。在高等教育逐渐市场化的今天，大学生就业问题十分突出，高职院校思想政治理论课教学面临极大的挑战。对此，必须采取有效措施，更新理念，提高教师素质，调整和充实教学内容、改进教学方法。

二、创新教学方法，调动学生的主动性和积极性

改革教学方法是提高高职院校思想政治理论课教学质量的客观要求。课堂是思想政治理论课教学的主阵地，课堂教学要正确理解和灵活运用思想政治理论教育的灌输原则，注重启发式、参与式、互动式、案例式、研究式教学，充分发挥教师在课堂教学过程中的主导作用，充分调动学生学习理论和探索真理的积极性、主动性。

思想政治理论课教师要坚持理论联系实际的原则和方法，在帮助学生了解和掌握课程基本内容的前提下，紧密联系思想理论研究实际、经济社会发展实际和大学生思想及生活实际，精心选择影响大学生的理论难点问题、社会热点问题和大学生关心的生活、就业等问题，积极耐心地为大学生解疑释惑。通过座谈、讨论、辩论等多种教育方式，引导大学生独立思考，发挥学生参与教学过程的积极性，以增强思想政治理论课的针对性和说服力。

在教学过程中，除了教师课堂讲授形式外，还应为学生提供一个可供其抒发思想观点、宣泄情感、施展才华的多维时空的教学平台，采用多样化的教学形式。具体如当堂即时提问；学生主讲，教师总结；课堂讨论和辩论；学生自学并写学习心得；组织参观实习活动；建立课外理论学习小组。充分利用现代信息网络技术，丰富思想政治理论课的教学手段。教学手段现代化是实施教学方式方法改革的一种有效手段。思想政治理论课应积极开发和充分利用一切有助于教学的新技术，开展网上网下教学互动、校内校外资源共享，优化教学效果，实现思想政治

理论课的教学培养目标。

三、改革考试方式，创新对学生学习质量的评价标准

高职院校思想政治理论课教学效果不够理想，与现行考试模式存在的一些弊端有着一定的关系。传统的思想政治理论课考试方式对学生学习质量的评价存在着缺乏全面性评价标准，缺乏多样性考核方式等问题。出现了"五多五少"现象，即闭卷多，开卷少；笔试多，口试少；理论考试考核多，实践综合能力考核少；一卷定结论多，数次考试考核分段评价少；统一要求多，照顾差异少。这样的考试考核方法重视共性，强调统一，漠视个性，扼杀特长，制约创新。

高职院校思想政治理论课教师应转变传统的考试观念，采取多种考核方式，增强考试的督促和导向功能；丰富考试内容，增加能力考核的内容；加强过程性考核，督促和引导学生重视平时学习；积极探索反馈途径，促进思想政治理论课的教学改革。

四、建构民主式师生关系，促进学生良好个性的健康发展

把人文关怀和心理疏导引入思想政治理论课教学，营造良好的心理环境是学习实践科学发展观的重要举措。21世纪社会对人才素质提出了更高的要求，学生不仅需要具有丰富的知识、高尚的品德，更需要具有创新精神和健康人格等良好的个性品质。人本主义心理学强调人的"自我实现"，即充分、完善地发挥人的潜能。我们在思想政治理论课教学中应重视大学生的心理健康教育，并把这种心理健康教育同德行教育结合起来。

竞争压力的增大及思维方式的变化，使大学生在学习、生活、人际交往和自我意识等方面可能会遇到或产生各种心理问题。长期以来，我们比较注重对大学生进行政治信仰和道德原则的灌输，却忽视了对个体的心理品质、人格结构及社会适应性等方面的培养和引导。过去大学生思想政治教育侧重讲理论，注重"灌输"，形成了以"教师为中心""教材为中心""课堂为中心"的情况，很少考虑学生的精神和心理需求，往往造成工作缺乏针对性，收效甚微，甚至使学生产生逆反心理。大学生的逆反心理是思想政治理论课教学效果偏低的主要原因，思想政治理论课教师必须树立为学生健康成长服务的观念，努力探求科学应对逆反心理的策略，最大限度地消解大学生的逆反心理。

在教学中建构民主型师生关系具有重要的意义。师生关系实质上是一种心理关系，师生心理互动的和谐有利于构建新型的师生关系。教师要善于发挥师生关系中的人际情感因素在促进学生发展中的巨大作用，建构民主式师生关系，促进学生良好个性的健康发展。

第三节　高职院校思想政治理论课教学方法科学创新的基本保证

一、思想政治理论课的支撑力量：新时代中国特色社会主义思想

在中国已经迈入新时代的背景下，对高职院校思想政治理论课立德树人的作用提出了全新的更高要求。新时代中国特色社会主义思想的理论研究还处于发展过程中，思想政治理论课教师能否尽快学习掌握理论，如何准确地向学生解读新时代中国特色社会主义的理论精神，讲授新时代中国面临的现实问题，是当前摆在思想政治理论课教师面前最大的挑战。

二、思想政治理论课的深厚力量：中华民族优秀文化

在党的十九大报告中，习近平总书记强调："没有高度的文化自信就没有中华民族伟大复兴。"中华民族几千年来形成了博大精深的优秀传统文化，蕴含着中华民族深层次的情感认同、价值取向和精神追求。我们党带领广大华夏儿女在革命、建设、改革过程中浴血奋战，开拓进取，锻造出的革命文化和社会主义先进文化，同样是中华民族优秀文化的重要组成部分，是对传统文化的批判、继承和发展，是与时俱进的时代文化。

中华民族优秀文化中的爱国情感、人民情怀都是与社会主义核心价值观不谋而合的。在思想政治理论课教师谈及社会主义核心价值观时，可运用传统文化中的历史典故和红色革命时期的英雄史诗来进一步印证，以加深育人效果。思想政治理论课要想富有时代朝气和活力，就要将文化自信融入日常的教学实践中，用中华民族优秀传统文化、革命文化以及社会主义先进文化培育学生的爱国情操和人民情怀。

学校教育肩负着传承弘扬中华民族优秀文化的使命，思想政治理论课更是承担着加强学生对中华民族优秀文化自信心的责任。高职院校思想政治理论课改革创新的关键就是要讲好中国故事，传播好中国声音，把中华民族五千年文明史，近百年以来的屈辱与苦难史有效地融入高职院校思想政治理论课中。

三、思想政治理论课的基础力量：思想政治理论课建设规律性认识和成功经验

思想政治理论课是高职院校课程体系中非常重要的一部分，不仅承担着传达党和国家大政方针的职责，更是支撑着马克思主义理论学科和专业的发展。

改革开放以来，思想政治理论课建设得到了很大发展。经历了名称上从"政治课"到"两课"，再到后来确定为"思想政治理论课"的转变；经历了从重点讲

授历史知识到倾向思想政治理论教育的内容改变；经历了党的教育方针从培育"有社会主义觉悟的有文化的劳动者"到"德智体美劳全面发展的社会主义建设者和接班人"的全面升华。多年的探索和创新，将思想政治理论课的定位确立得更加精准，适应了新时期我国社会的变化。

思想政治理论课建设规律性认识和成功经验是思想政治理论课建设守正创新的重要基础，这一系列的发展也促进了思想政治理论课建设质量和成效的提升。

四、思想政治理论课的关键力量：思想政治理论课教师队伍

上好思想政治理论课，关键在教师。教师的积极性、主动性、创造性是思想政治理论课教学改革创新的关键因素。在全国高职院校思想政治工作会议上强调了师德的重要性，提倡广大教师要以德立身、以德立学、以德施教。

有信仰的人才能与学生讲信仰，教师队伍在教学过程中扮演着传道授业解惑的重要角色，传道者自己首先要明道、信道。思想政治理论课教师由于承担着培育学生世界观、人生观、价值观的重要使命，与其他科任教教师相比，具有更高的要求。归纳起来就是要做到政治强，情怀深，思维新，视野广，自律严，人格正。各中小学以及高职院校需要根据要求来选拔培养一批素质优良的思想政治理论课教师队伍，建设一支能赢得学生信任、敬重、值得学生依靠的思想政治理论课教师队伍，锻造出一批乐为、敢为、有为的思想政治理论课关键力量。

第八章 新时代高职院校思想政治理论课教学实效性的管理与保障

第一节 高职院校思想政治理论课教学实效性的教学环境建设

增强实践教学的实效性,就必须在高职院校思想政治理论课实践教学的过程中贯彻一系列的思想政治教育的原则,包括理论联系实际、学校教育和社会教育相统一、指导性教育和自我教育相统一的原则,在具体的实施过程中还应规范运行、保障有力、建立基地、形式多样、整合资源、考核科学,按照一定的步骤,科学、规范地组织和实施实践教学,使实践教学真正成为大学生进行思想政治教育的有效方式。

(一)实践教学组织和实施中应坚持的基本原则

1.实践教学组织和实施应贯彻理论联系实际的原则

理论与实际相结合的原则,揭示了实践教育与理论教育互为条件、不可分割的关系,通过理论学习指导实践,通过实践教学加深对理论的认识,这是一个循环往复不断深化的过程。人的思想品德一般由知、情、意、行等心理要素构成,通过课堂理论教学,传导思想政治观念,可以提高受教育者的思想道德认知水平;通过实践教学,学生以"行为主体"的身份去行动,则可以培养受教育者的思想道德情感和锻炼受教育者的道德意志,引导受教育者实现从品德认识到行为的转化,从而完成思想政治教育过程运行的基本任务。因此,实践教学和理论教学是思想政治理论课教学过程中两个相互联系的环节,理论教学是实践教学的前提和方向,实践教学是理论教学的延伸和拓展,二者相辅相成,协调发展,才能达到功能的整合。贯彻理论与实际相结合的思想政治教育原则,要求在思想政治理论课实践教学的组织和实施过程中注意实践教学内容与理论教学内容的衔接,做到实践内容与教学大纲的具体统一。因此每一次实践主题、实践内容、实践目标、实践方案、实践考核等的确定，都应围绕教学大纲的要求来进行。

2.实践教学组织和实施应贯彻学校教育和社会教育相统一的原则

现代社会环境对人们主观世界的影响越来越复杂和突出，马克思早就明确指出："人创造环境，同样环境也创造人。"相对于一定的教育过程和受教育者而言，思想政治教育环境包括家庭、学校和社会三个现实的层次。要培养当代大学生正确的思想政治观念，思想政治教育不能在脱离社会的真空中进行，必须把社会教育与学校教育有机结合起来。高职院校思想政治理论课理论教学的课堂在校内，实践教学的课堂则在社会，但社会并不会自发地成为实践教学的课堂，因为社会生活中既有许多有益的教育资源，也有许多可能对大学生产生不良影响的因素，那么就要对社会教育资源进行取舍。对社会教育资源进行整合就是把学校生活变成一种典型的社会生活，这是让学生参与社会生活的有效办法之一。通过实践教学把学校教育与社会教育有机结合起来，是一种有效的明示教育与暗示教育相结合的方法，在此过程中有利于大学生把外在的教育因素向内在转化，促进受教育者的自我教育，有利于整合各种教育资源，形成思想政治教育的合力。

3.实践教学组织和实施应贯彻指导性教育和自我教育相统一的原则

指导性教育是教育者通过一定的教育方法，把社会所要求的思想道德规范转化为教育对象的自觉行为的实践活动。自我教育就是教育对象自己教育自己，通过自我认识、体验、控制，完善自己的思想品德的行为。指导性教育和自我教育是互相联系、互相促进的两个方面。一方面，人们的思想道德水平的提高靠学校、社会和家庭的指导性教育，否则受教育者思想政治素质的发展就是自发的、盲目的。另一方面，思想政治教育价值的实现，最终还是要通过受教育者的自我教育得到内化和接受。自我教育是衡量教育是否有效的一个标志，是思想政治教育最终落实的归宿，正如我国著名的教育学家叶圣陶所说"教育的目的就是为了不教育"。这里的"不教育"，可以理解为自我教育。

高职院校思想政治理论课实施实践教学，是教师根据学生身心发展和社会需要，并按照课程教学内容和要求，有目的地引导大学生主动参与实践生活，获得思想道德方面的直接经验，从而提高大学生思想道德素质的教学方式。实践教学首先需要学校和老师的指导性教育，需要学校制定规章制度和纲领性文件，而思想政治理论课教师在实践教学的过程中则可以以扎实的理论功底和较强的社会问题分析能力，抓住学生求解的迫切时机，适当地进行点拨和引导。高职院校开展的实践教学活动也是实现大学生自我教育的重要途径，在实践中，许多学生通过接触社会实际，发现了自己的不足，认识到了自身价值，找到了实现自我价值的正确途径。在为他人服务的过程之中，能使学生树立正确处理个人与他人、个人与社会的关系以及为全民服务的观念，陶冶他们的情操，教会他们如何选择正确的人生道路。实践教学对实现自我教育的四个阶段，即自我认识、自我检验、自我评价、自我发展，有着独特的意义。总之，实践教学在组织和实施的过程中应有效地贯彻指导性教育和自我教育相统一的思想政治教育原则。

（二）高职院校思想政治理论课实践教学组织和实施的长效机制

高职院校在进行思想政治理论课实践教学的过程中，只有规范运行、保障有力、建立基地、形式多样、考核科学、整合资源，才能建立长效机制，使实践教学长期坚持下去，发挥其在增强学生学习主动性、提高教学的实效性上的重大作用。

1.加强制度建设，使实践教学规范运行

学校各级领导要改变教育观念，高度重视实践教学，形成校主要领导统一负责，教务处、学工处、校团委和思想政治理论课教学部门等分工负责的领导与管理体制。并且在大学生思想政治教育过程中要像对待理论教学那样对待实践教学，拟定关于实践教学的规章制度，加强实践教学的科学化、规范化管理。对实践教学过程中经费来源、人员安排、部门协调、工作量核算、成果评价标准，都要做出规定，明确教学的目的、要求、内容、方法和手段、模式以及各个环节的先后顺序等，制定相应的教学大纲、编写教材和实践教学指南，对实践教学进行正规的教学管理。这样，既可以防止理论与实践脱节的情况发生，又可以杜绝实践教学环节在组织安排上的随意性。

2.保障有力，使实践教学获得可靠的物质条件

长期以来，一直有人认为实践教学"费时、费钱而无实用价值"，将轻视乃至忽视实践教学作为一种所谓"理性"的选择，从而导致了实践教学保障条件的缺失和不完善，影响了思想政治理论课实践教学的顺利开展。经费不足、师资缺乏、后勤保障不力一直是困扰高职院校实践教学具体实施的难题，经费、师资、后勤得到有力保障，才能使实践教学坚持下来，真正建立起实践育人的长效机制。各高职院校应协调各部门的工作，建立实践教学专项经费，用于校外实践的吃、住、行、参观门票、社会调研等费用，在校内开展的实践教学也需要与活动挂钩的奖励费用，以调动学生的积极性。校外实践教学的后勤保障也应有力，如车辆和主副食的供给，总务后勤部门必须给予一定的支持。思想政治理论课教师是实践教学的直接负责人，负责制订所任课程的学期实践教学计划，填报每一次实践教学的申报表，结合教学内容，给学生开出一系列实践学习的选题，依据实践教学大纲准备详细的实践教学方案，这需要教师理论功底扎实，自身的实践能力强，这样才能引导学生进行实践，解答学生遇到的各种问题。因此必须加强师资队伍建设，培养一批既懂理论教学、又懂实践教学的骨干教师。

为争取实践教学的保障条件，需要激发重视实践教学的动力。这种动力有时是自上而下的，有时是自下而上的，一方面源于上级部门的压力和学校领导的正

确观念和重视程度；另一方面也源于思想政治理论课实践教学的良好效果，吸引学校投入更多资源。对实践教学的管理者和组织者而言，要树立"品牌意识"，通过实践教学的突出成绩激发学校落实、改善教学保障条件的强大动力，实现"以保障条件促成效，以成效促进保障条件的改善"的良性循环，从而形成比较健全的教学保障机制。具体而言，需要在以下方面落实实践教学的保障条件。

首先，构建协调、高效的组织领导机制。应按照"05方案"的要求，建立由相关部门负责同志参加的思想政治理论课教学指导委员会，建立实践教学管理联席会议制度，由学校主管领导牵头，每学期末召开思想政治理论课教学部、教务处、学生处、人事处、团委、宣传部、财务处以及相关二级学院领导参加的专题会议，讨论和部署思想政治理论课实践教学的相关工作。

其次，组建结构优化、素质精良的思想政治理论课实践教学指导教师队伍。制定严格的准入制度和管理制度，建立一支由党政干部和共青团干部、思想政治理论课教师为主体，学校政工干部、辅导员、专业课教师、社会各界有关人士广泛参加的社会实践课程师资队伍。以社会实践教育学科建设为载体，以专业化课程建设和集体备课为手段，以干部、教师职业化发展为途径，以聘任校外兼职教师为补充，使实践课程教师的力量得到有效保障。加快师资队伍的培养力度，提供外出考察、学习交流、进修提高的机会。明确指导教师的工作职责，确保指导教师与学生的密切联系。

最后，切实落实经费保障。从教学管理的角度来看，要让实践教学经费落到实处，需要树立以下几个意识。一是大局意识。既包括学校领导对思想政治理论课实践教学地位的高度重视，也包括思想政治理论课教学部门从学校人才培养的大局出发，积极提升实践教学的实效，促使学校领导舍得投入和乐意投入。二是多渠道筹措的意识。学校专项拨款是思想政治理论课实践教学经费的最重要来源，此外，也可以通过智力输出的方式与有关企事业单位、实践教学基地本着"互利互惠"的原则筹措经费，以弥补专项经费的不足。三是效益意识。思想政治理论课实践教学经费来之不易，要保证专款专用，把有限的经费真正用在"刀刃"上，发挥经费的最大效益。

3.建立实践教学基地，为开展实践教学提供便利条件

基地建设是思想政治理论课实践教学组织实施的基础性工作。有稳定的实践教学基地和场所，可以使实践教学时间相对有保证，内容相对确定，有利于学生获取知识，练就能力，造就职业素质和提高人才培养的整体质量。实践教学基地的建立应结合思想政治理论课课程的教学内容和特点，选择适宜的实践教学基地，并且还应结合本地特色，充分利用学校所在地及周边城市改革开放和现代化建设以及革命历史时期遗留的相对丰富的教学资源，以学校名义与一些具有典型性、成就突出、领导重视、学生有兴趣、合作顺利的单位签约，建成相对固定的实践

教学基地，从而为实践教学开展提供便利条件。同时学校可以利用其科研、人才优势为基地单位提供服务，形成"互利互惠"的协作关系。

4.形式多样，增强实践教学的感染力

实践教学的形式按学生参与的领域可分为校内实践教学和社会实践教学，校内实践教学一般包括纳入思想政治理论课教学计划的各种校园文化活动、社团活动、勤工助学活动、校园绿化及环境保护活动；社会实践教学是指根据课程内容安排，有组织、有计划地引导学生走出校门，深入社会，进行参观调查、志愿服务、社区服务、公益劳动等活动。按学生自身参与的程度可分为认知感受型实践教学、参与体验型实践教学和实际运用型实践教学。认知感受型实践教学一般指进行参观访问；参与体验型实践教学可包括在思想政治理论课实践教学中学生以诸如法律工作者或当事人的身份参与模拟法庭，在校园内进行爱国主义教育、诚信教育等活动；实际运用型实践教学一般包括服务社会、公益劳动、志愿活动，学生运用所学专业知识服务家乡、社区、农村，回报社会。高职院校应根据思想政治理论课程的特点和学生的兴趣，选择适当的实践教学形式，以增强实践教学的感染力。

5.考核科学，确保实践教学的效果

根据实践教学的要求，在实践教学中和实践教学后，要对学生进行科学全面的考核，设立单独的实践教学考核标准，使考核工作成为检验教学效果、检验学生能力形成与素质提高的有效手段。由于实践教学与普通的理论教学有明显的不同，不能用简单的问卷答题的方式和分数做测度来反映教学质量，必须用科学的方式进行考核。除闭卷考试外，还可以采用口试、开卷考试、写论文或调查报告等考核方式。对学生的考核范围也应该广泛，指导教师根据学生在社会实践中的表现，例如学生是否缺席、是否逃避实践教学、学生对实践教学是否认真、学生实践报告或总结完成情况及完成质量情况进行综合评定，给予相应学分或成绩。只有通过科学的考核，才能使实践教学朝着良性方向广泛、连续、规范地开展下去。

6.整合教学资源，形成思想政治理论课实践教学的合力

树立正确的资源意识，积极整合教学资源，是实现实践教学特色发展的重要前提和关键环节。当前，高职院校思想政治理论课实践教学中一个突出的问题是没有树立正确的资源观，教学资源的利用效率比较低，其原因主要有二：一是缺乏洞察力，不能发现思想政治教育资源；二是缺乏主动性和效益观。很多思想政治教育资源处于原始、低效状态，一些教育者在利用思想政治教育资源时，既不考虑如何将各种资源搭配形成合力，也不注重对思想政治教育资源进行培植和保护，这使得思想政治教育资源处在一种杂乱无章的无序状态。因此，思想政治理论课的管理者和教师应当树立品牌发展意识，以系统的眼光发现、利用和整合教学资源，并立足实际，打造和完善实践教学特色。

思想政治理论课实践教学资源的开发、利用和管理，需要走特色发展之路，从而有利于避免当前出现的思想政治理论课实践教学资源开发和利用过程中的趋同和形式化现象，切实增强实践教学资源对高职院校师生的吸引力，提升思想政治理论课实践教学资源的开发利用价值。而要走特色发展之路，就需要从实际出发，在资源整合中不断凝练出一个与学校人才培养目标相融合的、高效利用本土资源的、对学生思想品德素质发展效果显著的、相对稳定的实践教学模式。开拓特色发展之路主要有两个方面。

首先，注重对本地资源的开发、利用和整合。思想政治理论课实践教学的本地资源指存在于高职院校之内或高职院校所在地周边地区，可以为思想政治理论课实践教学所开发利用的各种资源的总和。我国地域辽阔、历史悠久、各地地方特色浓郁，而各高职院校所处的地域环境、文化渊源、发展阶段也不尽相同，特色不一，可以开发利用的本地资源十分丰富。为此，高职院校思想政治理论课实践教学要善于挖掘和利用实践教学的"地方特色"，从地方经济社会发展的阶段性特点和发展任务中选择实践教学内容，积极与当地政府部门、专业性行业协会、文化卫生教育事业单位、城市社区或农村基层组织加强沟通和协调，有选择性、有针对性地合作开发利用本地政治、经济、文化资源，实现对本地资源的协同管理和战略联盟式优化配置，达到实践教学地方化和特色化发展的效果。

其次，重视对校内资源的开发、利用和整合。第一，加强本校独特的人文、历史资源的开发和利用。通过举办教授论坛、建设大学生校内创业基地、开办知名校友优秀事迹展览、组织开展校庆纪念活动、邀请优秀校友回校开设专题讲座等方式，积极利用学校的文化资源、人脉资源和基地资源，为思想政治理论课实践教学开拓路径和奠定平台。第二，挖掘学校在人才培养特色方面的有关资源，强化实践教学对实现学校人才培养特色化的促进作用。思想政治理论课实践教学要结合学校人才培养的特色，发挥学生在专业技术方面的特长，有针对性地开展社会实践活动。如医药类院校可以组织学生开展"医疗技术进社区"的实践活动，农林院校可以开展"农业技术进农村"的实践活动。第三，积极整合专业课教学部门、团委、学生处及大学生社团组织的实践活动和文化素质活动等相关资源，形成以德才兼备的人才培养目标为核心，注重构建知识技能教育与人文道德教育并重、专业课教学与思想政治理论课教学配合、第一课堂和第二课堂互动、理论引导与实践锻炼统一、实践教学特色与校园文化氛围融合的实践教学模式，形成教学合力，共同促进大学生思想政治素质和创新能力的提高。

（三）思想政治理论课实践教学的组织形式

1.课堂实践教学的组织形式

在思想政治理论课课堂实践教学中,坚持主体性与主导性相结合、理论与实际相结合、以知行统一的原则为指导,开展探究学习、案例分析、主题讨论、探讨总结、讨论评议、分析反思、演讲交流、辩论质疑等活动,使主体之间交流互动,融教、学、做于一体。

(1) 探究学习

教师提出问题,展示材料,讲议结合,启发学生探究,引发学生思考,促进学生的认识,从而有效地提升学生理解和分析问题的能力。在案例分析中,教师创设案例情景,采取讲议结合的方式,加深学生对道德法律知识的理解,提高学生运用道德和法律知识理解和分析实际问题的能力。在交流讨论中,教师先设疑引导,然后学生自主探究,最后由学生交流讨论、分析总结,以提升学生分析和解决实际问题的能力。通过这些课堂实践教学,使学生懂得运用所学的道德与法律知识观察、分析和解决实际问题,从而培养高职学生的综合素养与职业能力。

(2) 案例教学

结合思想政治理论课教学内容,选择有说服意义的案例,这是在思想政治理论课教学中教师常用的教学手段,也是实践课教学的基础手段之一,以此增强课堂内容的说服力。比如,教师在讲授关于理想和信念以及爱国传统的内容时,可引用钱学森如何突破美国的重重阻挠,历尽艰辛,立志回国报效祖国的案例,让学生自主分析,做出判断,从钱学森身上感悟到值得学习的品质。

(3) 课堂主题讨论、辩论

针对思想政治理论课教学内容,结合社会相关热点问题,设计主题,引导学生进行讨论或辩论,在讨论或辩论中智者见智,仁者见仁。比如,针对社会两难问题设计辩论主题,开展辩论,如老人倒地是扶还是不扶,真理越辩越明,同时进一步增强社会公德教育。

(4) 探讨总结

每班以宿舍为单位交流所关注的一周要闻,选出代表利用课前十分钟阐述要闻内容,并分析它对自身的触动。每班用六七周时间就可轮流一遍。通过这一实践教学活动,使所有学生都能分享新闻信息,促使学生逐步养成主动关心社会发展、关注国家大事的习惯,从而不断提高自身政治素养。

2.校内实践教学的组织形式

(1) 校园文化建设系列活动

第一,举办演讲比赛和歌咏比赛。设计主题引导学生开展演讲比赛;举办有教育意义的歌咏比赛,如五四青年节、一二·九歌咏比赛等,激发学生学习兴趣,增强凝聚力和爱国情感。第二,开展影视欣赏活动。根据思想政治理论课教学内容,精选相关电影、先进人物事迹介绍的视频等,让学生观看,并写出相应的思想感受。如《中国出了个毛泽东》、最美教师张莉莉、最美妈妈吴菊萍等,既可以从伟人和模范人物身上感受到其人格魅力，又可以从理想信念、人性和道德方面引起学生思想和情感的共鸣，净化学生的心灵。第三，举办有奖征文活动。如开展"我为学校文明献计献策"主题征文活动，针对学校存在的问题以及学生中存在的乱扔垃圾、不注意保护环境、破坏公共设施等不文明现象，在全校范围内举办有奖征文，既能为学校建设和发展建言献策，又能对学生自身行为起到约束作用，以实际行动参与和谐校园的建设。第四，开展校园消费调查活动。针对某些学生消费方面存在的浪费现象和某些男生吸烟的恶习，组织学生开展校园消费调查活动，帮助学生增强节约意识，反对攀比浪费，尊重父母的劳动，养成节俭的良好习惯。第五，举办图片展。举办主题图片展，如革命史图片展、雷锋事迹图片展、钓鱼岛主权图片展等，增强学生的爱国热情和道德意识。

（2）报告和访谈

结合思想政治理论课教学相关内容，邀请老战士、先进英模、有关专家或有威望的人士做报告，用鲜活的事例增强说服力，对学生进行人生观、价值观、职业理想等方面的教育；还可邀请相关人士有针对性地就某些方面的问题进行访谈，如约谈本校德高望重的老教师或校外有名望的人物等。

（3）主题讲座

结合思想政治理论课教学内容与社会存在的热点问题，举办讲座，以拓展课堂知识，更主要的是针对学生存在的问题，施以思想政治、道德法纪方面的教育。

3.校外实践教学的组织形式

思想政治理论课校外实践教学，应注重激发学生的主体意识和参与意识，充分发挥学生的主动性。在调查分析、规划设计、专题教育、调查学习、调查探究、道德实践、访谈等项目的实践活动中，让学生真正地参与其中，对教学内容有所感悟、有所思考、有所收获。使学生在活动中接受教育，感受并验证所学思想道德知识和法律知识的正确性，形成更合理的道德法律知识结构；增强把道德法律认知转化为道德法律行为的能力。同时，也能培养学生的团队协作意识、沟通交流能力、解决实际问题的能力和创新能力等。让学生近距离接触社会，锻炼学生的社会实践能力，加深对所学知识的理解，增强学习的趣味性，进一步提升自身各方面素质。同时，校外实践教学也是大学生认识社会的窗口，通过这个窗口，使大学生初步了解社会，为将来步入社会做准备。如参观、考察、访问、文明共建、"三下乡"活动、青年志愿者活动、公益性活动等都是非常有益的。校外实践教学实施形式主要有以下三种：

（1）调查参观

参观革命纪念馆、抗日纪念馆、烈士陵园、历史遗址、领袖名人故居等，指导学生参观考察，将历史传统与时代精神结合起来，将实践活动与思想教育结合起来，增强学生的爱国情感；参观当地的少管所、监狱等部门，开展多种形式的法纪教育活动，并要求学生写出参观感受，增强学生的法制意识，用活生生的事实教育学生，触动学生的心灵，促使学生自觉养成遵纪守法的良好习惯；还可以参观改革开放以来当地典型的乡村、社区以及企业等，让学生在感受改革开放带来的变化中，进一步认识到中国特色社会主义道路是适合中国国情的建设道路，增强学生的政治素养。

（2）主题调研

利用假期为学生设计多个调研课题，如环境问题、收入问题、人口问题、就业问题等，让学生有选择性地对当地比较关注的问题开展调查，并写出相应的调查报告，回校后进行交流汇报，将优秀的报告汇集成册，作为授课的第一手材料。也可以将学生调查情况纳入学期总成绩，促使学生养成关注社会、关心国家发展的良好政治素质。

（3）服务社会

鼓励和组织学生积极参与青年志愿者活动及服务社会的公益活动，如义务支教活动、与贫困山区小学结对子活动，定期交流互动，这些活动既可以锻炼能力，又可以增强社会使命感和责任感，为将来择业与从业奠定基础，还可以对学生自身思想政治素质的提升起到激励作用；走进社区、走进敬老院，参与各种公益服务活动，特别是经常参与敬老爱老的公益活动，了解孤寡老人的心理感受，深刻体味敬老爱老的传统美德，体谅父母养育自己的艰辛，自觉养成关心父母、孝敬父母的习惯，也可以与固定的服务对象建立挂包联系，定期参与活动，进一步发扬"老吾老以及人之老"这一中华民族的优良传统。

（四）高职院校思想政治理论课实践教学实施的步骤

不同形式的实践教学方式的也应该不同，下面以在实践教学基地进行社会调查为例探索实践教学实施的通常步骤。

实践教学开展前做好动员和准备工作。首先，根据思想政治理论课具体课程的教学内容和特点以及实践教学资源和学生关注的热点问题确立多个实践教学主题，供学生选择。其次，召开实践教学动员大会，讲明开展此次实践教学的意义，介绍社会调查的方法，对学生提出明确的要求，包括学生应在进行实践活动前收集相关资料，制订实践计划，实践活动中注意调研方法的选择，保护自身安全，达到实践教学的目的，结束后撰写实践报告。最后，应明确对教师的要求，包括根据实践主题制订教学计划、教学目标、内容安排、经费预算、后勤准备、学生分组、对学生的纪律要求以及学生成绩考核标准，学习相关理论，对学生要承担的责任和提供的指导，对社会实践基地的开拓和预先考察，与基地相关领导干部的沟通协调。

实践教学过程中师生共同参与实施。由相关指导老师带领实践小分队前往实践教学基地，按照已经安排好的教学计划进行相关的调查研究。在实施的过程中，要坚持集中与分散相结合、理论与实践相结合、教师主导与学生自主相结合的原则，在实践教学中及时发现问题，解决问题。

实践教学结束后做好总结和考评工作。学生应撰写社会调查报告并以班为单位进行交流，评选出优秀调查报告、优秀个人、先进集体、活动积极分子分别进行表彰。教师根据学生的调查报告、思想收获和学生在实践教学中的表现给出相应的成绩，并上交教务处纳入学生学籍管理档案。教师还应分析本次实践教学的成功之处、不足之处以及今后的努力方向。

第二节　高职院校思想政治理论课教学实效性的组织与管理

思想政治理论课实践教学的有效开展，离不开科学的管理。加强对思想政治理论课实践教学各方面内容的管理，建立实践教学管理体系是提高思想政治理论课实践教学实效性的前提。思想政治理论课实践教学是一个相对独立的系统，其涉及面比较广，对实践教学进行有效的管理能够提高教学的实效性。实践教学管理是实施实践教学的前提、基础与保障，有效的实践教学管理模式为实践教学活动的开展提供制度保证与方法支撑。

思想政治理论课实践教学的管理主要是对整个实践教学过程的计划、实施、总结等阶段的管理活动。加强思想政治理论课实践教学的管理主要从思想政治理论课实践教学管理的内容以及思想政治理论课实践教学的管理体系两个方面来考虑。第一，思想政治理论课实践教学管理的内容主要是对实践过程中的人和事的管理。对人的管理包括建立各种奖惩制度，激发教职工的工作积极性、提高学生参与实践教学的热情；对事的管理则包括实践教学事务管理、社会实践环节的管理、安全卫生的管理三大类。第二，建立思想政治理论课实践教学的管理体系。这是思想政治理论课实践教学实现依法执教的保证。

一、思想政治理论课实践教学管理的意义

加强思想政治理论课实践教学的管理对思想政治理论课实践教学的有效展开具有十分重要的意义，体现在以下三个方面：

（一）加强思想政治理论课实践教学管理是全面实施思想政治理论课实践教学的根本要求

实践教学要发挥它应有的优势，使大学生在真实的社会生活中得到全面发展，成为拥有较高综合素质的社会主义建设者和接班人，关键在管理。思想政治理论

课实践教学是一种比较复杂的教学模式，是学校与社会、教师与学生、理论与实践的有机结合。因此，对实践中各个环节进行管理，制定合理的规章制度，是全面实施思想政治理论课实践教学的根本要求。实践证明，思想政治理论课实践教学管理水平的高低与思想政治理论课实践教学质量的优劣是密切相关的。积极主动探索思想政治理论课实践教学管理模式和管理规律，以科学的理论指导实践，将有助于思想政治理论课实践教学的全面开展。

（二）加强思想政治理论课实践教学管理是充分发挥人力和物力的最佳保证

人力和物力只是为思想政治理论课实践教学的有效进行提供了物质基础。如果人力和物力使用不当，管理不善，就会直接影响思想政治理论课实践教学的正常开展，甚至还会造成资源浪费。因此，在有限的条件下，科学地管理好人力和物力，对于发挥人和物的最大功能，提高思想政治理论课实践教学的管理效益具有重要意义。

（三）加强思想政治理论课实践教学管理是建立良好的实践教学环境的基本途径

思想政治理论课实践教学涉及校内多个部门、专任教师和教辅人员、校内资源和校外资源等，是一个十分复杂的综合系统。要把这样的一个综合系统最优化地组织起来，就需要思想政治理论课实践教学管理部门采用科学的管理方法，建立健全有效的管理制度，使思想政治理论课实践教学管理工作有章可循。这样才能建立起良好的实践教学环境，保证思想政治理论课实践教学的顺利完成。

二、思想政治理论课实践教学的管理内容

管理是提高效益的有效方法之一，因此，对思想政治理论课实践教学进行管理具有重要的意义。思想政治理论课实践教学活动需统筹课内和课外、校内和校外各种资源，管理的内容十分广泛。这里结合思想政治理论课实践教学的现状，重点阐述以下几个方面的管理。

（一）实践教学领导机构的管理

思想政治理论课实践教学需要有一个明确的领导机构，这是思想政治理论课实践教学经费、人员和管理的保障机构。思想政治理论课实践教学有了明确的领导机构，才能有贯彻执行下去的力量。因此，组建一个统一的领导机构对于思想政治理论课实践教学顺利进行十分重要。目前，可以通过整合的方式来实现。

整合校园内多种力量，组建实践教学的主管领导机构。现在，社会实践普遍被高职院校和大学生们认为是一种有效提高大学生综合素质的形式，事实也证明

如此。因此，可以利用大学生社会实践这种形式来为思想政治理论课实践教学服务。大学生社会实践一般由科研处、教务处、校团委、学工部（处）等职能部门组织安排，而且大学生社会实践已经有了比较成熟的操作流程。思想政治理论课实践教学的领导机构可由思想政治理论课教学研究室和大学生社会实践的主管部门有机组合而成。组建后的领导机构可以协调两者之间的活动，使思想政治理论课实践教学目标可以通过大学生社会实践这种渠道来完成，同时大学生社会实践的选题、项目也可以根据思想政治理论课实践教学的内容进行调整，进而提高实践的效率和质量，更好地为提高大学生的综合素质服务。

（二）实践教学内容和方式的管理

思想政治理论课实践教学的教学大纲、教学计划和教学方案是完成思想政治理论课实践教学目标的基本保证。思想政治理论课的内容主要是进行社会主义道德和法制教育，帮助大学生增强社会主义法制观念，提高思想道德素质，解决大学生成长成才过程中遇到的实际问题。因此，思想政治理论课实践教学的内容和方式也必须紧紧围绕着该课程的基本内容来规划。

1.思想政治理论课实践教学内容的管理

实践教学的目的是为了更好地完成思想政治理论课的教学任务，让同学们更好地把思想政治理论课的知识内化为自己的知识并且外化到日常行为中。因此，需要思想政治理论课教师深刻领会教学大纲的教学要求，根据课本上的知识点转换成可操作的实践教学内容。我们根据思想政治理论课一书的内在逻辑结构，把教学内容归纳为四大类，即大学、理想与信念，爱国与人生，道德与做人，法律与做人。按照课程内容设置的实践教学内容有：引导大学生解决从中学到大学转变过程中出现的各种问题，树立新的学习理念，树立远大的理想和信念，明确肩负的历史使命，做一个合格的当代大学生；掌握爱国主义的科学内涵，明确爱国主义的时代价值，正确认识人生的目的，正确对待人生环境；让大学生了解人类社会特别是中华民族积淀下来的优良传统美德和应该遵守的社会公德；让大学生自觉树立社会主义民主与法治的观念、权利和义务观念，了解宪法的基本知识以及我国基本的法律体系。这些思想政治理论课实践教学内容应该根据实际情况来选择不同的实践形式开展实践教学。比如法律实践教学的内容可以通过带领大学生到人民法院观摩庭审，认真观摩庭审的举证、质证、认证、辩论过程，并掌握一些法律常识，了解标准的司法程序，同时还可以配合律师做好庭审笔录，做好案卷的装订归档工作，使大学生真正从课本中走到现实中，细致地了解行政诉讼活动的全过程及法庭庭审的各环节，真正了解和熟悉我国行政诉讼的程序及法庭的作用和职能。

2.思想政治理论课实践教学方式的管理

实践教学方式是完成思想政治理论课实践教学的手段，创新实践教学方式，提高实践教学的针对性，有利于提高思想政治理论课实践教学的实效性。

首先，要充分挖掘富有时代特点的实践教学方式为思想政治理论课实践教学服务。思想政治理论课实践教学的方式多种多样，并且随着时代的发展会涌现出更具时代特点的实践教学方式。实践教学的方式按照教学场所的不同，主要分为课堂实践和课外实践两种：课堂实践包括教师与学生之间，学生与学生之间的课堂讨论、辩论、案例分析等基本方式；课外实践指教师根据教学的要求和目的，有意识地布置一些课后作业，要求学生运用所学的理论，到现实的社会生活中去解答老师布置的任务，从中受到教育。主要的课外实践方式是社会实践，包括参观访问和社会调查，科技服务（科普宣传、科技咨询、科技扶贫、科研攻关等），文化活动（文化宣传、文艺演出、文化辅导等），社会服务（义务劳动、助残帮困、社区援助等），勤工助学（家教、社会兼职等）。不管是课堂实践的方式还是课外实践的方式，都不是一成不变的，随着实践教学活动的不断展开和社会的不断发展会涌现出新的方式，旧的不合时宜的实践方式将会被淘汰。

其次，实践教学方式的选择要根据实践教学的内容来确定。每种实践教学的方式均有其优点和不足，课堂实践方式的特点是：不需要利用太多社会资源，只要老师准备充分、过程控制好，是较容易达到教学目标的实践教学方式。课外实践方式的优点是：它可以给学生更宽阔的视野，让大学生们进入到一个更为真实的社会环境，这是课堂实践方式所不能达到的。但同时，它也有课堂实践方式所没有的劣势，即开展和管理都比较困难，需要得到相关部门的配合才能顺利实施。因此，在选择实践教学方式的时候，要根据实践教学的内容，选择既能完成教学任务又便于操作的实践教学方式。

3.社会实践环节操作规范的管理

思想政治理论课实践教学按照教学场地的不同分为课堂实践和课外实践两种。这两种实践教学的方式各有优劣。课堂实践容易实现，但缺点是同学们只能间接地感受社会，没有亲身体验。社会实践是课外实践的一种重要组织形式，社会实践可以让学生利用假期，深入社会、深入基层，从各自的亲身体验中收获知识。下面重点论述思想政治理论课社会实践的操作流程。根据已有经验，社会实践活动流程大致可以分为以下几个阶段。

（1）设计筹划阶段

在进行社会实践之前，必须先做好准备才能使社会实践顺利进行。比如，需要考虑社会实践的组织形式，选择社会实践的主题和确保社会实践能顺利进行等相关事宜的谋划。据此，设计筹划阶段可分为以下几个小步骤。

第一，确定方式。社会实践的方式按参与人数可分为个人实践和团队实践两种。个人实践是指在没有同伴的情况下，学生单独参与社会实践的一种方式。团队实践则通常是由学生根据共同的兴趣或围绕共同的主题组建团队开展实践活动。应该说,这两种社会实践方式各有所长。学生们应该根据各自的实际情况来选择实践方式,以能够有效地完成实践目标为标准。

第二,选定主题。在进行社会实践之前,学生们要事先选定一个主题,即此次社会实践的目的是什么。主题的确定是十分重要的,以下几个方面是在选择主题时需要考虑的:首先,学生们应该在思想政治理论课任课教师确定的社会实践主题范围内进行选择。其次,学生们可以根据兴趣爱好进行选择,选择自己感兴趣的事情去做,势必会更认真、更投入,会做得更好。最后,注意和专业相结合,如果同学们想要在自己的专业上有所成就,仅仅依靠课堂上的认真听课是不够的,还需要结合实际,所以提前开展专业实践活动,不仅可以加深学生们对所学专业的人才需求、行业状况的了解,同时也能对书本上的知识有一个比较深入的了解。

第三,组织筹划。在确定实践方式和主题以后,就可以开始对整个社会实践活动进行策划。采用团队实践时,要尽可能地确保团队由具有不同特长的队员组成,这样有利于实践活动各项工作的协调合作。明确分工后,就要填报实践活动的课题。必须详细填写实践主题、实践操作计划和组员的基本情况、各项预算经费等情况,然后呈报思想政治理论课教师审批。待任课教师审阅通过后,就要着手联系实践单位。如果单位答应接收后,就要开始做出行的准备,包括思想准备和物资准备。思想准备是要做好吃苦和适应新环境的准备;物资准备,包括相关证件、学校的介绍信、生活用品、简单的医疗卫生用品和相关的实践材料等的准备。以上就是设计筹划阶段所要做的准备。

(2)实践过程

实践过程中主要的注意事项是安全问题和收集资料。实践安全是一件大事,特别是进入一个不熟悉的环境后,要谨防上当受骗和注意衣食住行等方面的安全。参加社会实践,通过各种途径收集材料是进行社会实践的主要目标,学生们不仅要认真听、看、写一些材料,同时最好能拍摄一些片段和有意义的照片,增加材料的可信度。另外,还要注意对材料的保存和整理,以防中途丢失。

(3)实践总结阶段

实践归来,撰写实践总结非常重要,这是对一次实践活动成功之处和不足之处的总结。另外实践总结可以交流心得、共同进步,正如有一句话所说,一份收获和另一份收获的交换,大家拥有的将会是两份收获,可见实践总结的重要之处。实践总结可分为三部分:材料的总结、成果的交流和评比表彰。

第一,材料的总结。材料的总结,首先要撰写实践报告。在实践的过程中,学生们要及时对每一个实践阶段进行小结,这样在书写材料总结时,就不会遗漏任何有意义的事件和重要的经验。实践报告的撰写在小组内应该有明确的分工。比如,进行实践活动之前,小组组长或者主要负责人要事先规划好每个组员应该负责完成的部分,还要在实践活动中督促其整理、汇总材料。实践活动结束后,组长和团队成员之间应进一步交流,完善、修改团队实践报告。整理完善后方能将材料上交。

第二,成果的交流。社会实践虽然结束了,但是只有及时地进行成果交流才能取得更大的进步和提高。选择一个团日或者一个特殊的日子,开展针对社会实践经验交流的活动。要求每一位参与社会实践的学生和思想政治理论课教师一起参加,参与社会实践的学生讲述自己的亲身经历,与大家分享交流自己的实践心得、经验。同时,各班社会实践的委员应做好记录,思想政治理论课教师也要对学生们的社会实践进行点评,为后一阶段的评比表彰做好准备。

第三,评比表彰。评比表彰,就是对在社会实践中出现的优秀实践团队、优秀个人、优秀指导老师,开展各种奖项的评选活动。通过表彰先进,树立社会实践典型个人及团体,鼓励带动更多的同学以更大的热情参与到社会实践中。思想政治理论课实践教学的成绩由理论考试成绩、社会实践成绩和平时表现三部分组成,这三部分在总的成绩中所占的比例应该根据实际情况而定。对于在社会实践中弄虚作假的实践报告者,将予以批评和记社会实践学分为零处理。

(4) 社会实践基地开发与利用管理

社会实践基地是思想政治理论课社会实践教学的重要场所之一,开发与利用好社会实践基地具有十分重要的意义。

社会实践基地的开发原则。第一,就近挂钩原则。校外社会实践基地的建设宜近不宜远;距离过远,学生往返交通、安全、经费等问题就会凸显出来;距离较近,双方来往较方便,容易联系。这是社会实践基地开发的首要原则。第二,坚持双赢原则。开发社会实践基地必须要有"互利互惠"的观念。作为学校不能一味强调社会力量支持教育,而不考虑如何为提供实践基地的企事业单位、公司和各种机构服务,如果这样操作,社会实践基地的提供方就会丧失关心、参与、支持教育的积极性,直接影响社会实践基地的持续发展。第三,与时俱进原则。社会实践基地的发掘,必须坚持与时俱进、共同发展的原则。新时期的形势变化要求不断开发社会实践资源,使社会实践具有更鲜活的内容和形式,以适应新时代受教育者身心成长的需要。

另外,利用社区资源建立社会实践基地是近年来课外实践活动的一种有益尝试。可通过和社区合作开展社区志愿者服务,也可由社区内的离退休老同志对大学生进行思想品德教育、知识教育等。与社区建立长期的合作关系,为学生了解社会、从事实践活动提供条件。开发和利用好思想政治理论课实践教学的社会实践活动方式,有利于增强思想政治理论课实践教学的实效性。

(5) 实践教学的考评管理

对思想政治理论课实践教学的教学成果进行考评有助于进一步推进实践教学

的发展，鼓励广大师生热情参与。思想政治理论课实践教学的考评，根据考评对象的不同，可分为对学生的考评和对教师的考评。

第一，对学生的考评。合理的考评能够提高学生在道德和法律践行中的积极性。对学生考评的关键是要客观真实地反映学生的思想道德水平和遵纪守法程度，从而激发学生不断地提高自己的综合素质。考评的成绩应由社会实践成绩、平时的表现、自评和同学们之间的互评组成。首先，任课教师要注意学生平时在道德、法律理想等方面的表现，将学生平时的日常行为表现记入成绩中。其次，学生可就自己的表现，给自己一个自我评价的机会，同时也可以组织同学对其进行评价，这些成绩均可作为每一位学生的思想政治理论课实践教学的成绩之一。最后，思想政治理论课实践教学方式之一的社会实践表现也是较能反映学生真实水平的指标之一。社会实践成绩根据所整理的材料来打分，材料包括调查报告、实践报告、实践心得、所感所得等，然后计入考评总成绩。此外，除了以上几种考评手段之外，还可以采用其他更开放、更科学的评价方法来进行，以提高学生的参与热情。

第二，对教师的考评。对教师的评价和考评可以从下面几点来考虑：首先，要从教师的思想政治水平、教学态度、职业感来考察他们的综合素质。其次，考察他们对于社会实践的参与情况：①是否重视并进行实践教学；②社会实践是否安排合理得当；③是否参与社会实践的指导和管理等。最后，对教师的考评还可以体现在思想政治理论课实践教学研究中，如各种思想政治理论课实践教学的研究方案等。另外，将教师的考评制度和奖励制度结合起来，对在思想政治理论课实践教学中表现突出的教师应给予相应的奖励，对参与社会实践指导和管理的教师应该给予一定的报酬，以激励更多的教师积极参与到思想政治理论课社会实践环节中。

（6）实践教学的保障管理

思想政治理论课实践教学是一项涉及面较广的系统工程，它需要学校、社会以及各个部门的配合，需要人力、财力和时间的投入，需要各方面创造有利的条件才能顺利完成。为了保证实践教学得到稳步的发展，建立思想政治理论课实践教学保障机制是十分重要的。

首先，资金保障。实践教学的一个主要方法是让大学生到社会中去体验生活、增长才干，从而提高自身的综合素质。大学生到社会中去锻炼需要有相应的经费，才能保证其顺利完成教学任务。因此，设立包括思想政治理论课在内的思想政治理论课实践环节专项资金，进行统一管理，对于思想政治理论课实践教学的顺利进行是至关重要的。高职院校在设立实践资金的同时，要注意专款专用，加强监督，使实践资金能够最大限度地发挥作用。

其次，师资队伍保障。《中共中央宣传部、教育部关于进一步加强和改进高等学校思想政治理论课的意见》中提出：要努力造就一支高素质的高等学校思想政治理论课教师队伍，要求广大高等学校思想政治理论课教师要坚持正确的政治方向，加强思想道德修养，增强社会责任感，不断完善知识结构，提高教育能力。因此，作为一名思想政治理论课教师必须做到：第一，政治原则、政治立场和政治方向应与党中央保持高度一致；第二，要拥有和不断加强自身的专业知识，能够为学生解疑释惑；第三，不断寻求提高自我综合素质的机会，多参加思想政治理论课教师的培训、研讨会议等。此外，学校也应该加强管理，为教师提供各种学习、培训的机会，完善各种保障和激励机制，使教师能够有一个安心、愉悦的工作环境。

最后，制度保障。传统的思想政治教育管理模式是利用组织、领导的权威而进行的灌输教育，而现代思想政治教育管理模式凸显的则是利用制度权威而进行的自我教育。思想政治理论课实践教学要在现实中切实得到执行，必须要实现有章可循。第一，学校必须对思想政治理论课实践教学的课时、课酬等做出明确的规定，只有这样才能确保思想政治理论课实践教学顺利进行，并产生好的效果。思想政治理论课的教学可由理论教学加上课堂实践教学再加上社会实践教学三种形式组成，相应的思想政治理论课的学分可由三者按一定的比例构成。各高职院校可根据自己的实际情况来确定。第二，需要有各种实施细则来保证思想政治理论课实践教学的顺利进行。实践教学是一项综合工程，要使实践教学环节在思想政治理论课中发挥最大的能量，不仅取决于实践教学的实际执行程度，还取决于实践教学的规范化程度。这些细则包括社会实践环节的安全管理条例、实践成绩的评分细则、实践经费管理细则等。

三、思想政治理论课实践教学的管理体系

"体系"是若干事物互相联系、互相制约而构成的整体。"实践教学体系"是由实践教学活动的各个要素构成的有机联系的整体。对实践教学整体性的认识有助于我们运用系统科学的理论和方法对组成实践教学的各个要素进行整体设计，以形成结构和功能最优的教学系统，培养大学生的实践能力。因此，思想政治理论课实践教学的管理体系应从整体的视角对思想政治理论课实践教学的管理内容进行构建。综上所述，思想政治理论课实践教学的管理体系就是从整体的角度来整合实践教学的管理内容使其各个环节形成有机联系、相互渗透的一个整体。以下从三个层面来构建思想政治理论课实践教学的管理体系。

首先，思想政治理论课实践教学制度层面的管理。即从制度上加强思想政治理论课实践教学的管理。思想政治理论课实践教学的制度包括：领导管理制度、学时学分管理制度、专项资金管理制度、保障制度以及各种评价和考核制度。科学地建立这些有效的制度能够保证思想政治理论课实践教学有章可循，为思想政治理论课实践教学的有效开展提供制度上的保证。

其次，思想政治理论课实践教学组织层面的管理。实践教学没有硬性规定，教学内容、学时、学分等缺乏统一要求，教学效果缺乏明确的考评指标，缺少固定经费投入和稳定的社会实践活动基地，没有规范性的制度是实践教学无法组织实施的主要原因。因此，在思想政治理论课实践教学中，建立各种考评制度和各种具体的组织规范和标准是实践教学组织层面需要考虑的问题。

最后，思想政治理论课实践教学操作层面的管理。第一，要尽可能地利用各种实践教学形式来为实践教学服务，同时也应与时俱进，不断更新实践教学的形式和内容。第二，要尽力利用各种现代化手段和设备来解决实践教学中存在的问题，如班级人数过多、经费问题、安全问题等。第三，加强对教师与学生的培训，对教师的培训主要是为了提升教师开展实践教学活动的能力，对学生的培训主要是各种技能培训、安全培训等。

总之，思想政治理论课实践教学管理体系中三个层面的管理内容是一个你中有我、我中有你，不可分割的整体。因此，在构建思想政治理论课实践教学管理体系时应注意从整体上来把握。

第三节 高职院校思想政治理论课教学实效性的教学保障体系

思想政治理论课实践教学保障机制是健全思想政治理论课教学长效机制不可缺失的部分，针对思想政治理论课实践教学的特点和存在的问题，建立完善实践教学保障机制要遵循科学性、灵活性、系统性、开放性原则，并从科学的教学管理机制、全面的投入机制、发展的评价机制和全程的反馈机制四方面进行路径探析。

一、思想政治理论课实践教学的政策保障体系

政策保障是根本，实践教学的规范化、制度化对于提高思想政治理论课教学的针对性和实效性极为重要，各院校要提供相应的政策保障。将社会实践教学规定为思想政治理论课教学的必修环节，纳入学校教学计划，使之进一步规范化、制度化。同时，对于纳入教学计划的实践活动，在内容、时间等方面提出明确要求，制定具体的考核制度、约束机制和激励机制。根据学生在社会实践中的表现和成果评定成绩，记入学生的学籍档案，每位在校大学生必须修完社会实践学分，方能符合合格毕业生的条件。

（一）构建完善的教学管理体制政策

思想政治理论课的实践教学与理论教学形成鲜明对比的是，实践教学的时间和空间具有不确定性、广延性和非连续性等特征，这就对学校的教学管理提出了

更高的要求。如果延续理论教学的思路和方法，则会消解实践教学的特殊性因而导致其价值的失落。根据实践教学的特性，对实践教学的管理也要具有因时因事灵活应变的弹性。教学管理体制必须要解决好现行教学管理系统与实践教学管理系统的衔接与兼容问题，必须解决好学校层面、学院层面和教师个体之间的纵向关系以及理论教学与实践教学之间横向的关联问题。

具体的教学管理体制的建构，我们则要根据学校现有教学管理的基本结构，把思想政治理论课实践教学纳入教学管理和学生工作管理的双重轨道，在管理机制上协调配合。这样既构建纵向的管理体制，又将党、政、团、教等各方面力量组合起来，齐抓共管、形成合力，为思想政治理论课实践教学的顺利开展提供强有力的组织保证。

为落实思想政治理论课社会实践教学的地位，发挥其作用，保证思想政治理论课社会实践教学的顺利进行，必须切实贯彻中共中央进一步加强和改进学校德育工作的若干意见，必须建立党委领导下以校长及行政系统为主实施的思想政治理论课社会实践教学管理体制，建立以校党委书记为组长、分管思想政治工作的党委副书记和分管教学的副校长为副组长的思想政治理论课建设领导小组。高职院校思想政治理论课社会实践教学组织机构包括思想政治理论课教学部、党委宣传部、教务处、团委、学生处、计划处及后勤处，其主要职能是组织开展社会实践教学活动。

（二）坚定正确的政治领导的决定政策

在复杂的条件系统中，每一个条件的地位和作用只有相对的意义并无绝对的区分，但就思想政治理论课实践教学保障体系建设这一确定范围而言，高职院校党政领导的地位和作用具有绝对的意义。正如毛泽东所说："政治路线确定之后，干部就是决定的因素。"这一点已是高职院校思想政治理论课建设者与领导者最根本的共识。一方面，党和政府已将各级党政领导有力的领导作为加强和改进思想政治理论课建设的根本措施，明确提出切实加强和改进党对高职院校思想政治理论课的领导，要求各级党委、政府要把加强和改进高职院校思想政治理论课教育教学作为一项重要工作摆上议事日程。要高度重视，加强指导，加大投入，为高职院校思想政治理论课的建设和发展提供良好的条件。与此同时，思想政治理论课建设者也从成败得失中深刻体会到思想政治理论课教学是贯彻落实党和国家关于培养社会主义事业建设者和接班人的思想政治素质要求，教导学生具备社会主义核心价值体系的主渠道，对党的领导的依附度远大于任何其他课程。它的每一点建设、改革与成效，都与高职院校党政领导班子关于这类课程建设发展方略的见识、胆略和决策有直接关系。

高职院校党政领导对于思想政治理论课实践教学保障体系建设的决定性影响。

第一，就加强改进思想政治理论课工作做出最具权威性的宏观决策，使思想政治理论课实践教学保障体系建设成为全校各有关部门的任务和职责，并从贯彻落实学校党委和行政最高决策的高度审视、判断工作的重要性并开展工作。

第二，把握保障体系建设的政治方向。思想政治理论课实践教学保障体系建设与专业实践（实训）教学保障体系建设的目标区别在于，它不是解决影响专业技术能力训练计划落实状况的物质层面和技术层面的问题，而是为了革除长期以来阻碍思想政治理论课教学取得实效的思想认识、政治领导、组织管理、社会环境等方面的弊端。因此，它的指向和目的具有鲜明的政治属性和意识形态色彩，唯有党政领导能够肩负如此重要的政治责任，确定建设的高起点，坚持建设的正确道路，牢牢把握建设的政治方向。

第三，制定有利于保障体系建设顺利开展的政策。思想政治理论课实践教学保障体系建设作为一项为大学生思想政治理论课实践排除障碍的工作不可能一帆风顺，必然遇到包括自身错误在内的各种阻力和羁绊。学校党政领导则能通过制定、实施必要的政策，允许打破传统思想政治理论课教学方式方法的陈规，宽容经验不足造成的工作失误，鼓励大胆探索创新保障体系模式，使建设工程按照政策引导的方向前进。

第四，为建设工作配备得力干部。新形势下的高职院校工作一方面千头万绪，难题层出不穷；另一方面工作质量要求越来越高，督导检查越来越严。在此情况下，相当多的学校的优秀干部都难以平均分配到所有部门和单位。此时，究竟哪方面工作是一所高职院校的"刀刃"，优秀干部这块"好钢"到底应该用在何处，唯有学校党政领导能够站在执行中央决策的高度，从坚持社会主义高等教育基本特征的大局出发，将德才兼备的优秀干部配置在思想政治理论课实践教学保障体系建设岗位上，通过他们的努力全面准确地实施建设蓝图，稳步迈向既定的目标。

（三）制定系列制度保障的政策

制度是保证思想政治理论课社会实践教学顺利进行的约束机制。大学生的思想政治理论课社会实践教学一般是在课外、校外进行的，其组织实施过程比一般课堂授课复杂得多，涉及教师、大学生、场所、经费、教学安排、协调、培训、考核等各个环节和因素，而且不是一次性、临时性的，是经常性、长期性的活动；也不是个别系部、个别大学生的活动，而是全体大学生参加的活动。因此，科学完善的规章制度是保证大学生思想政治理论课社会实践教学取得显著效果的有力保障。

全面的投入机制是思想政治理论课实践教学保障机制的关键部分，包括人力、财力、物力投入。思想政治理论课实践教学需要配备一支数量足、素质高专兼结合的师资队伍。大力加强队伍建设，切实提高大学生思想政治教育工作者的育人能力。根据思想政治理论课实践教学的政治性、实践性的特点，要求师资队伍既具备思想政治理论知识，又具备一定的实践组织能力。思想政治理论课应构建以专任教师为主体，学生工作部门的教师和实践基地工作人员为辅助的师资结构，既保证师资队伍的稳定性，又充分利用校内外的资源。专兼结合的师资队伍在实践教学前要进行专门培训，使师资队伍又好又快地掌握实践教学的方法和技巧，使教师充分了解实践教学可利用的相关资源和信息。财力投入机制可以确保学校投入充足的思想政治理论课实践教学经费。实践教学经费要专款专用，主要的用途包括：思想政治理论课实践活动经费、研究经费、奖励经费、硬件配套设施经费。物力投入机制主要是实践教学基地建设。建设思想政治理论课实践教学基地是落实课程实施的基础性工作，有稳定的、长期的实践教学基地和场所，可以保障实践教学时间相对有保证，内容相对确定，有利于学生获取知识，培养能力，陶冶情操，提高综合素质。

（四）制定稳定的经费支撑政策

这是建立思想政治理论课社会实践教学长效机制的物质保证。思想政治理论课社会实践教学与其他课程的实践教学相比，具有面广、参与学生多的特点，与课堂教学相比，工作的难度要大得多。高职院校思想政治理论课社会实践教学人员主要是任课教师，他们是高职院校思想政治理论课社会实践教学的直接负责人，负责制订社会实践教学的授课计划，学生成绩的评定和社会实践经验的总结。高职院校思想政治理论课社会实践教学大多要去校外参观学习，需要诸如交通费、门票费、接待人员的讲课费等一些费用，当思想政治理论课社会实践教学作为制度化、规范化的教学活动进行规划和实施时，就应该有一笔稳定的经费。

面对高职院校教学经费紧张这一普遍难题，学校应该在经费的安排上，要落实中共中央国务院第16号文件和中央工作会议精神，根据思想政治理论课社会实践教学的实际需要，增加思想政治理论课教学经费的投入，并从教学经费中划拨出思想政治理论课实践专项经费。社会实践教学的经费可分为：①实践活动经费。包括组织学生参观考察、假期社会实践和社会实践项目资助等经费，思想政治理论课社会实践联系费用，思想政治理论课教师带队的差旅费、社会考察活动经费；②实践教学研究经费。包括思想政治理论课实践活动研究项目或成果的印刷、出版经费和有关研究经费；③奖励经费等。思想政治理论课实践教学缺乏经费的投入与支持，是思想政治理论课教师在组织实践教学时所面临的首要问题。各高职院校教学主管部门应设立思想政治理论课实践教学专项资金，为思想政治理论课实践教学的正常开展提供必要的物质保证。

思想政治理论课实践教学保障体系建设的突出任务之一，是制定一套能够满足实践教学需要的经费保障制度。制定这一制度的前提，除了实践教学保障体系建设的客观需要和上级政策允许以外，就是学校自身必须具备一定经济实力。近年来，高职院校思想政治理论课实践教学保障体系建设的实践证明，在政治指导有力、政策制定配套、组织管理完善的前提下，思想政治理论课实践教学保障体系建设的规模、程度、速度和质量将更多地取决于该校的经济实力。尤其是高职院校间关于这项工作的交流经验和成果展示，通过大量的统计数据非常明确地显示了从总体上看学校经费投入与建设成效间的正比关系。这令越来越多的思想政治理论课实践教学保障体系建设领导者和建设者意识到，所谓"少花钱多办事，不花钱也办事"的观念和做法，尽管过去、现在都是事实，但在今天这种突出强调建设发展的可持续性时期，在关系到培养社会主义事业建设者和接班人必需的思想政治素质的重大工程中，微薄脆弱的经济支撑下能够办成的事的数量和质量都会大打折扣。

尽管认识已基本到位，但一些高职院校思想政治理论课实践教学保障体系建设中仍难以达到物质（经费）投入制度化的要求。究其原因在于学校的财力物力尚未达到建立具有约束性、稳定性的经费制度的水平，即仅能将对于思想政治理论课实践教学保障体系建设的支持力度维持在上级文件规定数额的水平上，一旦超出这一限度，加大投入就会因为无法持续而出现波动，故无法形成具有约束力和稳定性的保障制度。这就从反面证明了学校经济状况对于思想政治理论课实践教学保障体系物质保障制度建设的支撑作用。

（五）制定培养素质优秀的骨干队伍政策

组建一支专门的实践教学指导教师队伍是思想政治理论课实践教学保障体系建设的基本任务之一，而培养一批素质优秀的骨干核心则是高质量完成全部建设任务的先决条件。这里所说的实践教学保障体系建设骨干，并非这项工作的领导干部或指导学生实践的一般教师，而是特指实践教师指导队伍建设中的主要力量。他们对于思想政治理论课实践教学保障体系建设品质的保证作用主要表现在以下方面：

第一，引领建设的方向。尽管思想政治理论课实践教学保障体系建设的总体目标在建设之初便已明确设定，但实际情况表明，理论上的目标清晰并不代表实践过程的方向正确，而一旦迷失方向必然导致偏离目标。骨干教师则能够凭借对于建设目标内容、意义和要求的深刻理解，对于坚持坚定正确政治方向的高度自觉以及对于可能导致偏离方向的各种复杂因素的洞察力，以开阔的视野、准确的眼光、清醒的头脑和充分的自信，引领建设队伍始终瞄准正确的方向，排除纷扰，穿透迷障，逐渐接近既定目标。

第二，示范建设的行为。建设思想政治理论课实践教学保障体系是近年来为解决思想政治理论课教学实践质量问题提出的一项新任务，在完成过程中面临着一系列新情况、新问题。一方面，任务的重要性要求必须正确处理和回答这些情况和问题，另一方面，任务的紧迫性又不允许建设工作长期停滞在认识、务虚阶段，于是只能在没有相同经历和足够经验借鉴的情况下探索前进。这一过程的最大难题之一就是如何既冲破成规旧制的束缚，敢拼、敢闯、敢冒，走出一条新路，又严格遵守国家法度、党的纪律和学校制度。此时，建设骨干的作用，就是通过自己的实际表现做出行为示范，把握破立的程度，保持大胆和谨慎的平衡，通过对事物客观规律的充分尊重与巧妙运用取得成功。

第三，主导建设的进程。思想政治理论课实践教学保障体系建设的领导与骨干在建设过程中的作用的主要区别在于：领导是头脑，骨干是主体；领导决定建设的目标和趋势，骨干主导建设的进程和速度。建设骨干分子们因其肩负的重大责任定位于建设的主导，依靠其在思想水平、业务素养、人格魅力和执行力的综合优势形成对于进程的控制力并发挥主导作用，通过团结带领同事们攻克重大难题、解决关键任务，最大限度地避免不必要的损失，取得优化建设进程、加快建设速度、提高建设质量的效果。

第四，全力培养素质优良的建设骨干队伍。思想政治理论课实践教学保障体系建设的骨干队伍的基本要求，一是基本的人员数量，即人员数量达到完成思想政治理论课实践教学保障体系建设各项任务的要求，否则无法形成足以发挥应有作用的骨干力量。二是人员素质能力与建设目标相适应。这里包括两层含义，一层含义是指骨干的专业结构应与保障体系的建设内容基本同构，骨干具备的专业知识与能力能够基本符合保障体系建设所包含的制度保障、物质保障、条件保障、环境保障和质量保障等相对独立部分各自的要求；另一层也是更重要的含义是指骨干们的思想政治素质和能力与保障体系建设的质量品质要求相符，这是骨干培养工作的重点所在。

关于骨干队伍的培养方法和途径，应适当注意以下三个方面：

首先，在骨干培养对象的选拔标准方面，应按照思想政治理论课实践教学保障体系建设的需要而不是课堂理论教学的需要制定遴选标准。在以德为先的前提下，着重考察选拔对象在组织实践教学和实践教学保障体系建设方面的实际表现和未来潜力。

其次，在骨干培养的重点方面，以培养具有"引领方向、示范行为、主导进程"能力的骨干这一目标为引导，重点培养和提高他们的相关素质和能力，包括：较为深厚的马克思主义理论功底和学习、理解党和政府关于加强改进思想政治理论课特别是实践教学保障体系建设文件精神的能力；亲身社会实践经历与经验；不仅能够在课堂、校内和保障体系建设过程中，而且能在认识和处理一切问题时将思想政治理论与实际相结合的能力；大胆创新的意识和自觉奉献的精神；制度执行力、组织号召力和人格感召力。

最后，在上述素质能力的培养途径方面，一般认为主要是强化培养对象的理论业务培训、社会考察、对外交流、高层次进修。但通过研究老一辈政治理论教育家组建高职院校思想政治理论课教育体系时的身份与建设成效的关系，可以看到，今天骨干教师培养的最佳途径乃是令其置身于真正的而不是仿真度极高的社会环境中来获得亲身社会实践的经历和体验，使他们由只会理论联系实践的教师，变为兼具教育者和实践者双重身份的教师。当然这在时间、地点、经费支持和人员调配上存在诸多困难，但如果真正从实际效果出发权衡这样做的得失，与思想政治理论课实践教学保障体系建立后对教学实效性所起的巨大促进作用相比，为克服这些困难所付出的一切代价都是值得的。

为了保证高职院校思想政治理论课实践教学的顺利开展，需要建立思想政治理论课实践教学有效的领导体制和工作运行机制，为思想政治理论课实践教学提供组织保证。这就要求学校领导积极改变教育观念，高度重视实践教学。学校党委要统一领导大学生思想政治理论课实践教学工作，制定实践教学的总体规则，并对大学生思想政治理论课实践教学做出全面部署；学校行政要对大学生思想政治理论课实践教学做好具体布置和安排，把思想政治理论课实践教学与其他教学、科研实践结合起来，同时部署，同时安排，同时抽查，同时考核。

二、思想政治理论课实践教学的教学保障体系

（一）丰富的教学资源

丰富的教学资源是有效开展思想政治理论课实践教学的基础条件。实践教学环节对教学资源提出了更高的要求，如果离开了丰富的教学资源的支撑，实践教学则难以开展。当下实践教学中出现的各种异化问题，或多或少地与教学资源相对匮乏有关。当然，就理想层面而言，教学资源越丰富多样，就越能够满足各种类型实践教学的需要。但是，我们提出的丰富也是一个相对的概念，即确实是实践教学所必需的基础条件。首先，实践教学应具有相对充裕的人力资源。理论教学可以通过班级教学的形式进行，班级人数可以多一些，这样对教师的数量要求就相对较低。但是实践教学一般是分散进行，时间跨度长、地域分布广，对教师的数量就提出了较为苛刻的要求。在教师数量不足的情况下，教师就不能根据实践的需要进行有针对性的指导，甚至出现不指导、放任自流的情形。其次，实践教学应具有相对充足的财力资源。随着教学时空的拓展，实践教学更加依赖于财力资源的支持，否则，很多实践活动就难以开展。财力资源的问题几乎是所有教师都会遇到但又难以解决的问题。最后，实践教学应有充分的基地支持。实践教学是在广阔的社会生活中进行，实践基地是联系学生与社会的中介和平台。实践教学除了要求实践基地数量充足外，还要求实践基地类型多样，能够满足不同目

的的实践教学的需要。另外，实践基地的工作人员也是指导学生实践的重要力量，这就需要学校与实践基地之间具有良好的合作关系。

（二）有效的评价机制

有效的评价机制是确保思想政治理论课实践教学实效性的重要条件。教学评价理念和方法对教学过程的开展以及教学实效性的取得都具有重要的导向和促进作用，实践教学需要与之相匹配的教学评价体系的支持。总体而言，实践教学的评价体系要以能调动学生参与思想政治理论课实践教学活动的自主性、能动性和创造性为指导思想。调查表明，学生对接受现场教育和参观学习一般都有很浓厚的兴趣，对校内各项活动兴趣要小一些，对社会调查则只有一部分同学能主动地参加。如何通过教学评价的改进充分调动学生的积极性，使他们变被动学习参与为主动学习参与，这是提高思想政治理论课实践教学效果的基础。因此，必须引导学生从素质教育和能力培养的高度来认识思想政治理论课实践教学的重要性，使他们意识到理性思辨能力、调查研究能力、发现分析和解决问题的能力将使他们终身受益，将是他们人生成功的重要因素。只有这样，才能从理性和感性方面真正调动他们的积极性，达到自觉主动学习参与的目的。具体而言，评价体系主要包括学生实践教学信息收集与处理以及相应的激励措施等。

建立合理、客观、系统的教学考核评价机制是提升思想政治理论课社会实践教学质量的关键。思想政治理论课社会实践教学作为课程建设，应该与理论教学一样，必须合理构建实践教学环节的综合评价机制，建立严格的考评制度。否则，思想政治理论课社会实践教学就有可能流于形式，达不到应有的效果。考核时应有统一的标准，考评的主要内容要依据学生围绕思想政治理论课教育教学内容所撰写的研究论文或调查报告进行，将理论知识考评和实践课题论文考评相结合，力求全面、客观地评价学生的马克思主义理论素养和思想道德品德的实际情况，同时表彰优秀的调查报告并汇编成册。

（三）规范的实施过程与方法

规范的实施过程与方法是思想政治理论课实践教学的操作条件。正确的方式方法及其规范实施，是顺利落实思想政治理论课实践教学任务和取得理想教学效果的重要手段及保证。对于思想政治理论课实践教学的方式，各学校均有行之有效的做法。但无论采取什么样的方式方法，在选择及其实施过程中都应注意以下问题。第一，要根据不同选题、不同对象的具体情况进行选择。正确适当的方式方法总是与特定的活动内容、参与对象、时间、地点等条件联系在一起的。第二，要充分考虑需要和可能。思想政治理论课实践教学往往受到经费、课时、社会实践资源等条件的限制，因此，在选择活动的方式和方法时，就不能只考虑需要，也要考虑可能。目前，许多高职院校多采取以假期学生返乡社会调查的方式来进行思想政治理论课实践教学活动，就是因为这种方式经费投入低、学生参与广泛、时间充裕、可利用的社会实践资源丰富，具有很好的可行性。第三，要注意对方式方法的改进和创新。随着经济社会的发展、理论教育内容及学生思想实际的变化，思想政治理论课实践教学的方式方法也只有不断地改进和创新，才能有效提高活动的效果。这方面许多高职院校有好的经验。例如，有的高职院校创办了"新世纪论坛"，利用这一载体与近百位社会各界知名人士建立了联系，或定期邀请他们来校作报告；或组织学生带着问题到各界人士所在的地区、企业和部门进行社会调查和参观访问。第四，规范实施，严格要求。选择了适当的活动方式，还必须规范实施和严格要求。一是活动开始前，要围绕活动主题、目的要求、计划安排、方式方法等组织学生进行培训，帮助学生掌握相应的知识和技能。二是在实践活动过程中，教师或有关人员应尽可能地与学生一起参加活动，加强指导和检查，保证活动朝着既定的目标顺利进行。三是实践活动结束后，要组织学生认真总结，对学生撰写的调查报告认真批阅，进行评比交流。

（四）科学的教学管理机制

科学的教学管理机制是实践教学的基础条件，为实践教学的顺利进行提供基本保障。学校高度重视，各级职能部门职责分明，教务处牵头，思想政治教学部统筹，学生工作部门配合，共同努力，整合各方资源，是制定科学的教学管理机制的组织保证。科学的教学管理机制要严格按照教育部的要求，并结合本校的人才培养目标，将实践教学课时纳入整个学校的人才培养方案，确保合适的实践教学课时数，思想政治教学部按照培养方案进行实践教学。思想政治理论课实践教学的教学大纲应由思想政治教学部制定，教务处的专家组审核确定。目前，有些高职院校没有针对思想政治理论课实践教学特点制定相应的教学制度，导致实践教学显得无章可循。科学的教学制度应包括学生参与程度、教师职责、教学的基本内容、教学方式、实践教学审批流程、学生购买保险、实践教学申请、教学常规检查等方面，使教学管理制度化，防止思想政治理论课实践教学安排不科学。

（五）完善教学管理制度

实践教学环节是一个复杂的过程，需要有一套较为完善的思想政治理论课实践教学的制度依据。思想政治理论课实践教学的管理制度包括：①学时保证。把实践教学当作法定的教学环节，保证学时；②可操作的组织机制。思想政治理论课教师与学校其他行政管理人员要协调分工，把思想政治理论课实践环节当作思想政治教育的具体工作来抓，行政管理人员参与组织和落实，将直接保证学生实践活动的质量和效果；③完善的监控机制。教学管理部门要有对教师学生双方进行督促、检查、监控的机制和政策，保证实践教学环节按计划、有步骤地得到落实，如对教师工作量的计算，对学生实践活动的考核形式和标准等；④总结机制。

要形成对实践教学成果定期展出和交流的制度，推动实践教学活动的横向交流和纵向深入。

（六）提升教师开展实践教学活动的能力

思想政治理论课实践教学要求思想政治理论课教师不仅要有良好的思想政治素质、扎实的理论功底，而且要具备较强的组织能力、交往能力和社会实践能力，能有效地组织校内外各种实践教学活动，对实践教学方法和规律有深刻的理解，并不断探索思想政治理论课实践教学的新方法和新思路。为此，高职院校应引导思想政治理论课教师根据学科特点，从重理论知识灌输的教学观念转变为重理论联系实际、解决实际问题的教学观念。学校要为思想政治理论课教师接触实际创造条件，应定期组织教师外出考察，使教师走出学校，深入实际工作第一线。只有视野开阔，了解了世情、国情，体察了民情，才能不断弥补自身社会阅历和实践经历的不足，增强专业素质和能力，也才能科学合理地设计和指导学生的实践活动。

三、思想政治理论课实践教学的社会保障体系

从推动社会实践大系统发展的角度，全面改善政府、学校、企业、家庭、学生各子系统在社会实践方面的认识和作为。社会实践课程化和体系化在大系统的宏观层面搭建了新的构架并规范了各子系统之间的结合点，在制度层面保障了相互之间的开放性、互动性和合作性，促进了各子系统间的物质、能量和信息的交流，形成了全社会支持和参与社会实践的体制和机制，进而产生了整体优于部分之和的宏观协同效应，从而运用社会资源实现实践育人的目标。

（一）对大学生社会实践活动社会上存在的模糊认识

大学生社会实践是一项涉及面广、投入大、具有较大社会影响的系统工程，没有全社会的支持，难以深入、持久、有效地开展。当前社会各界对社会实践的认识深度还存在明显的不平衡。从政府层面看，还没有从科学发展观的高度来为大学生社会实践承担应有的责任，没有从提高人才层次、缩短人才培养周期、提高行业素质和提高社会劳动生产力的角度积极为社会实践创造条件；从学校层面看，受传统教育模式影响，普遍将社会实践看作课堂教育的延伸和补充，作为一种软任务来对待；从企业层面看，还没有将社会实践与企业的长远发展联系起来，只把参加实践的大学生当成廉价或者免费劳动力；从家庭层面看，家长往往把参加社会实践当作一项不务正业的活动，或者对孩子在参与实践过程中的安全和吃苦受累心存疑虑；从学生自身来看，也没有充分认识到社会实践的重要性，参与主动性和积极性不足。

脱离人民群众的说教难以产生对人民的深厚感情，缺乏对国情社情深入了解

的理论灌输难以产生深厚的爱国情怀和社会责任感。研究表明，社会实践在人们的政治观念和价值取向形成过程中具有基础性的作用。单纯的课堂教育和理论讲授由于缺乏必要的感性认识基础，学生对知识的掌握流于表层化和片面性，而社会实践则利于学生将书本知识与实际紧密结合，自觉把理论和实践结合起来，促进书本知识和感性认识向理性认识的升华和内化。通过社会实践课程体系建设，根据不同学校、不同专业、不同年级、不同外部条件进行多样化的课程设置，根据学生个体的偏好和潜质进行柔性灵活的课程选择，可以按照学生的成长阶段和认知规律分别进行以思想教育、能力培养、专业素养形成和社会服务能力为侧重点的分层实践教育，全方位、全过程、多视角地为学生深入基层、深入群众、了解国情社情创造条件，从而为培养充分个性化发展的高素质创新型人才创造条件。

　　思想政治理论课实践教学的实施是一个系统工程，必须有内部和外部支持体系的构建，需要社会外部各要素之间的协调互动，要创设政府、学校、家长以及社区各界广泛参与、支持的和谐社会支持环境，才能确保课程的顺利开设。然而，在开设思想政治理论课实践教学的学校中，由于社会支持环境的不和谐，实践教学的效果并不理想，没有达到预期的效果。为此，必须积极构建和谐的社会支持环境，以确保实践教学活动的顺利开展。

（二）社会支持环境的含义及存在的缺陷

1.社会支持环境的含义

　　社会支持的本质是利用各种可以利用的社会资源，包括有形的，如物质，金钱或者其他的工具；无形的，如感情、指导、亲密的社会交往、尊重等。

　　和谐社会支持环境主要是通过调动和运用社会各方面的资源，发扬社会工作的"助人自助"理念，发动社会各行各业积极参与社会互助活动以帮助和解决一些活动的社会不适，形成一种良好的社会支持氛围，以促进活动顺利开展。社会支持重点主要表现在物质支持、精神与心理支持、关系支持以及社区帮助等方面。

（1）物质支持

　　由于思想政治理论课实践教学在开设的过程中应具备有相关的实施条件，需要大量的相关资料及经费。因此，通过社会支持网络调动社会资源，给予学校必要的物质支持是相当必要和重要的。教育部门可以通过多种形式，为学生提供物质性的援助和支持，如发动社区网络中的力量，为社区学生提供资料和经费支持等。

（2）精神与心理支持

　　精神压力以及心理疾病是现代社会高职院校学生中较为常见的社会问题，许多人由于精神压力不能及时得到缓解而严重影响学习和生活。值得指出的是，人们对因心理及精神问题所造成的社会负面影响之重视程度远远没有对因贫困问题带来的社会影响的重视程度高，以至于大部分高职院校学生，心理和精神支持还处于空白状态，不少有类似问题的社区成员处于孤立无援的地步，极易诱发一些意外情况的发生。进行心理和精神矫治是社会支持的重要内容，也理所当然是社会支持网络中的重要内容。

(3) 关系支持

由于社会资源占有关系的不同和社会不公的客观存在，高职院校往往处于弱关系状态之中，即社会交往单一、社会关系简单等。作为社会支持网络系统，对之进行关系支持是十分重要的。所谓"关系支持"，就是教育者通过网络关系的介入，调动、调整和利用社会资源，在一定的范围内重新协调和分配资源，为处于"弱关系"状态下的社区成员提供各种改变当前所处状况的机会和条件。

2.实践教学中缺乏社会支持环境的表现

思想政治理论课实践教学的实施需要一个和谐的社会支持环境，以确保思想政治理论课实践教学的顺利开展。建立政府、学校、家长以及社区各界广泛参与、平等对话的有效机制，并取得他们积极地支持，在活动开发与实施过程中是非常重要的。高职院校需要同与思想政治理论课实践教学开发与实施有关联的社会机构、家庭成员以及其他兄弟学校保持密切联系。然而，在思想政治理论课实践教学中，由于社会支持环境不和谐，思想政治理论课实践教学开展的并不理想，没有达到预期的效果。为此，必须积极地构建和谐的社会支持环境，以确保思想政治理论课实践教学顺利开展。不和谐的社会支持环境主要表现在以下几个方面。

(1) 政府支持不力

思想政治理论课实践教学应有的政策支持系统尚未建立，没有相应的政策支持，难以解除校长和教师的后顾之忧。如普遍面临的教师职称评定问题、思想政治理论课实践教学的教师编制问题、教师工作量计算问题等。

(2) 学校缺乏支持热情

领导管理层面对思想政治理论课实践教学理解不到位，缺乏支持热情。教师缺乏"效能感"，大部分学校视思想政治理论课实践教学为"副科"，在学校中没有地位，导致教师缺乏效能感。学生缺乏激情，在思想政治理论课实践教学实施过程中，由于教师对该课程本质认识的片面性，有人认为学生研究的课题应由教师确定或提供，研究活动中以教师指导为主，以结果为主要评价标准等，学生不能自主选题、活动方式与课堂教学没有本质差别、体会不到成功的快乐、课程流于形式等，导致达不到开设课程的目的，学生对这门课程失去兴趣。

(3) 缺少家长支持

由于宣传不到位，大部分家长对该课程不了解，或对开展思想政治理论课实践教学的目的和意义不理解。又由于从表面上看，家长认为综合实践活动课浪费时间，是在"玩""不务正业"，会荒废学业，是老师不认真、糊弄学生，所以不支持孩子参加综合实践活动。

（4）社区缺乏支持

在我国由于传统的课程脱离实际，社区很少参与学校教育，更不会参与课程改革，因而社区缺乏课程改革历史。一个社区或一个学区先前从事课程变革越积极、历史越久远，对一项新的课程变革计划的实施程度也就越高，反之亦然。在我国课程改革和实施似乎成了教育内部的事，大部分社区工作者认为学校教学活动应在学校内完成，学校教学活动与他们无关，与社区无关，所以社区对思想政治理论课实践教学缺乏支持力度。

（三）思想政治理论课实践教学社会保障体系构建

1.政府支持体系

现代文明社会的良性运行、协调发展是靠政府行为来实现的，单靠学校会形成短期行为和无序状态，没有政府的重视、支持及参与，即使是良性行为也难以运行和持久。因此，政府应该是思想政治理论课实践教学开设最主要的支持因素。政府对于思想政治理论课实践教学开设的支持主要表现在立法上给予保障、行为上进行协调、舆论上给予营造。

（1）制定相关政策的政策支持

在酝酿、规划及具体实施新课程政策的过程中，最为切实有效的推动力是国家权力，国家权力所担负的责任、所发挥的作用，是任何其他力量所不能比拟的。而国家权力作用的发挥或者政府的支持，又主要体现在立法的保障作用方面，为思想政治理论课实践教学的开设提供政策上的支持。我们应充分利用这一政策，积极地宣传，推进政策的落实。协调各相关部门密切配合，齐抓共管，多层次、多渠道地解决综合实践活动中遇到的问题。加大宣传力度，营造舆论支持。

（2）组织编写课程标准，寻求资源和物质支持

组织有关课程理论、教学理论的学者、学科专家和教育、教学工作者协同工作，研究思想政治理论课实践教学，为社会实践提供理论支持是顺利推行实践教学活动课程的必经之路。课程规划是从教育行政部门的角度来考虑某一级学校或某一类学校课程的范围、参加编订课程的人员及其组织、领导、使用技术、需要提供的条件以及产生的文件；课程设计是从学科专家、教育科学专家和课程研究人员的角度研究课程的类型、研究编订有关课程文件的具体内容。课程改革需要有统一的领导来编订课程改革的具体内容，搞好学科课程、活动课程和综合课程的协调比例，组织合理的课程体系，制定科学的课程标准和相应的评价方法；进行教材多样化的开发和管理，创设必要的改革环境，提供通畅的教材供应渠道。针对经济相对落后的城市，政策上给予倾斜，提供财力、物力和人力上的帮助，确保思想政治理论课实践教学改革切实进行。

（3）加强领导、健全组织机构组织支持

教育主管部门成立社会实践活动课程理论和实践研究领导小组，负责组织协调、指导课题研究工作。思想政治理论课实践教学是一门集中体现国家、地方、学校三级管理体制的新课程，应加强该课程教研队伍的建设，健全教研网络，为此教育行政部门应配有专职的综合实践活动教研员，建立思想政治理论课实践教学中心教研室，加强高职院校社会实践活动课程教研与培训方面的指导工作。整体配备该课程教研队伍，并制定相关评价或奖励政策，解除他们的后顾之忧，专心开展和指导工作，以确保社会实践活动课程研究和实践顺利进行。

2.学校支持体系

（1）加强对学校领导的培训

加强对领导的培训，提高领导者的素养，正确认识开设思想政治理论课实践教学的意义和作用，积极支持课程改革。努力使校长从课程改革的"反应者"转变为课程改革的"发动者"，积极主动、创造性地推行思想政治理论课实践教学。

（2）加强教师培训

无论多么先进科学的课程理论，如果不被高职院校教师所领会与掌握，就是毫无价值的；无论多么高明的教师，如果不用先进的、科学的理论去武装自己、自觉用理论指导教学实践，就不能将具体的课程实施推向新水平和高境界。所以必须加强该课程培训，结合实际鼓励、指导高职院校开展本校师资培训，在培训中提高教师对该课程的认识，正确地把握课程的精神和理念、深刻领会国家的教育方针和政策、掌握好该课程的标准和要求、拓宽眼界，加强跨领域学科的学习。在培训中提高开展思想政治理论课实践教学的能力，提高教师的效能感，积极地支持思想政治理论课实践教学的开展。

（3）认真履行相关规定

要从地方建设发展的实际需求和学生锻炼成长的需要出发，不断拓展大学生社会实践的新领域、新载体、新形式，不断提高社会实践活动的针对性、实效性和吸引力、感染力。要把社会实践纳入学校教学计划，规定学时学分，对学生参加社会实践提出具体时间和任务要求，制定切实可行的考核办法和激励机制，及时召开总结会，表彰社会实践先进集体和个人。要把教师参加和指导学生社会实践计入工作量，作为考评教师的重要依据，充分调动广大师生参与社会实践的主动性与积极性。要加强安全教育，制定安全预案，确保师生参加社会实践的安全。

（4）增强学生学习激情

在综合实践活动中，坚持学生的自主选择和主动参与，充分尊重学生的兴趣、爱好，让学生自己选择学习的目标、内容、方式以及决定活动结果呈现的形式，发展学生的创新精神和实践能力。综合实践活动应面向学生完整的生活领域，为学生提供开放的个性发展空间。注重学生的亲身体验和积极实践，促进学习方式的变革。在活动中，主动地获取知识，获得成功的体验，增强参与综合实践活动课的激情。

(5) 理论支持

理论支持主要指通过教育科研机构开展研究，形成相关的理论。教育科研机构要积极开展思想政治理论课实践教学研究，结合实际为高职院校开展实践教学提供理论支持；积极地为学校举办的思想政治理论课实践教学提供岗位培训。目前我国关于思想政治理论课实践教学理论的研究仍然处于起步阶段，还有很多实际问题需要解决，还有许多课题需要研究，教育科研机构需要持续不断地从理论上给思想政治理论课实践教学的实施以有力的支持。

3.家庭支持体系

与国家支持、社区支持、学校支持相比，家庭支持更为直接，家庭支持的力量是不可低估的。家庭中的物质支持、教育支持与精神支持是最为关键的。教育课程改革是关系到每一个家庭的社会问题，课程改革需要家庭的理解和支持。家庭，只有成为课程改革的一分子才有可能充分发挥其教育的功能，同时教育才有可能真正服务于人。学校和家庭的紧密联系是家庭了解课程改革进而支持课程改革的前提。首先，要让家长深刻领会思想政治理论课实践教学的性质、开设的目的、作用。其次，要让家长主动地支持子女的研究，并提供物质支持和精神支持，使家庭和学校形成良性互动，这需要双方共同努力，学校可以开展"家庭开放日"的活动，邀请学生家长参观、座谈以促进了解进而集思广益。课程的开设和完善，特别是思想政治理论课实践教学，更需要包括家庭在内的多元的支持。

4.社区支持体系

社区是一个地区性的社会。社区和教育通过学校联系起来，二者是相互支持和制约的。作为教育和家庭的中介，社区对于养成社区成员对教育价值的共识和对教育改革的关注与理解是非常重要的。"建立学习支持服务系统是开放教育区别于传统学校的一个显著特征"。社区可以为学校发展创造良好的外部环境和提供有力的保障。虽然，目前我国的课程改革在很大程度上是一种自上而下的政府行为，然而在推行的过程中，社区的支持是必要的。

社区文化可以引导居民认同课程改革的基本理念，扩大改革的影响力和支持面。社区要发展就必须和学校教育相结合，深刻领会国家的教育方针和政策，有全局观和使命感，把教育当成社区生活的重要组成部分。课程变革不应孤立于社区文化之外，而应自觉寻求与社区的整合。在综合实践活动课中，认同社区文化精华的部分，去其糟粕的部分，并针对社区的文化开展活动教学。通过实用性研究，获得社区或村落的支持，获得社区政治、经济文化机构的协助，从而大大增加综合实践活动课开设成功的机会。

课程改革是一个重大的社会问题。新一轮的课程改革是一个意义重大、影响深远、任务艰巨而复杂的系统工程，它是新世纪我国政府积极推进的一项社会事业，因此需要政府保障，需要广大教师、专业教育工作者、家庭和社区积极参与热情支持，创设一个和谐的社会支持环境，才能确保新课程顺利推行。

四、思想政治理论课实践教学师资队伍的素质要求

素质一词，有狭义和广义之分。狭义的素质是一个心理学的概念，指人的神经系统和感觉器官上的先天特点；广义的素质是指人们现有的基本条件，即包括人们在社会实践中逐步成长、完善起来的各方面的基本条件，通常包括先天因素、生理素质、心理素质、政治素质、品德素质、文化素质等。它是个体人的体质、性格、气质、能力、知识、品质等各种要素的综合，这些要素是依赖后天努力学习，经过长期社会实践的磨炼而获得的。作为一名好的思想政治教育工作者，必须逐步完善这些素质，以适应21世纪大学生教育和管理的需求。

（一）政治素质

思想政治教育是党的事业的重要组成部分，是实现党的总任务、总目标的一种实践活动，具有强烈的党性和政治性。政治素质是思想政治教育工作者应当首先具有的最基本的素质，是思想政治教育工作者素质的核心。对于思想政治教育工作者来说，就是要有明确的政治立场，坚持社会主义政治方向，时刻保持强烈的工人阶级政治原则，忠于党的事业，坚持为人民服务。

（二）思想道德素质

思想道德素质是塑造人的灵魂的工程。打铁先得自身硬，思想政治教育工作者没有过硬的思想道德素质，没有高尚的道德情操是无法完成工作的。可以说，思想道德素质是思想政治教育工作者最基本的素质之一。"解放思想、实事求是，一切从实际出发，善于开拓前进，具有唯物辩证法的思想方法和工作方法"。大公无私、乐于奉献、热爱本职、忠于职守，这些是对思想政治教育工作者思想道德素质的基本要求。

（三）知识素质

思想政治教育作为一项综合性、专业性、知识性很强的工作，没有丰富的知识是无法驾驭的。因此，思想政治教育工作者需要掌握丰富的科学知识，努力成为具有扎实的专业理论功底、宽广的文化眼界、熟练的业务能力的灵魂师。

（四）能力素质

能力是指运用于工作实际的各种技能和艺术。它以知识为基础，但又不等于知识，是知识与实践的结合，是运用知识解决问题的本领。能力素质是思想政治教育工作者素质结构中不可缺少的部分，思想政治教育工作者要努力培养自己的

调查研究能力、综合分析能力、决策计划能力、宣传表达能力、组织协调能力以及掌握现代科技工具的能力等。

（五）创新素质

创新是一个民族进步的灵魂，是一个国家兴旺发达的不竭动力。江泽民指出，一个没有创新能力的民族，难以屹立于世界先进民族之林。同样，一个没有创新能力、没有创新素质的思想政治工作队伍也是难以承担新时期思想政治教育工作的。创新素质是思想政治教育工作者不可缺少、而且越来越重要的素质，是创造性开展工作的基本条件。思想政治教育工作者要在工作中善于打破常规，积极摸索新路子，总结新经验，圆满出色地完成各项任务。

（六）心理素质

思想政治教育的对象是人，必然涉及人的心理活动，要受人的心理特征、心理过程的制约，这不仅决定了思想政治教育工作者既要了解教育对象的心理特征，而且自身在从事这项工作时，也要有健康的心理状态和良好的心理素质。在实际工作中遵循心理活动的规律，增强心理承受能力，发展积极的个性心理，并养成身心愉快、情绪热烈、气质优良、性格稳定、意志坚强、动机正确、行为端正的心理品质。

（七）身体素质

身体是革命的本钱，无论做什么工作都离不开健康的身体，做思想政治工作也是如此。身体素质有先天因素，但更重要的是与后天锻炼有关。思想政治教育工作者如能经常参加各种体育活动，不但能强健体魄，而且还能赢得更多的与学生交流的机会，增强师生之间的友谊和情感，使教育工作收到事半功倍的效果。

第四节 高职院校思想政治理论课教学实效性的考核与评价

一、思想政治理论课实践教学考评的意义

思想政治理论课实践教学的考核与评价是对教学成果进行评价考核和检验的过程，考核评价的对象包括学生学习的成果和教师组织实施教学的过程两个方面。做好思想政治理论课实践教学考核评价及保障机制的建设工作，既是社会发展所提出的客观要求，也是思想政治教育自身实现科学化的需要，具有重要的理论价值和实践意义。

（一）是进一步规范高职院校思想政治理论课实践教学工作的需要

建立科学完备的思想政治理论课实践教学考核评价及保障机制，是完成教学

任务、提高教学实效、实现教学目标、有效地开展教学质量评价活动的必然要求。总体来看，高职院校思想政治理论课实践教学的效果不太理想，与中共中央关于"高职院校思想政治理论课所有课程都要加强实践环节，要建立和完善实践教学保障机制，探索实践育人的长效机制"的要求相差甚远，问题主要表现在以下几个方面。

第一，在实践教学形式上，各校的思想政治理论课实践教学形式仍然主要是强调以教师为中心，学生被动参加实践，多数都是采用简单的参观、影视欣赏、讨论等传统方法，实践教学方式陈旧，学生积极性不高。

第二，在实践教学内容上，目前许多高职院校没有设置思想政治理论课实践教学大纲，实践环节时有时无，随意性太强。虽然一些高职院校制定了实践教学大纲，但大纲缺乏科学性，教学目的不明确、教学时数不一、教学内容不规范。

第三，在实践教学保障上，许多高职院校对思想政治理论课实践教学重视不够，如实践教学的政策制度不健全、资金缺乏、设施不全、没有科学有效的考核机制等。

以上种种问题在很大程度上制约着高职院校思想政治理论课实践教学的成效。虽然目前高职院校还在积极探索思想政治理论课实践教学的模式，然而，这些实践模式是否科学、规范，还需要一个科学的、客观的评价体系来验证。制定好、实施好思想政治理论课实践教学的评价标准，有利于进一步明确教师在实践教学过程中的具体要求，使教师在实践教学的过程中有行动和做法的具体标尺，在整改提高时也有明确的方向。这样，就能够使高职院校思想政治理论课实践教学进一步规范化，减少实践教学的盲目性。

（二）是切实提高高职院校思想政治理论课实践教学实效的需要

马克思主义哲学意义上的实践是指人们为了满足一定的需要而进行的能动地改造和探索物质世界的活动。高职院校思想政治理论课的所有课程将实践环节纳入高等院校思想政治理论课教学体系正是以优化主体，即提高高职院校学生思想政治素质、增强社会能力为目的。对高职院校思想政治理论课实践教学进行评价，是积极响应党中央关于探索高职院校思想政治理论课实践育人的长效机制的要求，切实提高各高职院校对高职院校思想政治理论课实践教学的重视程度，把党中央的要求落到实处，调动高职院校学生在思想政治理论课实践教学中的主动性和创造性，提高高职院校思想政治理论课实践教学的效果。因为只有建立科学、严密的高职院校思想政治理论课实践教学评价体系，才能促进高职院校思想政治理论课实践教学卓有成效地开展，才能使广大高职院校学生变被动为主动，主动加深对思想政治理论的理解，检验理论的科学性，获得经验与认识，锻炼能力，提高素质，促进学生个性发展和思想品德修养，切实提高高职院校思想政治理论课实践教学的实效。

（三）有利于提高教师的业务素质和实践教学水平

科学有效的高职院校思想政治理论课实践教学评价体系能够对思想政治理论课教师的工作能力和实践教学水平提出更高的要求。它不仅要求教师具备丰富的理论知识，而且要有良好的解决实际问题的能力，同时还要具备较好的组织能力和管理能力。只有建立起科学有效的评价体系，才能使教师进一步审视自己，发现自身存在的问题和不足，以便明确以后的努力方向。这对于不断提高高职院校思想政治理论课教师的业务素质和实践教学水平具有重要的作用。

（四）有利于促进思想政治理论课学科的建设与发展

建立科学完备的思想政治理论课教学考核评价及保障机制，也是深化教学方法改革的动力源泉。通过有效地开展教学评价，促进思想政治理论课教学在内容、方法和手段等方面的改革与发展。科学的评价体系和机制可以鼓励教学方法的科学创新，避免教学方法的僵化和非科学方法的运用；落后的评价体系和机制会阻碍教学方法的创新，扼杀新生事物和教师创新方法的积极性，延续僵化的教学方法。

（五）是获取和处理用以确定学生水平和教育有效性以及证据的方法

建立科学完备的思想政治理论课实践教学考核评价体系及保障机制，包括了比一般书面考试更多种类的参量，对学生学业成绩进行考核与评价，是教学工作中一个不可缺少的环节。如果没有评价，整个教学活动将成为一个只有执行而无反馈的过程，不利于学生学习责任心的培养和学习积极性的提高。也是教育工作者客观评估教育质量，加强和改进教育工作的重要措施。有利于教育工作者认识教育的有利条件，发现薄弱环节，掌握新情况、新问题，为新的教育决策提供经验材料，为进一步加强和改进教育工作提供指导。

二、思想政治理论课实践教学考评中存在的问题

目前对思想政治理论课改革的关注多集中于教学内容、教学方法和教学手段，而对教学考核评价体系及保障机制的研究相对薄弱。主要表现为以下几方面：

第一，考核内容的知识化导向。思想政治理论课教育的目的不在于死记硬背一些马克思主义理论教条，而在于提高学生利用一定的理论分析问题、解决问题的能力，提高学生对党和国家所采取的方针政策的理解和认识，提高学生在生活中实践思想道德修养的自觉性。目前的思想政治理论课实践教学考核评价体系中却存在只注重知识的考查、忽视学生能力和素质提高的现象。高职院校思想政治理论实践课考试成绩以期末笔试为主，而期末的笔试大多采取同一课程使用统一

试卷（全校使用同一份试卷来要求不同任课教师所教的不同教学班的学生）的办法，在试卷命题上不得不要求命题教师严格按照教材的体系和内容，不能偏离较多，这就使得思想政治理论课考试内容存在过分强调教材化的倾向，考试与教学脱节，一些平时逃课、不听课的学生通过考前的突击背诵，照样可以通过考核。这种简单划一的做法，一方面影响教师及时更新、丰富课堂教学内容的积极性；另一方面也容易使学生上课和听课的积极性不高，只注重考前的死记硬背，忽视分析、判断能力的培养和思想政治素质的提高。

第二，考核题型及答案过分强调标准化、规范化。当前的思想政治理论课考试的命题一般分为客观题与主观题两部分，选择题、判断题、名词解释题、填空题等客观性试题当然有标准答案，而论述题、材料分析题等主观性试题的答题则需要学生灵活运用所学知识，实际上是没有严格统一的标准答案的，但有的思想政治理论课教师为了提高考试的公平性、公正性和方便评阅卷，对这部分题目也制定了标准答案，实际上就是只要求学生写出课本或笔记上的现成答案。对学生记忆性方面的东西测试过多而对其分析、解决问题能力的考查太弱，极不利于学生分析与解决问题能力、口头表达与书面写作能力、辩证思维能力与创新意识的培养。

第三，实践教学成绩判定的随意性。思想政治理论课实践教学考核成绩的评定应该是多方面的综合，包括课堂上对教师提问的回答、作业和小论文及学生实际表现等多方面，其中除思考练习题可用百分制记分外，其他的则并不适宜用百分制的量化标准评分，而思想政治理论课的各门课程都要求平时分数量化，但思想政治理论课一般都是大班教学，教师对学生很难全面了解，提问不可能遍及每个学生，小论文的分数差别很难准确把握，最后教师只能随意或凭印象给学生打出一个"精确"的分数，难以反映学生的真实水平。

第四，思想政治理论课实践教学缺乏完备的监督机制。思想政治理论课实践教学缺乏监督，许多实践教学是在课外、校外进行，更有许多实践教学活动安排在假期。在没有建立完善的实践教学机制的状况下，对实践教学无法进行有效的监督管理，而使实践教学变为学生可参加也可放弃的个人行为。

第五，实践教学的评价方式不当。从思想政治理论课实践教学的本质特征和功能来看，其评价方式应当突出多元化和开放性的特点。但是目前多数高职院校对学生思想政治理论课实践教学的定位存在着诸多不当：评价偏重于结果，将学生撰写的调查报告、社会实践材料等同于实践活动所取得的成果，并作为评价的主要或唯一的依据，忽略了对学生实践活动过程中认识水平、认识方法等的评价，更缺乏对学生在实践中所表现的理想、信念、智慧、能力等的综合评价。这就造成一些学生对思想政治理论课实践教学简单应付，实践报告从报刊"抄袭"或从网上下载、复制的现象比较严重。

第六，实践教学的考评体系不当。目前看，大多数高职院校都没有制定专门的实践教学考评办法和考评标准，多数学校考评办法简单而又不严格，有的学生常常不去单位实习，证明材料弄虚作假、找人盖章了事。调查报告、毕业论文往往是抄袭别人的文章，甚至闭门造车，编造数据、信息，学生的实践能力得不到有效提高。由于多数教师理论教学任务繁重，课程考核形式陈旧，实践教学往往只占学生课程成绩的10%，较低的比例进一步降低了它的重要性，所以教师很难在学生的实践论文方面花费太多时间，只能大致浏览一下，给出论文成绩，而不可能对实践论文本身提出多少修改意见，即使有修改意见，因时间和精力所限也不可能将意见反馈给每一个学生，这种考核体系对大学生的帮助非常有限。教师的这种不认真和敷衍了事助长了大学生对实践教学的不认真态度。

三、高职院校思想政治理论课实践教学的评价原则

高职院校思想政治理论课实践教学评价体系的原则是指导开展实践教学评价的依据，是确保思想政治理论课实践教学评价活动开展的根本保障，是思想政治理论课实践教学评价活动的目的与意义的体现。

（一）导向性原则

高职院校思想政治理论课实践教学，是指在教师的指导下，依据课程的教学内容和要求，以组织和引导大学生主动参与实际生活和社会实践、获得思想道德方面的直接体验为主要内容，以提高大学生思想道德素质为目标的教学方式或教学环节。在进行思想政治理论课实践教学评价的时候要始终坚持以学生"直接体验"和"提高思想道德素质"为目标和导向。

（二）可操作性原则

可操作性原则是指评价方案实施时要具备可操作性、行得通。高职院校思想政治理论课实践教学评价过程是否达到预期效果，其评价方案、指标体系及评价过程是否具有可操作性是重要前提之一。可操作性原则不仅要求各项指标具有实际内容，要符合实际，而且评价指标体系要尽量简便、明确，便于实施，同时每一个评价指标都可以量化，具备可测性。

（三）系统性原则

高职院校思想政治理论课实践教学评价体系是由各个系统构成的总评价系统，各个系统相互交织、相互联系、相互渗透，形成全面评价的指标系统。从纵向看，系统可以层层分解，从总目标到次级指标再到再次级的指标；从横向看，可以分为实践教学的条件、实践教学的过程与实践教学的效果。总目标的实现依赖于子目标的实现，子目标的评价和实现则可以达到高职院校思想政治理论课实践教

的目标，即提高大学生的思想道德素质和能力。

（四）全面性原则

高职院校思想政治理论课实践教学的评价不仅可以对高职院校思想政治理论课实践教学工作进行宏观的评价，而且能够对高职院校从事思想政治理论课实践教学的教师和学生进行微观的评价，尤其在对学生进行评价的时候要把学生撰写的调查报告、社会实践材料等实践结果作为考评的依据，而且要能够对学生在实践过程中认识水平和能力的提高，以及对学生在实践中表现出来的理想信念、敬业精神等进行综合的评价。劳动过程和劳动结果均作为公益劳动活动考核的依据，避免了学生只追求劳动结果而忽视劳动过程的不良心理倾向，使学生形成过程与结果同样重要的认识，培养学生热爱劳动的良好品质。

四、思想政治理论课实践教学考评体系的构建

建立科学的考核评价体系，主要是对学生掌握理论和教学活动对学生思想状况产生影响的评价。考评方式的改革是启动和深化其他教学改革的"导航器"。在传统的"千人一面，千人一卷"的考评模式下，思想政治理论课的考试功能被简化和强化为考核学生学习的唯一工具，使考试由教育的手段变为教育的目的，死记硬背，唯书唯上，严重扭曲了思想政治理论课的教育功能和本质，扼杀了学生个性及创造性思维与能力的培养。

（一）评价指标体系

从高职院校思想政治理论课实践教学系统来看，构成实践教学质量的基本要素有输入、过程、输出三个相互联系的方面。教师考评与学生考评相结合，由任课教师与学生共同参与实践活动评价，既可以体现评价主体的多元性，又可以提高学生参加劳动的积极性，也使学生学会客观、理性、辩证地看待事物，对于学生的成长成才具有重要意义。

实践教学考核评价的主体主要包括三个方面：

1.指导教师对学生的评价

活动的指导教师负责对参加本活动的学生进行评价。指导教师是实践教学内容的设计者和教学过程的直接组织者，教师实践教学质量的优劣直接影响实践教学过程和教学效果，它不仅涉及教师的敬业精神、教师组织教学的能力，而且与教师的教学水平、科研水平的高低有关，这是保证实践教学质量的重要指标。此外围绕实践教学的开展所必需的基本设施、文件资料及校内外实践基地等也是保障实践教学质量不可或缺的必要指标。通过以上分析可以看出，在教学输入评价方面应包括指导老师队伍和实践教学条件两个方面；教学过程评价包括实践教学内容的实施及教师的教学表现、学生学习的积极性以及参与实践活动的有效程度

等；输出评价方面则包括学生在教学过程中获得的各种增量，同时还应包括教师通过教学过程所取得的成绩以及各种奖励。

2.学生自我评价

正确的自我评价有利于学生的自我完善，从而促进学生的自我提高、自我发展。不正确的自我评价会导致学生不正确的自我追求，导致对自己和他人、自己和社会关系不能加以正确认识，从而不能做出正确的人生价值选择。学生评价的内容包括：学生自评，即参加活动的学生对自己在实践活动中的收获、参与度、态度等客观、公正地做出评价；小组互评，即每组成员对其他组的成员在实践活动中的作用、表现给予评价，评价结果客观、真实、合理、有效，组长对本组成员的评价情况进行汇总，形成评价结果。如果评价结果不客观、不真实有效，则该评价结果作废，此项评价由指导教师完成；其他学生的评价，即未参加本活动的其他班级的学生对本活动各小组的劳动成果进行评价，要求客观、公正、合理，否则此评价结果作废。在思想政治理论课的实践教学系统中，学生是主体，因此应是实践教学质量的核心指标，在实践教学评价中，主要从三个方面来考察：一是学生对待实践教学的认识和态度；二是学生的表现状况，主要反映学生在实践教学活动开展过程中的表现；三是学生所取得的学习效果，主要反映学生学习后的知识增量和思想品德素质的提升。

3.学校对教师的评价

一是考评领导机构。考评工作由思想政治教学部实践性教学和研究性教学考核工作小组负责。工作小组由部领导、教研室主任及教学秘书组成，平时由主管教学的副主任和教学秘书进行抽查与督查，考评结果和工作量审定由考核工作小组在全面审核相关统计表、原始材料基础上做出。

二是考评基本原则。坚持实事求是的原则，客观、公正、公平地对教师工作进行考评；坚持质与量相结合的原则，以教师完成实践性教学工作的数量和质量作为评价教师工作量的主要依据；坚持过程考核与结果考核相结合原则。

三是考评项目。实践性教学的前期准备和初期组织工作，占实践性教学考评的比重为25%，包括对实践性教学的教学计划、教学方案、选题设计、实践性教学动员、指导学生分组和选题等情况的考评。实践性教学实施过程的考核，占实践性教学考评的比重为40%，重点考核实践教学的组织情况，主要包括组织指导次数、指导学生的覆盖面、指导方式等。实践性教学的结果与实效性的考评，占实践性教学考评的比重为35%，重点考核实践性教学工作总结、学生实践报告、实践教学学生成绩评定以及成果归档等。

四是教学工作量具体计算标准与办法。包括：①实践性教学前期准备和初期组织工作量计算标准与办法；要有完善的实践性教学计划和实践性教学方案，考核依据为教师递交的实践性教学计划和实践性教学方案；有完善的实践教学学生专题分组、学生选题等，考核依据为递交相关学生分组及学生选题等材料，同时递交相关的佐证材料（包括学生分组、选题的原始材料）。②实践性教学实施过程的工作量计算标准与办法：指导各组的实践方案设计，指导的覆盖面与次数，考核依据为递交的有关各组学生的实践方案及学生对教师指导的基本评价材料；参与小组实践活动，并加以指导，重点考核教师参与各组实践活动的情况，包括教师参与的次数，考核依据为有关参与实践活动以及个别指导等方面的材料；指导学生撰写实践报告，重点考核教师对实践报告撰写格式、要求、内容等方面的指导，考核依据为学生的实践报告撰写是否规范，报告内容是否有科学性、客观性等。③实践性教学结果与实效性的工作量计算标准与办法：评阅学生实践报告，考核依据为学生的实践报告；对实践性教学进行质量分析，撰写实践性教学总结报告；对实践教学材料进行整理归档，主要是对学生实践报告、实践教学学生成绩、质量分析等进行归档。

五是考评程序。①教师依据《考评办法》有关规定自我申报相关工作量，并提供相关计算的依据材料。在学期末前一周完成，交教学秘书进行初审、复核。②考评工作领导小组依据每个教师提交的工作量计算统计情况，逐项进行审核，确定每个教师的相关工作量，反馈给相关老师进行核实，并签字确认。③上报有关实践性教学工作量。思想政治教学部将考核后的各位教师的工作量上报教务处审核，再由教务处上报人事处，人事处根据工作量发放课时津贴。上报学院的总工作量不能超过本学期整个思想政治教学部承担的实践性教学总工作量，超过者以总工作量计。教师工作量不能超过其本人所承担的该课程所规定的课时，超过者以总工作量计。

（二）评价质量监督体系

1. 严格实践教学监管

建立健全实践教学保障机制是科学实施高职院校思想政治理论课实践教学监管的要件和考评要件。为了避免走过场、流于形式的实践教学活动，必须对实践教学进行严格的监管，力求学生参加实践教学计划所规定的实践教学活动。例如，学生参加社会实践要如实填写《思想政治理论课社会实践活动登记表》，登记表必须经接收单位签署意见并加盖公章。每次实践学习结束时独立完成一份有质量的调查报告或小组记录或通过实践学习对所学理论加深理解的心得体会文章。教师应评阅所有实践作业，对于表现优秀的学生专门召开总结表彰大会，向学生授予荣誉证书，对好的文章将其推荐到校报发表。教研室和部门及时对实践课成效经验进行总结、归纳，以利于改进教学。针对实践教学中特别是社会实践活动中学生简单应付甚至弄虚作假的情况，教师可以采取打电话询问或直接不定期到学生实践场所检查的方式加强监管；在考评上突出学生的"社会实践日志"和"实践报告"中有关实践材料的考查,一经发现弄虚作假现象,按不及格处理,要求其在下一年重新参加思想政治理论课社会实践活动。

2.严格实践教学监督

监督是对某一环节、过程进行监视、督促和管理,使其结果能达到预定的目标。为了提高实践教学的实效性,避免实践教学流于形式,必须严格规范整个实践教学的安排,并对其进行有效的监督。首先,在实践教学的过程中,教师应该关心整个实践活动的实施。对于学校组织的实践教学,教师要认真参与其中,关心和督促学生,以达到社会实践的目标。对于学生自主的社会实践,教师应当多与学生交流,可以通过QQ、微信等网络平台,一对一与学生进行沟通,即时了解学生社会实践的情况,可以及时帮助学生解决问题,同时也起到了督促的作用;其次,教师可以通过联系接收单位来确定学生的实践活动情况;再次,很多高职院校都设有督导员,我们可以发挥督导员的作用,请他们负责考察实践活动的开展情况;最后,在实践教学结束后,学生要如实填写社会实践登记表格,同时还应当有接收单位的意见及公章,教师应当及时对学生的实践教学作业进行批阅,进行总结表彰,并及时对取得的成果进行宣传。如发现所报社会实践材料有虚报、造假、剽窃等违规行为,经查证属实的,将取消该学生本年度社会实践学分,并要进行严格处理。

(三)建立独立、公正和高效的考核评价机构体系

评价机制中一个重要的方面就是由谁来评价的问题,评价标准的客观性和科学性都需要通过评价机构的实施来体现。现实的评价方法中无论是教师互评、学生主评,还是主管机构、院系领导评价,由于课程的差异、评价者的认识和经验等不同的原因,始终无法保证教学评价的客观性和公正性,不能通过评价推动教学改革和方法创新。如何根据高职院校不同的实际情况建立独立、公正和高效的评价机构是思想政治理论课教学方法改革的重要课题。

(四)内容和方式方法体系

1.改革传统考评内容,综合考查学生知识能力、思想品德和行为实践的各个方面

考评内容既要全面反映学生对理论知识的掌握程度,又要反映教育过程对学生政治思想和品德产生的影响,还要反映学生对实际问题的认识、分析和解决的能力。传统的考评内容以书面考试为主,侧重对学生知识掌握程度的考察,无法检验教学的实际效果。改革传统的考评内容,书面考试就要减少甚至取消死记硬背的名词解释、简答题,加大重理论应用的选择题、辨析题、案例分析题、材料分析题、论述题的分量;在政治思想品德和实践能力的考评方面,要采取新的评价形式。评价内容的创新是要全面反映学生的知、情、意、行的各个方面,只有

全面考察学生的政治思想品德的各个方面，才能确切了解思想政治理论课教学的实际效果，以便进行教学内容的调整和教学方法的改进。

2.改革传统考评形式，建立综合配套的考评形式体系

形式是为内容服务的，内容需要考查学生知、情、意、行的各个方面，单凭传统的闭卷考试无法真实检验教学效果。改革传统考评形式，建立包括闭卷考试、开卷考试、课程论文、调查报告、读书心得、口头答辩、公益活动等多种形式的立体考评体系。改变以往单一片面的评价体系，建立不仅重视结果评价，而且重视过程评价；不仅重视核心知识的评价，而且重视伴随知识的评价；既注重考查基本理论知识，更注重考查学生的创新意识、协作精神和实践能力的综合评价体系。根据思想政治理论课中不同学科的特点采取不同的考评形式，不同的学科考评侧重于使用某一种形式，或者多种形式综合配套使用。同时，还可以引入辅导员（或班主任）、学生处、团支部、班干部、群众代表来共同评定，赋予不同的权重，并实行重大违纪一票否决和突出表现奖分制。在批阅打分上可以进行教师学生共同打分的创新，充分发扬师生间的民主。由以前的老师期中、期末出题考学生转变为老师、辅导员、学生的共同综合考评，甚至引入家长和被评价学生的自我考评。考查大学生自我教育和自我评价能力，可以给出一些评价项目，要求学生结合自己的日常表现，用事实说话，写自我总结评价。通过考评形式的改革，将大大推动教师教学方式方法和学生学习方式的转变。

（五）考核评价标准体系

实践活动成绩考核评价的标准与依据，即考评的主要内容，表现为学生成绩，主要包括考勤成绩和实践活动成绩两方面。实践活动部分的成绩涉及学生的劳动态度、劳动纪律、劳动质量等几个方面。成绩以百分制记。

第九章　新时代高职院校思想政治理论课教学实效性提升路径探索

第一节　构建"全员育人"的思想政治理论课教育环境

教育理念影响着一切教育活动,是提高教育效果的前提。育人为本是教育的生命和灵魂,是教育的本质要求。高职院校是专门为国家培养高级研究型人才和高级应用型人才的基地,无论是从学生发展的角度出发,还是从学校发展的角度出发,都必须坚持育人为本的教育理念。只有坚持育人为本的教育理念,才能真正把人才培养作为学校的中心工作和根本任务,建立科学的育人工作体制机制,确保教职员工在各自的工作岗位上主动地渗透德育,关心、支持、参与大学生的思想政治教育;只有全体教职员工树立了育人为本的教育理念,才能激发、增强育人的责任感、使命感,把育人工作变成自觉的行为,全员育人的格局和氛围也才能真正形成,才能为社会主义培养德才兼备的合格人才奠定坚实的基础。因此,育人为本是学校一切工作的前提和思想基础。

一、坚持育人为本的教育理念,夯实思想基础

高职院校必须坚持育人为本,以培养人为根本,以人为本,把培养人作为学校一切工作的前提,作为办学的指导思想。培养什么人,怎样培养人,这是关系办学方向和性质的根本问题。坚持育人为本,就要把教育的重点转向人本身,在教育过程中把人的全面发展放在中心地位,要坚持素质教育,坚持德育为先,促进大学生德智体美全面发展,提高大学生的综合素质,为社会主义培养建设者和接班人。

(一)坚持育人为本的教育理念,就是要树立德育为先的教育原则

育人为本,有一个向哪个方向育人,培养什么样的人的根本问题。社会主义

本质属性决定了我们的育人方向是培养德智体美全面发展的社会主义建设者和接班人。坚持德育首位，德育为先的教育原则，鲜明地体现了社会主义教育的政治性和方向性，也深刻揭示了德育在诸素质中的地位和作用。德育为先，从时效上讲，要先行；从作用上讲，是先导；从地位上讲，居首位。德智体美都是学生综合素质的重要组成部分，德智体美既不能相互替代，有着各自质的规定性，也不能相互排斥，是辩证统一体。而德是为人之根本，是灵魂，德育素质是最重要的素质，智育、体育、美育的发展又给德育有力的支持。

育人为本就是要坚持育人格局的整体性原则，形成全校所有教职员工都以培养人为根本宗旨，重视、关心、参与大学生的思想政治教育工作，教书育人、管理育人、服务育人，最终形成全校整体性育人、育德的良好氛围和机制。

（二）坚持育人为本的教育理念，就是要确立以人为本，促进学生全面发展的教育思想

以人为本是马克思主义在思想史上的革命性变革，马克思主义从人的现实性、社会性和实践性出发，阐明了对人的价值的尊重、生存需要的关怀以及人的全面发展。"育人为本"所体现的以人为本的深刻内涵就是要尊重学生的价值，一切为了学生，为了学生的一切，为了一切学生，尊重教育规律和学生身心发展规律，以学生为主体，把学生健康全面发展作为学校一切工作的出发点和落脚点；就是要改变传统教育中只重知识传授，忽视大学生的能力和人格培养的倾向，注重大学生的素质的提高、能力的培养，个性的发展以及大学生的创新能力和精神的培养。把德育、智育、体育、美育有机地融合在教育教学的各个环节中，教育学生不仅要学会知识，还要学会动手、学会动脑、学会生存、学会做事、学会做人。着力提高学生的学习能力、实践能力、创新能力，提高综合素质。

二、建立完善的育人工作体制机制，确立制度保障

全员育人格局和氛围的形成需要行之有效、运转正常的育人工作体制机制。建立全员育人的工作体制机制，领导是关键，制度是保证。只有领导重视，充分发挥政治、思想、组织的领导作用，才能真正克服"一手硬、一手软"的倾向；只有制定严格的规章制度，通过制度来管理，全员育人才有章可循、有法可依。

（一）建立统一、科学的领导体制

实施全员育人，加强大学生思想政治教育工作，需要有科学的组织领导体制作保证。首先，必须加强党委的统一领导，这是我党的优良传统。党委必须高度重视大学生思想政治教育工作，把大学生思想政治教育工作摆到重要的议事日程，纳入整个工作计划，并经常督促检查工作的落实情况；定期研究探索新时期大学生思想政治教育工作的特点和面临的问题，以及如何加强大学生思想政治教育工

作，制定切实可行的措施，逐步推进大学生思想政治教育工作步入正规化、制度化、系统化。

其次，建立和完善党委统一领导部署下，校长及行政系统为主实施大学生思想政治教育工作的领导体制和管理体制，并且成立由学校有关领导负责，校教务处、宣传部、学生处、团委和思想政治理论课教学机构或马克思主义学院负责人参加的大学生思想政治教育工作领导小组或指导委员会，具体组织制定发展规划和目标，实行目标管理。具体负责组织协调党政之间，职能部门之间，院系之间，以及职能部门和院系之间的关系，促进育人合力的形成。目标的制定，应考虑到大学生思想政治教育效果的实现，需要一个较长时期的努力过程，需要不同部门共同协作，不宜作短期的、具体工作任务来布置、检查和督导，应有较长期的规划和目标。

最后，要有明确的职责分工。学校党委统一领导育人工作，侧重指导原则、组织实施等方面的领导；校长、行政系统具体负责组织实施，侧重具体活动、经费支出等方面的领导，促进学校人才培养；学生处直接全面负责学生的日常思想政治教育与管理，团委负责组织开展学生科技学术活动、社会实践活动、志愿服务活动、社团活动、校园文化活动等，全面提高大学生的综合素质，为大学生成长成才创造条件；教务处、科研处对师生的教学科研活动中的育人情况进行组织检查协调；组织部、人事处对广大教职员工的育人工作进行考核奖惩，统一标准、统一考核、统一把关；后勤服务部门为学生、教师做好服务协调工作，服务育人；各学院各负其责，具体落实学校各项育人工作。只有这样，才能使育人工作、大学生思想政治教育工作贯彻落实到学校工作的所有环节，保证育人工作、思想政治教育工作长期、深入、持久地开展，形成全员育人的良好氛围和格局。

（二）建立评估考核、激励约束制度

大学生思想政治教育工作、育人工作，既需要舆论的导向、宣传，在全校营造一种"育人光荣"、育人"人人有责"的浓郁气氛，充分调动教职员工的积极性、自觉性；更需要有一套评估考核、激励约束制度提供保证。长期以来，高职院校对教职员工的育人业绩没有给予足够的重视。在教职员工的评估考核方面，重教学、科研、政绩、业绩，把教书育人、管理育人、服务育人视为软指标，即使纳入评估考核范围，要么考核指标太抽象，要么所占比重低，不利于调动教职员工育人的积极性。为体现学校的育人宗旨，激发教职员工育人的积极性，一要建立一套科学的育人工作考核评估体系。考评项目要具体，可操作性强，考评内容主要与岗位工作相联系，着重考核教职工结合岗位工作开展大学生思想政治教育工作、育人工作的成效。二是制定激励约束制度。把育人实效作为衡量工作业绩的重要标准，对育人成果显著的部门和个人，要大张旗鼓地宣传表彰；对工作

不负责任者，违反纪律者，在学生中造成不良影响的教职员工，要给予严肃处理；将评估考核结果作为职称晋升、职务升迁、评先评优的重要指标条件。

（三）建立物质、经费保障机制

把育人工作落到实处，有效地开展大学生思想政治教育工作需要有一定的物质基础和经费保障。教职工参与大学生思想政治教育工作，虽然主要结合工作岗位进行，尽管工作岗位性质不同，育人方式方法因岗、因人而异，但都要借助一定的载体进行，如活动载体、谈话载体、网络载体等，因此需要一定的物质条件和经费；育人先进单位、个人，要大张旗鼓地给予表彰、宣传，需要场地、经费；育人工作需要理论指导，应鼓励教职工结合工作岗位勇于开展理论研究探索，总结经验教训、交流考察学习等，应有一定专项经费。此外，校园环境、基础设施的建设改善，需要投入，等等。因此，应该设立大学生思想政治教育工作、全员育人工作专项经费，专款专用，确保育人工作地顺利进行。

三、共同参与，群策群力，开创全员育人新格局

高职院校肩负着为社会培养德才兼备合格人才的重任，学校对学生的影响是整体的，全体教职员工与学生的学习、生活都有着直接或间接的关系。人是思想政治教育工作中最重要的要素，人的知识、德行、人格等是有效的教育资源。大学生思想政治教育并不是学校某个部门或某些人的事，而是全校所有部门、所有教职员工的共同任务和共同职责。只有坚持全员育人，才能把思想政治教育真正融入大学生学习、生活的各个方面，渗透到教学、科研、服务的各个领域，真正形成全员育人的良好氛围和格局。

（一）提高思想政治理论课教学实效，发挥思想政治理论课教师在"全员育人"系统中的核心作用

实施全员育人，不是要削弱思想政治理论课的地位、作用，更不是要取消思想政治理论课，相反，应充分发挥思想政治理论课的主渠道、主阵地作用。它是专门对学生系统地进行思想、政治、道德、心理等方面教育的课程，有完整的理论体系，其教学具有系统性、科学性、实践性、说理性等特点。它在学生思想政治品德形成过程中，起着主导性和引导性作用，对学生人格的完善、思想道德素质的培养具有无可替代的重要作用。

思想政治理论课教师在全员育人系统中的核心作用，正是依托思想政治理论课的主渠道、主阵地的地位，充分发挥教书育人的主动性、积极性、创造性，不断提高教学质量、教学效果，才能得以体现。这就需要思想政治理论课教师努力做到：一是要加强理论学习，努力提升自己的思想、政治、道德、理论修养，不断提高教学业务水平，注重教学理论研究，增强科研能力。二是要更新教育观念，

提高创新意识。思想政治理论课不是纯粹的知识理论讲授课程，教学目的不是让学生简单地掌握、记忆现成的结论，而是重在帮助学生理解、掌握马克思主义的立场、观点和方法，并自觉运用理论来分析和处理现实生活中不断出现的新情况、新问题。因此，要求教师必须把培养大学生的理论创新思维能力、分析解决问题的能力作为教学的重要任务，来创造性进行教学。三是要优化教学体系，充实教学内容。思想政治理论课教学要与时俱进，努力完善自身内在的逻辑体系，及时反映时代发展的最新要求，反映理论研究的最新成果，坚持理论联系实际，有针对性地开展教学。四是要改进教学方法和手段。坚持育人为本的教育理念，尊重学生主体地位，积极探索运用诸如讨论、对话、专题讲座、演讲辩论、案例等教学方式，大力倡导采用多媒体、参观调查、观看影视片等形式、手段进行教学，充分调动学生参与的积极性，达到教与学的良性互动，提高教学效果。五是要加强社会实践教学。思想政治理论课是一门关于做人的学问的课程，既要重"内化"，更要重"外化"，内化是前提，外化是目的。而实践正是内化到外化的桥梁与中介，没有实践的环节，不是完整的德育。因此，缺乏实践性教学，思想政治理论课教学也是不完整的。因此必须加强实践教学，研究探索实践教学的内容、途径、形式和方法。走出课堂，走入社会，打破"教师、教材、教室"的传统单一教学模式，使学生在实践中认识社会、体验人生、铸造德行、达到知行统一。六是要凝聚教学团队。而对急速变化的社会，网络时代的到来，思想活跃、个性鲜明的学生，思想政治理论课教学必须发挥团队优势，加强教学理论研究，集体备课，实行资源共享，相互听课、评课，互相学习，取长补短，促进整体教学水平的提高。

（二）建设一支职业化、专家化辅导员队伍，发挥辅导员在"全员育人"系统中的骨干作用

高职院校辅导员是大学生日常思想政治教育和管理工作的组织者、实施者、指导者，学生健康成长的引路人，大学生的知心朋友；是高职院校大学生思想政治教育的主体；是一支不可替代的骨干力量。就其职责而言，大学生思想政治教育是其工作的主线，但在许多高职院校中面临的现实情况是：辅导员性别、年龄、知识结构不尽合理；专职数量不足，职责不明，整天忙于事务性工作；辅导员是短期行为、过渡性职业，队伍不稳等，这些直接影响了辅导员思想政治教育职能的发挥。

首先，领导重视、政策到位是辅导员队伍建设的基础。高职院校应根据中央有关文件精神，落实辅导员的编制、职称、级别等问题，关心他们的成长，要像对待专业教师队伍建设一样，制定出台辅导员队伍建设政策和措施，在政策、待遇等方面给予适当的倾斜，使辅导员队伍建设步入规范化、科学化发展轨道。其

次，明确职责、健全考核机制是队伍建设的重点。高职院校要进一步明确辅导员的工作任务、工作目标、工作职责，健全辅导员队伍考核机制，考核结果与辅导员的职务聘任、奖惩、晋级等挂钩，使辅导员从繁忙的日常事务性工作中解脱出来，将更多的时间、精力用于重视和加强大学生的思想政治教育工作中。最后，实现辅导员队伍的职业化、专家化是辅导员队伍建设的方向。高职院校辅导员队伍建设向职业化、专家化方向发展，是新时期重视和加强大学生思想政治教育工作的需要，也是辅导员队伍可持续发展的需要。职业化，就是要把辅导员工作视为一种职业，需要有人长期、终身为之努力，逐步成为该领域的能手专家；专家化，又进一步稳定、强化辅导员工作的职业化。为此，应根据辅导员工作的实际特点，一是建立辅导员专业技术职称评聘制度，侧重科研，参考工作业绩；二是建立辅导员行政级别评聘制度，侧重工作业绩，参考科研。从而确保辅导员队伍的持续、稳定、健康发展，发挥辅导员育人的骨干作用，促进大学生思想政治教育工作的全面落实。

（三）强化教书育人意识，发挥教师在"全员育人"系统中的主体作用

教学是学校一切工作的中心，教师队伍是学校人员构成的主体部分。教师的教书育人状况如何，在一定程度上将直接影响着学校全员育人的广度、深度和效果。教师自古以来被誉为"人类灵魂的工程师"，教书育人成为教师的天职，既是教师的优良传统，也是党的教育方针的必然要求、教育规律和大学成长的必然要求。教师在教学过程中，有意识地渗透思想政治教育，既有必然要求，也有现实可能性和有利条件。教师自身所具有的各种素质是教育资源，智育、体育、美育领域的各类课程中，也均包含丰富的思想政治教育资源和素材。而且这种渗透，若运用得当，则是一种非显性的教育，具有真实可信、形象生动、感染力强的特点，能够起到潜移默化、"润物细无声"的效果。

充分发挥教师育人的主体作用，首先，要大力加强师德建设，增强教师育人的积极性和责任感。在教学中能自觉地以高尚的品德、渊博的学识和良好的教风，通过言传身教，潜移默化地影响学生；严格要求学生，发现学生不良思想和行为，及时进行教育；培养学生严谨的学风；主动挖掘教材中的教育资源，自觉渗透思想政治教育。其次，建立健全师德考评体系，与职称、评先等结合起来，用制度保证教师教书育人责任的落实。最后，大力表彰师德先进，加强舆论宣传力度，构建良好的教书育人环境。

（四）加强民主作风建设，发挥管理人员在"全员育人"系统中的表率作用

学校各职能部门管理人员是制度、政策的制定者、执行者和监督者，在管理

过程中，同教师、学生都有着直接或间接的关系，他们的办事效率、工作作风对师生会产生深刻的影响，具有表率作用。

充分发挥管理人员在"全员育人"系统中的表率作用，一是要坚持育人为本的教育理念，转变管理观念，强化管理育人意识。学校各项管理工作的目的不是为了控制人、约束人、处罚人，而是为了育人、服务人、发展人，即为学生创造一个公平、自由、和谐的环境，促进学生健康地发展。因此，管理者在管理活动中，要主动和学生交朋友、谈思想、交流感情，注重从思想观念上帮助学生认识问题、分析问题、解决问题，注重培养学生自己管理自己的能力。二是要转变工作作风，提高管理水平和能力。在管理过程中，坚持发扬民主，充分发挥学生的主动性，转变工作态度，尊重学生的权利，关心学生、爱护学生；同时努力提高管理水平和能力，办事公正廉洁，以科学的管理和高效的办事能力、良好的品德和人格魅力，去打动学生、感动学生，给学生潜移默化的影响，真正落实管理育人。

（五）强化服务育人意识，发挥后勤管理服务人员在"全员育人"系统中的保障作用

俗话说"三军未动，粮草先行"，学校后勤服务部门是学校不可分割的有机组成部分。后勤服务的对象是全校教职员工，任务是保证学校的教学、管理、生活等工作正常有序的开展，服务的宗旨是育人。但由于高职院校后勤社会化，受市场经济的影响，一些高职院校的后勤服务部门以及员工存在比较严重的重利益、轻服务倾向，淡化了育人宗旨。充分发挥后勤服务人员的育人作用，一是建立服务门店进校园准入制度和淘汰制度，后勤服务人员录用资格审查制度和教育培训制度等，把好进口关和出口关。杜绝一些不利学生学习、生活和成长的服务项目、内容进入校园；加强管理和检查，将一些片面追求经济利益，服务质量差，在学生中造成不良影响的服务门店以及员工予以清退；重视后勤服务人员的考核培训，提高其服务管理意识和水平。二是要增强服务意识，强化育人功能。重视经济效益的同时，更要重视社会效益，把育人贯穿于服务的全过程。关心、爱护学生，虚心征求、听取学生的意见，热情周到、文明礼貌服务，努力提高服务水平和服务质量；尊重、维护学生的权利，服务过程中要自觉遵守正常的作息生活秩序，为学生提供一个文明优雅、温馨舒适的学习、生活环境，让学生感受到集体的温暖。

第二节　提升思想政治理论课师资队伍胜任力建设的新格局

一、师资队伍建设是提高思想政治理论课实效性的关键

进一步加强思想政治理论课教师队伍建设，提高教学水平，用中国特色社会主义理论体系武装大学生，用社会主义核心价值体系引领各种社会思潮，把他们培养成德智体美全面发展的社会主义建设者和接班人，对于全面实施科教兴国战略和人才强国战略，确保实现全面建设小康社会，加快推进社会主义现代化的宏伟目标，确保中国特色社会主义事业兴旺发达、后继有人，具有十分重大而深远的意义。

在高职院校思想政治理论课"05方案"全面实施，教材建设取得突破性进展的情况下，加强教师队伍建设，提高教师的素质和水平就显得尤为迫切。因为在具体的教学活动中，教师既是组织者也是管理者，教师在教学过程中始终处于主导地位，整个教学过程的掌控，教学内容的选择、确定、讲授，教学目标的实现，教学方法与手段的采用，教材体系向教学体系的转换，学生学习积极性的调动，教学内容的入脑入心都要由教师来实施和完成。此外，我们还要明确，高职院校思想政治理论课的教学工作还肩负着双重的任务：一方面要进行课程教学内容涉及的相关理论知识的传授；另一方面要进行理论的学习传授，两者必须结合以对学生进行马克思主义的世界观、人生观和价值观的培育、塑造。因此，思想政治理论课教师在教书与育人方面工作的成效如何，直接关系到思想政治理论课教育教学的实效性，而教师在其中的地位和作用是显而易见的。如果没有高水平的教师队伍，就没有高质量的教学，我们倡导的"三进"工作最终在进头脑这一个重要方面就会功亏一篑。

二、高职院校思想政治理论课师资队伍建设的目标与方向

高职院校在开展思想政治理论课教师队伍建设工作中，要认真贯彻落实《中共中央宣传部教育部关于进一步加强高等学校思想政治理论课教师队伍建设的意见》的精神，并以此为指导，制定本学校加强思想政治理论课教师队伍建设的具体措施，把思想政治理论课教师队伍建设纳入学校整体人才队伍建设规划，在队伍建设中注重提高思想政治理论课教师的思想政治素质和业务素质，不断增强马克思主义的理论素养和人文社会科学知识基础，深入实践，了解学生，提高教学艺术和教学能力；注重道德修养，提升精神境界，做教书育人的典范。同时要建立和完善教师培训体系，制定教师培训规划，建立和完善有重点、分层次、多形式的培训体系，努力使培训工作经常化、制度化。重点深化岗前培训、课程轮训、

骨干教师研修和在职培训。严格实行教师准入制度，先培训后上岗，提高教师适应岗位的要求、胜任本职工作的能力，做好课程开课前的全员培训，做到先培训后开课。在做好上述工作的基础上，各高职院校还要创造条件，组织教师开展社会实践活动，这方面的工作总体而言是比较薄弱的，但它也是教师队伍建设一个重要的组成部分，不能忽视。因此，高职院校在加强思想政治理论课教师队伍建设中，应该按照文件精神的要求，求真务实，狠抓落实，促进长效机制的建立。

第三节 加强思想政治理论课教学实效性的教学改革力度

为了增强思想政治理论课的实效性、针对性、吸引力和感染力，中共中央、国务院发布了一系列重要文件，这些文件就新时期高职院校思想政治理论课课程设置、建设和改革做出了新的规定，提出了明确的要求，是当前和今后一个时期高职院校思想政治理论课课程建设和发展的指导性文件。

一、课程建设的必要性

高职院校思想政治理论课的实效性是否理想，最终在于课程的教学效果，而教学效果的提高与教师的业务能力、理论水平和学术水平密切相关。抓好思想政治理论课课程建设是提高课程教学质量的有效抓手，是加强和改进大学生思想政治教学工作的有力举措。当前思想政治理论课建设面临新的形势，难度大，困难多，各高职院校都要考虑具体的实际情况，推进本校思想政治理论课的课程建设，积极探索符合自己学校与学生实际的教学方式和方法，进一步发挥思想政治理论课在高职院校思想政治教育工作中的主渠道和主阵地作用。思想政治理论课的课程建设，特别是精品课程的建设，对教师的理论水平和教学水平提出了更高的要求。通过推进各高职院校的思想政治理论课精品课程的建设，努力构建"新四门"思想政治理论课教学体系，提升思想政治理论课的教学品质，才能使思想政治理论课成为当代大学生终身受益的课程。

二、课程建设存在的误区及不足

由于各高职院校实际情况差别大，办学条件相差悬殊，面对的都是共同的新形势、新问题、新困难以及需要实现的新目标，因此，在思想政治理论课课程建设即精品课程的建设中，条件好的高职院校积极性相对较高，而且走在了前面，取得了丰硕的成果；中等条件的高职院校在积极地追赶；而条件差的高职院校则想方设法创造条件，在一定程度上去实现要求达到的目标。

由于不同层次的高职院校在办学条件上存在巨大的差距，所以，反映在课程建设即精品课程的建设中，"重申报轻建设"现象不同程度地存在，特别是在办学条件较差的高职院校中这个现象比较明显。在一部分学校中，以课程建设替代了思想政治理论课良好教学环境的营造和教师队伍的建设；有的学校以一两门课程的建设替代了四门主干课程的建设；有的学校是以外延的建设和数量的增加代替了课程内涵的建设。或者说，存在把精品课程建设单纯视为学校、部门教学"政绩"的倾向。这是在高职院校开展精品课程（包括思想政治理论课）建设中有代表性的思想误区。

在开展精品课程建设中也存在明显的不足，表现为：不同层次的高职院校在精品课程建设中存在的差距（师资、投入）大，由此导致精品课程质量内涵差异大，导致课程的层次落差也非常大；不少高职院校思想政治理论课精品课程放到网上后，学生的点击率不高，校与校之间相对封闭，导致其辐射作用受到局限；有的精品课程教师队伍的教学水平与教学质量参差不齐，导致课程整体教学效果受到影响，从而在一定程度上降低了精品课程应有作用的发挥。

三、在开展课程建设中需要注重的内容

针对在思想政治理论课课程建设中存在的思想误区与不足，我们在抓精品课程建设时就需要做好相关的基础工作，立足实际，力争取得更大成效。要加大对办学条件较差的高职院校进行思想政治理论课精品课程建设的对口支持；鼓励条件差的高职院校积极做好课程建设的基础性工作；学校要努力为思想政治理论课课程的建设提供和创造条件；加强校际之间课程建设的交流、研讨；注重把课程建设与课程教学质量的真正提高、教学方法的改革与创新结合起来；教师要着重把握教材体现和包含的学科体系，结合学科研究的最新成果，将其运用在教学工作中。这样，我们开展的课程建设才会有效地减少部分课程建设沦为"沙滩上的建筑"或成为课程建设"劣质工程"的现象。

第四节　强化思想政治理论课教学实效性的教学质量督导

高职院校思想政治理论课教学质量的提高、教学实效性的取得需要切实抓好对任课教师课堂教学质量的相关督导检查，在促使广大思想政治理论课教师把更多的时间与精力投入到教学工作中的同时，帮助、促进中青年教师的成长，从而推动思想政治理论课课堂教学质量的提高。

一、建立完善高职院校思想政治理论课教学质量督导体系

我国恢复并健全教学督导组织，高职院校逐步引进教学督导机制，各高职院校从自身实际出发，逐步建立相应的教学质量监控系统，作为其重要子系统的教学督导机制也就应运而生。"教学督导是高职院校对教学质量的监督、控制、评

估、指导等一系列活动的总称。"它通过对任课教师教学活动全过程进行经常性的检查、督促、评价和指导，强化教学过程管理，确保正常的教学秩序，促进教学质量的提高。教学督导的出发点和落脚点是保证和提高教学质量，是保障教学质量的一种有效措施。现阶段，各高职院校在开展教学质量督导工作中取得了大量的成绩，积累了经验，在督导机制的运行下，思想政治理论课的教学工作及教学质量也得到了推动与促进。而要把教学督导机制在提高思想政治理论课教学质量与实效性方面的作用实实在在地发挥出来，就需要各高职院校在建立教学督导制度的同时，还要健全和完善教学质量督导体系，并把思想政治理论课纳入其中，以进行卓有成效的督导考核。

二、开展教学督导在提升思想政治理论课教学质量中的积极作用

一般而言，目前各高职院校建立的教学督导体系主要包括两个层面，一是学校层面的教学督导机构与成员，他们独立开展工作；二是各校二级教学院（系）部建立的教学督导机构与成员。在教学督导的实际工作中，两者的工作开展有交叉有并列，但都是为着共同指向的价值目标开展专项工作。这些工作的开展及取得的实际效果是完全值得肯定的，不少接受过教学督导的教师，包括思想政治理论课教师，其教学工作质量的提高与稳定是明显的、实在的，广大教师对自觉接受教学督导认识是到位的。并且，督导机制促使教师把更多的时间与精力投入教学工作，在督导专家的帮助指导下，接受督导的教师明确了自己教学工作中存在的问题与不足，以及解决问题的针对性措施与对策，促进了教师特别是中青年教师的快速成长与进步，效果是非常明显的。而且，各校在这方面形成的经验都值得好好总结推广。

三、高职院校思想政治理论课教学督导工作中存在的问题与不足

高职院校思想政治理论课在不断接受教学督导中实现教学质量与实效性的提升，但是还有必要对其进行进一步的完善，使其更好地服务于我们期望达到的目标。

目前高职院校思想政治理论课教学督导工作中存在的问题与不足主要表现为：从思想政治理论课开展教学督导的纵向要求看，最基层的教学管理层级的作用发挥不足，需要强化与完善。因为高职院校对思想政治理论课的教学督导工作主要在两个层级上进行，即学校层面与院（系）部层面开展的督导，但是教研室作为学校最基层的教学管理层级，在这方面的作用却没有得到发挥。教研室更多的是安排一些交叉性的听课，而没有把听课延伸和上升到教学督导体系中，由此导致这一管理层级开展教学督导工作的积极性与作用的发挥受到影响。

学校与院（系）部开展的对思想政治理论课的教学督导工作涉及的教师人数

以及督导的次数比较受限制。一方面，学校层级开展的教学督导由于涉及的课程、学科、教师人数很多，而思想政治理论课教师接受的教学督导主要是其中哲学社会科学学科督导组的督导内容之一，由此就决定了接受督导的教师与督导次数有限。此外，各校思想政治理论课教研室的专任教师人员与数量相对稳定，院（系）部的教学督导在完成一个轮转之后就逐步呈现松懈状态。

现阶段高职院校教学督导工作的作用与功能的扩展延伸还比较受限制。一般而言，高职院校教学督导机构基本的工作是随机或抽样听课、教学运行状态的评估、教学秩序的现状调查、对青年教师的培训和组织教学观摩活动，以及对学校教学改革与发展中的问题进行调研。在这些工作中，听课是教学督导机构的主要工作内容，督导机构成员对课程内容、教师教学态度、教学方法、教学辅助手段的应用、学生现场反应等方面进行重点观察和记录，同时了解学校推出的教学改革措施的实际效果与实施过程中出现的问题，学校通过教学督导机构及时获知教学运行的实际情况。但相当一部分没有接受教学督导的教师包括思想政治理论课教师，他们的成长及发展所需要获得的及时帮助与指导，我们怎样给予弥补？

目前，各高职院校对思想政治理论课教学工作开展教学督导采用的指标体系各不相同，差异很大，有的高职院校采用社会科学学科的评价指标体系对思想政治理论课的教师开展督导评价；有的高职院校则采用一个全校所有学科都通用的评价指标体系；有的高职院校又单独制定了针对思想政治理论课学科的指标体系进行督导评价。督导评价标准的凌乱，必然带来评价结果的明显差异。

四、发挥教学督导的他律作用，促进教学质量的提高

高职院校建立的教学督导机构虽然名称有所不同，但是发挥的作用是一致的，就是要发挥对该校教学质量的保障作用，它涉及的作用应该在三个方面呈现，分别是：第一，对教师的教学状况进行督导；第二，对教学管理部门教学条件的提供及管理工作进行督导；第三，对学生的学习状况进行督学。简言之，就是"督教""督管""督学"，三方面结合在一起发挥综合性作用。在实际工作中，大多数情况下，高职院校的教学督导工作还是集中在"督教"方面，而其他两个方面作用的发挥却比较薄弱或者较差。这种状况在很大程度上制约了教学督导工作在保障教学质量中应有作用的发挥。

高职院校的思想政治理论课是公共理论课，涉及的面与层次比较广，因此，接受教学督导也是理所当然。然而，要提高对思想政治理论课教学督导的成效，就需要注重处理好下列几个方面的关系。

一是要处理好督与导的关系，如果"只督不导"或者"只导不督"，效果都不会理想。因为，在"只督不导"的情况下，思想政治理论课教师因承担的课程有着相当的教学难度，对于教学督导这样一种来自外在的他律，思想政治理论课教

师与其他课程的教师一样，会比较敏感，甚至会产生一些抵触情绪，有的甚至会认为督导专家是校方对教师上课状况缺乏信任而派来的"教学监工"，自然就会出现一种对立情绪，甚至产生"你说我讲不好，那你来讲讲看"的抵触心理，这种状态的存在及延续必然对教学工作产生不良影响，使学校开展的教学督导工作的成效大打折扣。同样，在"只导不督"的情况下，教学督导的权威性就会受到极大的损伤，也不会引起广大教师包括思想政治理论课教师的重视，有的教师甚至会认为这样的督导只是一种形式，是一种过场。因此，必须处理好"督"与"导"的关系，使担负具有相当教学难度的思想政治理论课的教师，体会到学校的督导工作是权威性与指导性的结合，认识到督导专家能够在督导中发现思想政治理论课教师自身没有重视或没有意识到的问题，对存在的问题与不足提出针对性的措施与对策，对教师教学工作与业务水平的提高及自身的成长具有实实在在的指导作用，从而消除思想认识上的误区，在主观上接受并且乐意多接受这样的督导。这样，学校开展的教学督导工作才会具有实际的成效。

二是要处理好阶段性与持续性，普遍性与针对性的关系。提高教学质量是高职院校永恒的主题，因此，作为具有保障教学质量作用的教学督导也应该具有长效机制。但在实际工作中，有的高职院校仍把教学督导看成权宜性的手段，听到学生或者相关部门对某教师教学质量有了很大意见或者反映的时候，才用它来应付；有的高职院校在教学督导时只是注重专业课，对思想政治理论课则放任自流，不闻不问，教师的教学质量与效果完全靠教师的自我感觉。这两种状况都不利于高职院校思想政治理论课教学质量的提高与实效性的提升。因此，提高高职院校思想政治理论课的教学督导成效，一方面要建立长效机制，坚持不懈地进行教学督导；另一方面要对不同的思想政治理论课教师采用有区别性的督导方式。在掌握本校思想政治理论课教师教学工作基本状况的前提下，在开展普遍督导的基础上，对优秀的教学效果好的教师通过示范课或课堂听课的方式，对其开展阶段性的教学督导；对年轻的或教学效果欠佳的思想政治理论课教师就需要开展持续性的督导，这样能够使接受督导的教师在思想认识上重视督导工作。同时要督促其尽快克服教学工作中存在的问题与不足，缩短其成长的时间，从而体现出督导的针对性。只要把教学督导工作的阶段性与持续性，普遍性与针对性的关系处理好，就非常有利于高职院校思想政治理论课教师的成长与成才，才能够在这样的机制下培养出更多的优秀教师。

三是校级督导机构还应该做好对学校二级教学院（系）部教学督导组织的指导与督导工作。校级督导机构代表学校教学质量监控系统的最高层次，它通过对全校教学活动的全过程进行经常性的检查、督促、评价和指导，强化教学过程管理，确保正常的教学秩序，这是保障教学质量的一种有效手段。与此同时，二级教学院（系）部也在开展部门的教学督导工作，各校思想政治理论课教学管理部门开展的教学督导工作,也应该得到相应的指导与督导,使其在运行中做到规章制度健全、运行规范、富有成效,并且能够使思想政治理论课各教研室教师之间的听课评议有相应的保证。从现实督导工作开展的情况来看,思想政治理论课各教研室教师间开展交叉听课评议就是一个需要强化的方面。如果三个层级的教学督导工作都富有成效并形成合力,那么,高职院校思想政治理论课的教学督导工作就会发挥出巨大的作用。

四是要处理好对教与学的督导工作。目前各高职院校开展的教学督导工作,基本上都是针对教师的教学工作来开展,从教学督导的本意来讲,"督教"与"督学"同等重要,原因很简单,因为教与学是教学工作非常重要的两个方面,要做到教学相长,在完成对教师督教的同时,还需要对学生的学习状况进行督学。我们不能一概把教学效果不好的板子打在思想政治理论课教师身上,一方面,作为高职院校思想政治理论课教师应该提高自己的教学质量和教学效果,吸引学生;另一方面,对一部分学习不在状态的学生也需要进行相应的督促,制定需要学生遵守的必要的规则与制度,配合督教方面的要求,这样才能使学校的教学督导真正做到职责明确,督导对象完整。督导规章制度的完善只有为思想政治理论课及其他课程教学质量的提高创造了好的环境与条件,高职院校的思想政治理论课教学工作舞台上才会涌现出更多受学生欢迎的优秀教师。

参考文献

[1] 骆菲.新时代增强高职院校思想政治理论课的教学实效性研究[J].休闲,2021,(21):1-2

[2] 邓如清.新时代增强高职院校思想政治理论课实践教学实效性的思考[J].魅力中国,2018,(37):12-13

[3] 马桂霞.新时代融媒体背景下高职院校思想政治理论课教学实效性研究[J].中外交流,2020,27(11):5

[4] 李艳竹.新时代"三个注重"思想融入高校思想政治理论课教学的实效性探究——以丽江师范高等专科学校为例[J].佳木斯职业学院学报,2021,37(6):13-14

[5] 陆晓娟.自媒体时代高职院校思想政治理论课教学实效性探讨[J].教育教学论坛,2019,(18):40-42

[6] 王学利,夏依丁·亚森.全国高职高专院校思想政治理论课师资队伍建设暨思想政治理论课实践教学高峰论坛综述[J].思想理论教育导刊,2018,240(12):150-152

[7] 张虹.提升高职院校思想政治理论课教学实效性研究[J].连云港职业技术学院学报,2019,32(1):84-86

[8] 张苑.高职院校思政课"六式"考核探索[J].教育观察,2020,(34):56-58+62

[9] 张福乐.增强艺术类高职院校思想政治理论课教学实效性的思考[J].天津职业院校联合学报,2018,20(2):63-66

[10] 王雪燕,金红艳.新时代增强高校思想政治理论课教学实效性探索[J].教书育人:高教论坛,2019,(2):94-95

[11] 郭月楠,吕建永.新时代高职院校思想政治理论课"四位一体"教学模式探究——以榆林职院思政课教学改革为例[J].陕西教育:高教版,2021,

（2）：17-18+35

［12］赵佳寅，张丽远.新时代增强高校思想政治理论课教学实效性探索构建［J］.文存阅刊，2021，（22）：158-159

［13］张雅琪.新时代提升高校思想政治理论课教学实效性分析［J］.辽宁教育行政学院学报，2021，38（3）：60-64

［14］周昌霖，刘顺强，张玉胜.新时代高校思想政治理论课教学实效性提升研究［J］.贵州师范学院学报，2021，37（11）：43-44

［15］陈阳，刘晓波，董庆佳.习近平新时代中国特色社会主义思想融入高职院校思想政治理论课研究［J］.青年时代，2019，（18）：84-85

［16］张倩.新时代高职院校思想政治理论课的新挑战：直面学生"祛魅时刻"［J］.山西财政税务专科学校学报，2021，23（3）：77-80

［17］刘世敏.新时代高职院校思想政治理论课获得感的实证研究［J］.卷宗，2019，（32）：230

［18］桂百安.新时代高职思想政治理论课教师信息素养提升研究［J］.教育与职业，2021，（17）：67-71

［19］张梅娟，刘淑芳.高校思想政治理论课中习近平新时代中国特色社会主义思想教育的实效问题探讨——以"思想道德修养与法律基础"课为例［J］.清远职业技术学院学报，2020，13（1）：73-77

［20］李克非.新时代高职院校思想政治理论课学生获得感研究［J］.才智，2021，（5）：16-18

［21］莫俊峰."课程思政"背景下高职院校思想政治理论课与专业课实践教学融合研究［J］.北京教育：德育，2020，（7）：49-52

［22］杨贵英.新时代高职思想政治理论课教学改革研究［J］.山海经：教育前沿，2020，（9）：1

［23］李翠连，韦联桂.协同增效：高职院校创新创业教育与思想政治理论课教学有机融合［J］.佳木斯教育学院学报，2020，36（11）：184-185+188

［24］邢超颖.新时代提升高职院校思想政治课实效性的探索与研究［J］.科学咨询，2021，（23）：164-165

［25］马广水，王岳喜，李敏.高职高专院校思想政治理论课教学方法创新与实践——全国高职高专院校思想政治理论课"教学方法改革与创新"论坛综述［J］.思想理论教育导刊，2019，（3）：157-159

［26］雷燕飞.新时代增强高校思想政治理论课教学实效性路径探析［J］.改革与开放，2019，（19）：84-87

［27］赵登攀，郭雄伟.新时代高职院校思政课教育教学改革探析［J］.杨凌职业技术学院学报，2021，20（2）：88-89+96

[28] 王慧琦.新时代高校思想政治理论课教学实效性探究——以"思想道德修养与法律基础"课为例［J］.科教文汇，2020，（21）：61-62

[29] 李桂兰.新时代背景下高校思想政治理论课综合实践教学的实效性研究［J］.年轻人，2020，（3）：13-14

[30] 高章幸，曹春梅.新时代增强民办高校思想政治理论课教学实效性的方法路径研究［J］.青年时代，2020，（5）：73-74

[31] 潘劲，杨雅涵.论提升新时代高校思想政治理论课实效性的三个维度［J］.中国民航飞行学院学报，2018，（5）：57-60

[32] 周丽.新时代大学生思想政治理论课教学实效性分析——基于湖北省高校理科类专业的调查［J］.青年与社会，2019，（2）：158-159

[33] 沈元军.提升思想政治理论课教学实效性的四个着力点探究［J］.天津职业院校联合学报，2018，20（11）：123-128

[34] 贾劲松.现代学徒制背景下高职院校思想政治理论课改革的思考［J］.科教导刊，2018，（28）：99-100

[35] 孔维丽.高职院校思政理论课教学传承"红色基因"的应用研究——以"思想道德修养与法律基础"课程为例［J］.青春岁月，2020，（6）：40-41+39

[36] 刘春丽.新时代高校思想政治理论课实效性提升探究［J］.南方论刊，2021，（5）：94-95+103

[37] 杨喜冬.新时代高校思想政治理论课实效性研究［J］.中共郑州市委党校学报，2022，（1）：103-105

[38] 傅益文.高职院校思政理论课网络资源库建设与应用探析［J］.大学：思政教研，2020，（11）：56-58

[39] 刘利琳.高职思想政治理论课网络教学的问题与措施［J］.智库时代，2019，（50）：191-192

[40] 杜喜勤.论新时代提高继续教育思想政治理论课实效性［J］.陕西广播电视大学学报，2019，21（4）：18-20+23

[41] 谭建红.如何提升新时代高校思想政治理论课的实效性［J］.教师，2019，（5）：53-54

[42] 赵明月.十九大精神融入高职思想政治理论课的路径［J］.船舶职业教育，2019，（1）：54-55+65

[43] 彭春艳.新时代背景下提高"毛泽东思想和中国特色社会主义理论体系概论"课教学实效性的思考［J］.湖北函授大学学报，2019，32（23）：142-143

[44] 刘立.新时代水利精神融入高职思政课教学研究——以水利类职业院校思政课教学为例［J］.湖北开放职业学院学报，2020，33（22）：70-72

[45] 杨柳.提升新时代高职高专思政课实践教学亲和力研究［J］.福建茶叶，